DIREITO PARA EMPREENDEDORES

DIREITO PARA EMPREENDEDORES

LUIZA REZENDE (ORG.)

AMIR CHOAIB JUNIOR
CARLOS EDUARDO DE SOUSA CHINAITE
DIEGO NABARRO
FÁBIO SOARES WUO
GUILHERME ALBERTO ALMEIDA DE ALMEIDA
MARCELO ANDRÉ BULGUERONI
MARCELO CHILVARQUER
MURILO HENRIQUE MORELLI
REINALDO ADACHI
THOMAS BECKER PFEFERMAN

Publisher
Henrique José Branco Brazão Farinha
Editora
Cláudia Elissa Rondelli Ramos
Preparação de texto
Gabriele Fernandes
Revisão
Vitória Doretto
Renata da Silva Xavier
Projeto gráfico de miolo e editoração
Daniele Gama
Capa
Casa de ideias
Impressão
Intergraf

Copyright © 2015 *by* Luiza Rezende
Todos os direitos reservados à Editora Évora.
Rua Sergipe, 401 – Cj. 1.310 – Consolação
São Paulo – SP – CEP 01243-906
Telefone: (11) 3562-7814/3562-7815
Site: www.evora.com.br
E-mail: contato@editoraevora.com.br

DADOS INTERNACIONAIS PARA CATALOGAÇÃO NA PUBLICAÇÃO (CIP)

D635

Direito para empreendedores / Luiza Resende (org.). – 1. ed. - São Paulo: São Paulo : Évora, 2016.
232 p. ; ...cm.

ISBN 978-85-8461-067-9

1. Direito empresarial - Brasil. 2. Empreendedores – Brasil.
1. Rezende, Luiza.

CDD- 346.81065

JOSÉ CARLOS DOS SANTOS MACEDO – BIBLIOTECÁRIO – CRB7 N. 3575

Sumário

Introdução 1

Capítulo 1

Direito societário – Formas societárias e suas características:
A importância do planejamento para as startups 3

Capítulo 2

Apontamentos sobre *Vesting* no Brasil 25

Capítulo 3

Planejamento tributário para startups no Brasil 43

Capítulo 4

Aspectos jurídicos da remuneração de empregados e sua aplicação às empresas startups 61

Capítulo 5

A proteção ao direito de autor na era da informação 77

Capítulo 6

Propriedade intelectual: registros de marcas
e softwares 99

Capítulo 7

Direito do marketing 127

Capítulo 8

E-commerce e suas implicações jurídicas 153

Capítulo 9

Direito digital: O marco civil da internet e os novos desafios da era digital
.... 173

Apêndice

Estatuto Nacional da Microempresa e Empresa de Pequeno Porte (Lei Geral): O que o empreendedor precisa saber 195

Conclusão 221

Introdução

Luiza Rezende
(organizadora)

Caro leitor,

É com grande alegria que lhe apresento o livro *Direito para empreendedores*, uma coletânea de textos escritos por profissionais de diversas áreas do Direito que aqui abordam sua *expertise* jurídica aplicada ao contexto das startups.

A presente compilação foi realizada tendo em vista abordar alguns dos principais temas jurídicos que despertam dúvidas e questionamentos no dia a dia dos empreendedores, a fim de informar e conscientizar de que o apoio jurídico é essencial e indispensável para o sucesso a longo prazo de uma startup ou de uma micro, pequena ou média empresa.

Todos os autores, inclusive a organizadora que lhe escreve, são formados em Direito e procuraram escrever seu capítulo tendo um panorama do atual cenário empreendedor em mente, na tentativa de, sempre que possível, realizar uma maior aproximação do leitor que não tem formação jurídica.

Esta obra é dedicada a profissionais do mundo jurídico, empreendedores, empresários e a todas as pessoas que desejam entender mais sobre os fundamentos do Direito aplicáveis às startups e ao cenário empreendedor atual.

É importante lembrar que, como qualquer obra a respeito de temas jurídicos, o presente livro tem conteúdo informativo e não substitui a consulta a um advogado especializado.

Desejamos uma excelente leitura a todos!

Capítulo 1
Direito societário
Formas societárias e suas características:
a importância do planejamento para as startups

Fábio Soares Wuo

Objetivo do capítulo
O objetivo do presente capítulo é resumir, de maneira simples, alguns aspectos e conceitos societários que são de extrema importância para os empreendedores iniciantes ou para aqueles que já estão no mercado. Sendo assim, o texto visa a disseminação de classificações e pontos principais do Direito Societário existente no Brasil hoje, que muitas vezes acabam por ser pouco conhecidos na prática rotineira. Muitas vezes o empreendedor busca apenas um "CNPJ para emissão de nota fiscal" e é ignorada a riqueza e os benefícios, assim como a economia futura, que um bom planejamento pode proporcionar. Com base na proposta do livro, que é destinado ao público empreendedor, a presente abordagem é dirigida principalmente para profissionais não jurídicos, sendo assim, muitas vezes não serão abordados os temas com a profundidade exigida para aqueles que militam na seara societária especificamente.

Introdução

Reflexão histórica

O empreendedorismo está na alma do brasileiro. E algumas razões para tal podem ser imaginadas: raízes históricas provenientes da ocupação e da necessidade de exploração do vasto e desconhecido território; força de vontade e persistência dos brasileiros; o tamanho do mercado consumidor e a criatividade em buscar soluções em um ambiente historicamente com baixa segurança jurídica e econômica – inclusive com diversas crises em sua história.

Porém, o empreendedorismo nunca foi tratado como principal política pública pelo país e ainda carece de muitos incentivos. Ainda que nas últimas décadas tenham ocorrido incrementos como a garantia constitucional para as pequenas e médias empresas, e a Lei do Simples Nacional (atual Lei Complementar nº 123/2006) – que na realidade não é muito simples e possui inúmeras vedações a diversas atividades e formas de empreender.

Em uma análise histórica, encontramos uma lei, do século XVIII, exatamente do ano de 1785, que simplesmente proibiu manufaturas, fábricas e empreendimentos no Brasil[1]. Lembro-me também, com base na história do brilhante empresário Mauá (o famoso Visconde de Mauá), já no século XIX, o grande entrave, dificuldade e preconceito que se enfrentava para conseguir ter sucesso no país. Nesses casos, a influência e o capital estrangeiro eram determinantes, já que os países desenvolvidos certamente preferiam eles próprios nos venderem em vez de nós produzirmos e inovarmos.

Este contraponto é importante, pois até hoje entende-se, poucas são as facilidades que o empreendedor brasileiro possui. Questiono-me: será que até hoje essa mentalidade dos séculos passados ainda possui forte influência sobre nós? Ainda que em grau menor, eu entendo que sim.

Essa reflexão histórica pode parecer não ter relação com empreendimentos que envolvam tecnologia, por exemplo, mas vejam que empreendedores, seja na Idade Média, Moderna, ou do século XIX ou XX, tinham muitas vezes os mesmos problemas que empresários *high-tech* da atualidade: problemas com sócios, dívidas, dúvidas, riscos, tributos, legislação local, busca pela inovação de sua operação e de seus produtos, financiamentos, incentivos etc. Ou seja, muitas soluções jurídicas criadas em outras épocas podem, sim, servir para auxiliar negócios atuais, afinal negócios sempre serão feitos entre as pessoas. Entretanto, soluções prontas, rápidas, milagrosas e fáceis para empreendedores, principalmente no Brasil, não existem ou terão um custo alto no futuro.

Por outro lado, atualmente, a forma de gestão empresarial brasileira demonstrou sucesso com a expansão de negócios brasileiros a nível mundial, em casos como o da AMBEV, da JBS Friboi, da Brasil Foods (que surgiu da fusão entre Perdigão e Sadia), das grandes empreiteiras e afins, e até mesmo das startups brasileiras, ou com líderes brasileiros, tendo bastante sucesso no mercado. Certamente algumas dessas empresas impuseram a sua forma de

---

[1] Disponível em: <http://www.historiacolonial.arquivonacional.gov.br/cgi/cgilua.exe/sys/start.htm?infoid=978&sid=107>. Acesso em: 05 mar. 2015.

administração e de fazer negócios no cenário mundial, e foram influenciadas por aspectos de nossa cultura, história, sociologia e economia. Mas há muito ainda a evoluir e ser feito.

O direito e o empreendedorismo

O empreendedor, principalmente os oriundos das áreas de ciências exatas, tendem a achar que o Direito perde tempo com conceitos abstratos. Entretanto, muitos destes e tantos outros princípios legais advêm de uma formação de dezenas, centenas e milhares de anos, sendo um sistema que se complementa, que possui antinomias, incoerências, que requer reflexões e comparações de ordem sociológica, econômica, histórica e afins.

Em resumo, não se trata de um sistema exato, hermeticamente fechado. É uma verdadeira ciência social aplicada. Ainda que possua alta carga de lógica e racionalismo, estamos tratando da criação retórica e intelectual do ser humano e não de ciências naturais com fenômenos infinitamente repetíveis. Não existem muitas vezes conceitos estanques e imutáveis, como uma lei da física ou uma lei matemática. Mas há muitos princípios que devem ser observados, como as regras específicas e as leis propriamente ditas (emanadas pelo Poder Legislativo), os atos infralegais, como inúmeras normas de órgão do Poder Executivo, como a Secretaria de Obras de certo município, a Alfândega de um porto, a Receita Federal do Brasil, a Secretaria da Fazenda de um Estado. Enfim, são milhões de normas que muitas vezes não se complementam, e ainda existem as normas que podem ser inválidas ou anuladas judicialmente, por exemplo, se em conflito com princípios ou leis. Todo esse complexo de normas gera uma máquina burocrática enorme a ser vencida.

Muitas vezes os brasileiros preferem permanecer em empregos formais, por exemplo, com carteira de trabalho e afins, em busca da segurança. Algumas razões principais certamente são o receio da empreitada dar prejuízo, além da excessiva burocracia, ou mesmo da falta de conhecimento das responsabilidades que um empreendedor pode ter, das relações com os sócios, da busca por financiamento de terceiros, entre outros. Ocorre que o lucro é a remuneração do risco e, sim, há chances concretas em se lucrar alto no Brasil, ainda que lutando contra a burocracia e a precária infraestrutura. Um dos fatores poderia ser o enorme mercado consumidor interno existente, com muitas áreas ainda a ser desenvolvidas.

Atribulações à parte, o cenário de receio do empreendedorismo, felizmente, vem mudando e claramente o cenário empreendedor no Brasil está em um ótimo momento, de forte expansão e qualificação. Ao menos na iniciativa privada, muitas são as alternativas para o empreendedor recorrer e facilitar o seu árduo caminho até a estabilização do negócio e a colheita dos lucros. Mas embora existam tais avanços, ainda não é possível tecer comentários elogiosos à máquina estatal que, até o momento, não facilita a vida dos empresários brasileiros – como já dito anteriormente –, principalmente em relação ao inexplicável e complexo sistema tributário.

Inicialmente, é importante notarmos sobre qual base legal e qual princípio se norteia o empreendedorismo no Brasil, frequentemente simplificado como a micro e pequena empresa (MPE), que surge com a atividade que livremente chamaremos de empreendedorismo.

Na Constituição Federal, que é a norma maior da nossa república e que deve ser a base para todo o ordenamento jurídico, é descrita a grande importância do empreendedorismo. No capítulo que descreve a Ordem Econômica, assim impõe a Constituição Federal:[2]

> Art. 179. A União, os Estados, o Distrito Federal e os Municípios dispensarão às microempresas e às empresas de pequeno porte, assim definidas em lei, tratamento jurídico diferenciado, visando a incentivá-las pela simplificação de suas obrigações administrativas, tributárias, previdenciárias e creditícias, ou pela eliminação ou redução destas por meio de lei.

Então o empreendedorismo é indicado como vetor importante para a economia brasileira, mesmo que a imposta simplificação ainda esteja longe de ser plenamente alcançada.

Talvez, com certa razão, principalmente pelo vocabulário próprio e intrincado e seu tradicionalismo, o setor jurídico é visto com reservas e preconceitos, muitas vezes como um limitador nos negócios. Tradicionalmente os empreendedores buscam conhecimento na área de administração, de finanças, de marketing e relegam as questões jurídicas para um segundo plano ou apenas quando o negócio crescer.

---

[2] Disponível em: <http://www.planalto.gov.br/ccivil_03/constituicao/constituicaocompilado.htm. >. Acesso em: 25 jul. 2016.

> Mas o Direito pode sim se aliar e trabalhar bem com as outras ciências, sejam as econômicas, contábeis, mercadológicas, tecnológicas e afins, auxiliando os negócios. Então, o Direito pode auxiliar seus negócios.

Ainda que a legislação brasileira, principalmente a tributária, seja muitas vezes excessiva, complexa, anacrônica e desanimadora, faz parte de um sistema que evoluiu por séculos e tem seus pontos positivos. Muitas vezes, aparentemente, uma lei restritiva de atividade econômica não faz o menor sentido. Mas, se analisada com maior profundidade e inserida em um contexto maior e mais complexo, antevendo os resultados, aquele que entende-se como prejudicado, na verdade, pode estar sendo protegido, mesmo sem saber.

Frequentemente os pontos jurídicos são ignorados, e apenas questões comerciais ou financeiras são detalhadas. O Direito regula relações, e será que um modelo padrão de Contrato Social realmente regula a relação com seu sócio e o modelo de negócio que arduamente desenvolveram? Ou questões jurídicas não debatidas no momento certo, ou seja, no início do empreendimento, não poderiam fazer ruir todo o planejamento e o plano de negócios? Sim, poderiam, e muitas vezes acontece.

Analisando a conduta normal dos empreendedores no início do negócio, percebe-se que, na parte jurídica, a grande preocupação preliminar é: "Preciso de um CNPJ para faturar, emitir nota fiscal, pagar menos impostos do que na pessoa física e quero estar no Simples Nacional se possível". De fato, é importante a constituição de uma pessoa jurídica para efetivar um empreendimento, mas existem pontos muito mais profundos do que apenas registrar o Contrato Social e ter o CNPJ.

Planejamento jurídico do empreendedor: Pessoas físicas x pessoas jurídicas, personalidade jurídica, equiparação à pessoa jurídica para fins fiscais

O comum quando o empreendedor possui uma ideia de negócio e quer começar a operar formalmente é tentar obter o CNPJ. Muitas vezes irá em busca de um advogado ou contador para consegui-lo o quanto antes, pois quer começar a emitir notas fiscais e isso é o que importa. Tudo relacionado ao sócio já está resolvido em conversas que tiveram e tudo está, supostamente, tranquilo e resolvido.

A sigla CNPJ significa Cadastro Nacional de Pessoa Jurídica. Ocorre que muitos empresários possuem CNPJ, mas não são pessoas jurídicas. E não possuem o principal benefício de ser uma pessoa jurídica, que é a separação do patrimônio e da personalidade jurídica das pessoas físicas que a compõe, por exemplo.

Possuir inscrição no CNPJ, emitir nota fiscal e ser tributado como pessoa jurídica não significa que você seja uma pessoa jurídica e nem que seu patrimônio de pessoa física como tal esteja separado do patrimônio de seus empreendimentos.

O CNPJ é um número que a Receita Federal utiliza apenas para fins cadastrais e possui a equiparação para fins fiscais conforme a legislação do Regulamento do Imposto de Renda (Decreto nº 3.000/1999)[3]. Sendo assim, dívidas do empreendimento podem naturalmente e diretamente ser liquidadas com bens próprios do empresário.

A conquista da separação patrimonial e da limitação de responsabilidade de sócios foi uma conquista árdua dos empreendedores, levado a cabo ao longo de séculos. Então será que realmente não é interessante você ser de fato uma pessoa jurídica e não apenas ter um CNPJ?

Detalhando, inicialmente você pode ter um CNPJ e nem mesmo ser uma pessoa jurídica, bastando apenas ser um empresário individual ou Mi-

---

[3] É a denominada equiparação da pessoa física à pessoa jurídica para fins fiscais. Vejamos os artigos 214 e 215 do Regulamento de Imposto de Renda:
TÍTULO III - INSCRIÇÃO NO CADASTRO NACIONAL DA PESSOA JURÍDICA
Art. 214. As pessoas jurídicas em geral, inclusive as empresas individuais, serão obrigatoriamente inscritas no Cadastro Nacional da Pessoa Jurídica – CNPJ, observadas as normas aprovadas pelo Secretário da Receita Federal (Lei nº 9.250, de 1995, art. 37, inciso II).
§ 1º A obrigatoriedade da inscrição de que trata o caput será exigida a partir de 1º de julho de 1998.
§ 2º Os cartões do Cadastro Geral de Contribuintes – CGC serão substituídos automaticamente a partir da data mencionada no parágrafo anterior, mantido, em relação à pessoa jurídica, o mesmo número de inscrição no CGC para o CNPJ.
§ 3º Fica extinto, a partir de 1º de julho de 1998, o CGC.
Art. 215. A obrigatoriedade referida no artigo anterior é extensiva:
I - aos condomínios que aufiram ou paguem rendimentos sujeitos à incidência do imposto de renda na fonte;
II - aos consórcios constituídos na forma dos arts. 278 e 279 da Lei nº 6.404, de 15 de dezembro de 1976;
III - aos clubes de investimentos registrados em Bolsa de Valores.

croempreendedor Individual (MEI)[4], por exemplo. Apenas na esfera tributária você irá recolher impostos como uma pessoa jurídica (é a chamada equiparação). Entretanto, você não possui a primordial separação entre seu patrimônio pessoal e o patrimônio da empresa, que irão responder conjuntamente por dívidas e afins.

Via de regra, caso opte por ser uma pessoa jurídica, com base nas formas mais usuais, o empreendedor poderá escolher entre constituir uma empresa nos seguintes moldes jurídicos: EIRELI – Empresa Individual de Responsabilidade Limitada (que, apesar de individual, possui a separação patrimonial e uma pessoa jurídica), uma sociedade simples, uma sociedade empresária limitada ou uma sociedade anônima. Cada uma dessas quatro possui vantagens e desvantagens a depender do formato de seu negócio, de sua atividade, do valor investido, dos investidores atuais e futuros, do número de sócios, entre outros, e requerem uma análise prévia e preferencialmente uma consulta com um profissional especializado.

Ainda que sejam documentos aparentemente "padrões" e com muitos modelos por aí, a redação e entendimento de um Contrato Social (ou no caso das S/A, Estatuto Social) e de suas cláusulas é de primordial importância. Diversos pontos como *valuation*, exclusão de sócios, quórum, entre tantos outros, devem ser debatidos previamente entre os sócios para um alinhamento das informações e das expectativas, pois podem ocorrer grandes frustrações.

Além disso, um acordo parassocietário de fundamental importância é o Acordo de Quotistas (limitada) ou o Acordo de Acionistas (sociedade anônima), nos quais questões mais profundas e sensíveis terão lugar. Isso pode auxiliar muito em prevenir conflitos futuros e gerar maior confiança e transparência aos envolvidos, além de efetivar melhores índices de governança corporativa.

Outra forma de acordo entre os sócios é o, atualmente tão debatido no universo startup, *Vesting*, que pode ser viabilizado via outros instrumentos contratuais, ainda que no Brasil o risco trabalhista seja onipresente. O *Vesting* é uma forma de angariar novos sócios ao empreendimento com uma participação pequena e que pode vir a crescer conforme o sócio ingressante cumpra condições estabelecidas entre as partes. Tal tipo de operação será melhor abor-

---

[4] Disponível em: <http://www.portaldoempreendedor.gov.br/mei-microempreendedor-individual>. Acesso em: 06 mar. 2015.

dada no capítulo seguinte, mas nosso entendimento é no sentido de que alguns contratos em conjunto podem gerar o mesmo efeito que o *Vesting* costuma ter no ambiente norte-americano, no qual foi cunhado e importado para cá.

Enfim, o empreendedor pode e deve buscar mais acervo e bagagem jurídica para a sua empresa, pois certamente é um ativo importante, não devendo entender como desnecessário ou restrito para grandes negócios. Investidores de qualquer porte provavelmente preferem investir em estruturas mais organizadas.

É importante então a breve definição de alguns conceitos:

Pessoa física – Somos nós, os seres humanos, ou conforme descrito na legislação, **as pessoas naturais**. Até antes de nascermos o Direito já protege os direitos da futura pessoa (nascituro), e com o nascimento adquirimos personalidade civil[5], que faz as pessoas poderem ter direitos. Além dos seres humanos, os entes morais (as pessoas jurídicas) também possuem personalidade própria.

Ao longo da vida da pessoa natural, a mesma vai angariando outros poderes, digamos assim, como a capacidade jurídica, a maioridade. Além disso, diversos direitos somente as pessoas físicas podem exercer, como o casamento, por exemplo. O tema pessoa física, ou pessoa natural, é bastante vasto e interessante, mas neste artigo não poderemos nos alongar[6].

Pessoa jurídica – A pessoa jurídica é criação puramente do intelecto do homem. Antigamente podia ser considerada como uma ficção jurídica, mas atualmente é vista com bastante realismo – entretanto não é um ente como uma pessoa natural. É necessária uma devida abstração para separar a pessoas física da própria pessoa jurídica, pois são sempre pessoas distintas.

Vejamos a lição de um renomado e histórico estudioso:

> O jurista moderno é levado, naturalmente, à aceitação da teoria da realidade técnica, reconhecendo a existência dos entes criados pela vontade do homem, os quais operam no mundo jurídico adquirindo direitos, exercendo-os, contraindo obrigações, seja pela declaração de vontade, seja por imposição da lei. Sua vontade é distinta da vontade dos mem-

---

[5] Código Civil
Art. 1º Toda pessoa é capaz de direitos e deveres na ordem civil.
Art. 2º A personalidade civil da pessoa começa do nascimento com vida; mas a lei põe a salvo, desde a concepção, os direitos do nascituro.

[6] Sugiro a leitura dos artigos 1 ao 21 do Código Civil Brasileiro. Disponível em: <http://www.planalto.gov.br/ccivil_03/leis/2002/l10406.htm>. Acesso em: 06 mar. 2015.

bros componentes; seu patrimônio, constituído pela afetação de bens, ou pelos esforços dos criadores, ou associados, é diverso dos patrimônios de uns e outros (...)." (PEREIRA, 2004, p. 310)

Existem as pessoas jurídicas de direito privado, como as sociedades empresárias, e as pessoas jurídicas de direito público, que são a União, os Estados, as autarquias (nacionais) e os outros países, a Santa Sé, entre outros exemplos.

No Brasil, há o sistema do denominado direito continental (romano-germânico), muito baseado no direito positivo, legislado, em contraponto com o *common law* anglo-saxão, com forte embasamento na jurisprudência e na liberdade de contratar. Ainda que os dois sistemas atualmente estejam, de certa forma, em aproximação, são bastante distintos.

No presente capítulo, é importante focarmos nas pessoas jurídicas de direito privado e, principalmente, nas sociedades. Temos as seguintes formas de pessoas jurídicas de direito privado:

Associações[7] – pessoas jurídicas sem fins lucrativos, formada por associados (pessoas físicas ou pessoas jurídicas), no qual o eventual superávit deve ser reaplicado na própria associação, sendo que os associados não se obrigam entre si e não recebem distribuição de lucros, mas se obrigam perante a associação somente. Exemplos: clubes recreativos (Esporte Clube Pinheiros), ONGs, ANBIMA (Associação Brasileira das Entidades dos Mercados Financeiro e de Capitais), Centros Acadêmicos (C.A. XI de Agosto, C.A, Visconde de Cairu), entre tantas outras associações.

Fundações[8] – são formadas pela união de bens livres e não por associados, são administradas por gestores, e criadas pelos instituidores. Também não possuem fins lucrativos e não distribuem lucros (ou superávit). Exemplos: Fundação Roberto Marinho, PUC (Pontifícia Universidade Católica).

Sociedades[9] – são formadas por sócios, em que eles, além de se obrigarem com a sociedade, se obrigam entre si e podem distribuir lucros para seus

---

[7] Art. 53. Constituem-se as associações pela união de pessoas que se organizem para fins não econômicos. Parágrafo único. Não há, entre os associados, direitos e obrigações recíprocos.

[8] Art. 62. Para criar uma fundação, o seu instituidor fará, por escritura pública ou testamento, dotação especial de bens livres, especificando o fim a que se destina, e declarando, se quiser, a maneira de administrá-la. Parágrafo único. A fundação somente poderá constituir-se para fins religiosos, morais, culturais ou de assistência.

[9] Art. 981. Celebram contrato de sociedade as pessoas que reciprocamente se obrigam a contribuir, com bens ou serviços, para o exercício de atividade econômica e a partilha, entre si, dos resultados.

sócios. O grande exemplo são as empresas, que são a forma mais famosa das sociedades e com extrema importância social (função social da empresa), sendo o grande polo gerador de riquezas e de empregos no Brasil, ainda que tão asfixiada e mal tratada pelos órgãos públicos (que inclusive se sustentam com o pagamento dos tributos dessas organizações). Exemplos: AMBEV, startups, aceleradoras etc.

Organizações religiosas – com base na liberdade de culto e na separação entre religião e Estado no Brasil[10], toda e qualquer organização religiosa pode se organizar internamente e se constituir em pessoa jurídica. Exemplos: a Igreja Católica (certamente uma pessoa jurídica das mais complexas), a Igreja Universal do Reino de Deus etc.

Empresa individual de responsabilidade limitada – a mais recente do direito brasileiro, com vigência a partir de 2012, trata-se de uma pessoa jurídica formada por uma única pessoa natural e com clara separação patrimonial e responsabilidade limitada.

Partidos políticos – são as organizações que, de certa forma, em sua estrutura se assemelham às associações, e no Brasil são hoje diversos, sendo muito divulgada na mídia as siglas etc.[11]

Logo, pode-se questionar: então a pessoa jurídica é formada por outras pessoas físicas e outras pessoas jurídicas, mas é outra pessoa totalmente diferente de seus componentes? Sim, exatamente. Possui personalidade jurídica própria, em consequência, patrimônio próprio distinto de seus sócios, associados, partidários, crentes etc. Essa abstração é muito importante pois o empreendedor inúmeras vezes confunde a pessoa física e a pessoa jurídica na mesma pessoa causando confusão patrimonial, entre tantos outros problemas.

Esta confusão entre os entes inclusive é tratada no Código Civil como uma das formas para que a personalidade de pessoa jurídica possa ser desconsiderada. Isto significa que os bens pessoais dos sócios podem responder por

---

Parágrafo único. A atividade pode restringir-se à realização de um ou mais negócios determinados.

[10] Artigo 19 da CF.

[11] Lei Federal nº 9.096/95
Art. 1º O partido político, pessoa jurídica de direito privado, destina-se a assegurar, no interesse do regime democrático, a autenticidade do sistema representativo e a defender os direitos fundamentais definidos na Constituição Federal.
Art. 2º É livre a criação, fusão, incorporação e extinção de partidos políticos cujos programas respeitem a soberania nacional, o regime democrático, o pluripartidarismo e os direitos fundamentais da pessoa humana.

dívidas das pessoas jurídicas. Vejamos um artigo de extrema importância que trata dos problemas oriundos da má utilização de pessoas jurídicas:

> Art. 50. Em caso de abuso da personalidade jurídica, caracterizado pelo desvio de finalidade, ou pela confusão patrimonial, pode o juiz decidir, a requerimento da parte, ou do Ministério Público quando lhe couber intervir no processo, que os efeitos de certas e determinadas relações de obrigações sejam estendidos aos bens particulares dos administradores ou sócios da pessoa jurídica."

Entretanto, conforme leciona Borba, até os anos 1960 a desconsideração da personalidade jurídica era desconhecida entre nós. O renomado comercialista Rubens Requião passou a lecioná-la e, pouco a pouco, ela foi sendo utilizada nos tribunais, com razoabilidade e sem exageros. Porém, com o advento do Código de Defesa do Consumidor (CDC), seu artigo 28 causou grande confusão e distorceu o instituto, que muitas vezes é exageradamente utilizado[12]. Vejamos o artigo do CDC (Lei Federal nº 8.078/1990[13]):

> Art. 28. O juiz poderá desconsiderar a personalidade jurídica da sociedade quando, em detrimento do consumidor, houver abuso de direito, excesso de poder, infração da lei, fato ou ato ilícito ou violação dos estatutos ou contrato social. A desconsideração também será efetivada quando houver falência, estado de insolvência, encerramento ou inatividade da pessoa jurídica provocados por má administração.
> § 1º (Vetado).
> § 2º As sociedades integrantes dos grupos societários e as sociedades controladas, são subsidiariamente responsáveis pelas obrigações decorrentes deste código.
> § 3º As sociedades consorciadas são solidariamente responsáveis pelas obrigações decorrentes deste código.
> § 4º As sociedades coligadas só responderão por culpa.
> § 5º Também poderá ser desconsiderada a pessoa jurídica sempre que sua personalidade for, de alguma forma, obstáculo ao ressarcimento de prejuízos causados aos consumidores.

---

[12] BORBA, José Edwaldo Tavares. *Direito Societário*. 13ª edição, São Paulo: Renovar, 2012, página 33 e seguintes.

[13] Disponível em: <http://www.planalto.gov.br/ccivil_03/leis/l8078.htm>. Acesso em: 06 mar. 2015.

Como consequência prática dessa desconsideração da personalidade jurídica, vejamos um julgado do Tribunal de Justiça do Estado de São Paulo (TJ-SP):

> 2028702-34.2014.8.26.0000   Agravo de Instrumento – Relator(a): José Marcos Marrone – Comarca: Guarulhos – Órgão julgador: 23ª Câmara de Direito Privado – Data do julgamento: 09/04/2014 – Data de registro: 12/04/2014
>
> Ementa: Desconsideração da personalidade jurídica. Ação de indenização por danos morais em fase de cumprimento de sentença. Relação de consumo – Aplicação do § 5º do art. 28 do CDC. Pessoa jurídica que pode ser desconsiderada sempre que a sua personalidade for, de alguma forma, obstáculo ao ressarcimento do prejuízo causado ao consumidor. Desnecessidade de demonstração da ocorrência dos requisitos previstos no "caput" do art. 28 do CDC. Desconsideração da personalidade jurídica – Agravada que deixou de pagar o débito ou de indicar bens à penhora Bloqueio "on line" que restou infrutífero. Personalidade jurídica da agravada que está impedindo que os agravantes recebam o valor que lhes é devido – **Ato de expropriação que deve atingir os bens particulares dos sócios da agravada**. Necessidade de se proceder à citação dos sócios, para que eles sejam incluídos, formalmente, na relação processual – Agravo provido.

Neste caso, o desembargador determinou que o débito da pessoa jurídica, advindo de uma relação de consumo (danos morais ganhos pelo consumidor daquela empresa), fosse adimplido pelos sócios da empresa devedora com base no artigo do CDC. Assim ocorreu a desconsideração da personalidade jurídica. Ocorrendo ou não exagero na análise da justiça, é verdade que outro ponto de extrema importância é o respeito às normas consumeristas pelos empreendedores visando evitar ao máximo qualquer litígio com consumidores. No presente livro, há um capítulo específico sobre esse tema.

Outra preocupante forma de desconsideração é a fiscal ou tributária. Entretanto, diferente da aplicação do artigo 28 do CDC, os sócios ou os administradores podem ser arrolados como devedores se realmente fizerem mau uso, uso fraudulento e afins para o não pagamento de tributos.

Nas duas decisões citadas abaixo, é visto na prática o conceito de ser um empresário individual (e ter CNPJ) e realmente ser uma pessoa jurídica. Vejamos abaixo (os grifos são nossos):

1061637-72.2013.8.26.0100 Apelação – Relator(a): Francisco Giaquinto – Comarca: São Paulo – Órgão julgador: 13ª Câmara de Direito Privado – Data do julgamento: 11/04/2014 – Data de registro: 11/04/2014 – Ementa: Embargos à execução de título extrajudicial Cédula de crédito bancário (conta garantida). Julgamento extra petita Capitalização de juros e comissão de permanência não foram objeto dos embargos Julgamento extra petita evidenciado. Inadmissibilidade, ante a regra da correlação ou congruência prevista no art. 460 do CPC Redução da sentença aos limites do pedido. Nulidade da execução por falta de título executivo extrajudicial. Inadmissibilidade A Cédula de crédito bancário é título executivo extrajudicial nos termos do art. 585, VIII, do CPC, arts. 28 e 29 da Lei 10.931/2004 e súmula 14 do TJSP. Título dotado de liquidez, certeza e exigibilidade. Recurso negado. **Legitimidade passiva. Empresa individual e pessoa física titular da empresa. Ausência de personalidades jurídicas distintas – Mera ficção jurídica com o fim de habilitar a pessoa física a praticar os atos de empresa. Legitimidade passiva da pessoa física avalista da cédula de crédito bancário. Recurso negado.**

Conforme o julgamento acima, o empresário individual não possui personalidade jurídica distinta, por isso responderá diretamente pelos débitos. Importante também citar julgamentos que corroboram e demonstram a importância da pessoa jurídica e a limitação da responsabilidade. E que a desconsideração somente pode ser aceita com base no artigo 50 do Código Civil:

9200698-54.2009.8.26.0000 – Agravo Regimental – Relator(a): Francisco Giaquinto – Comarca: Piracicaba – Órgão julgador: 2ª Câmara Extraordinária de Direito Privado – Data do julgamento: 06/03/2014 – Data de registro: 11/04/2014
Ementa: AGRAVO REGIMENTAL Embargos à execução Decisão que deferiu a desconsideração da personalidade jurídica da empresa executada, incluindo os sócios agravados no polo passivo da execução. **Inadmissibilidade – Ausência de demonstração de fraude, desvio de finalidade ou confusão patrimonial (art. 50 do CC).** Jurisprudência do STJ – Decisão mantida Agravo regimental negado.
2030669-17.2014.8.26.0000 – Agravo de Instrumento – Relator(a): Simões de Vergueiro – Comarca: São Paulo – Órgão julgador: 16ª Câmara de Direito Privado – Data do julgamento: 01/04/2014 – Data de registro: 11/04/2014
Ementa: Agravo de Instrumento interposto contra r. decisão pela qual foi indeferido pedido de desconsideração da personalidade jurídica da empresa agravada. Alegação de incorreção. Pedido de reforma da r. Decisão

– não demonstração do desvio da finalidade social da recorrida, ou do desenvolvimento de atividade que implicasse em administração ruinosa acerto da r. Decisão proferida – recurso não provido.

Trata-se, portanto, de exemplos de casos recentes e recorrentes na justiça e da importância da personalidade jurídica.

> Já fixamos bem a diferença entre pessoas físicas e pessoas jurídicas, assim como as formas das pessoas jurídicas. E que ter um CNPJ não significa ser pessoa jurídica e ter o patrimônio separado. Importante agora é focar na forma mais importante de pessoa jurídica para o empreendedor: as Sociedades.

Empresário / Empresa / Sociedades

Existem algumas formas descritas em lei para que se possa subdividir as Sociedades e outras de forma usual ou didática. Vejamos algumas:

Sociedade de pessoas x Sociedade de capitais: Não regulado na legislação, diferencia as sociedades formadas por pessoas físicas diretamente vinculadas à realização do objeto social (de pessoas) enquanto outras que aportam capital, ou seja, dinheiro, mas não participam ativamente no cotidiano da sociedade.

Sociedades Despersonificadas e Personificadas: As despersonificadas não são levadas a registro nos órgãos. Temos a Sociedade em Comum e a Sociedade em Conta de Participação (SCPs), descritas nos artigos 986 e seguintes do Código Civil. Importante notar que as SCPs podem ser utilizadas pelas startups para facilitar o seu financiamento[14]. Já dentro da classificação de Sociedades Personificadas, temos: Sociedades Simples, Sociedade Empresária Limitada, Sociedade em Nome Coletivo, Sociedade em Comandita por Ações e Sociedade Anônima.

Sociedade Simples x Sociedade Empresária: A mais importante diferenciação com aspectos práticos relevantes. Enquanto as Sociedades Simples cuidam de trabalhos científicos, intelectuais, artísticos e são registradas nos cartórios, as empresárias possuem a atividade empresarial em seu modo de

---

[14] Art. 991. Na sociedade em conta de participação, a atividade constitutiva do objeto social é exercida unicamente pelo sócio ostensivo, em seu nome individual e sob sua própria e exclusiva responsabilidade, participando os demais dos resultados correspondentes.

Parágrafo único. Obriga-se perante terceiro tão-somente o sócio ostensivo; e, exclusivamente perante este, o sócio participante, nos termos do contrato social.

operação e registradas nas juntas comerciais. O artigo 966 do Código Civil, que será citado adiante, descreve bem a diferenciação.

Dentre as Sociedades mais utilizadas no Brasil, estão as Sociedades Simples Limitada, as Sociedades Empresárias Limitada, as Sociedades Cooperativas e as Sociedades Anônimas. Outras formas como Sociedade em Comandita Simples, Sociedade em Nome Coletivo, Sociedade em Comandita por Ações e afins estão em amplo desuso e podem ser consideradas arcaicas e sem uso prático atualmente.

E em se tratando de empreendedorismo, certamente o tema mais interessante é o das Sociedades Empresárias e as empresas. O que denominamos de empresa para fins jurídicos é conceituado legalmente com base em seu aspecto econômico, ou seja, na organização dos fatores de produção. Já as Simples possuem um caráter mais restrito. Vejamos o que descreve o artigo 966 do Código Civil ao conceituar o empresário e os elementos de empresa.

> Art. 966. Considera-se empresário quem exerce profissionalmente atividade econômica organizada para a produção ou a circulação de bens ou de serviços.
> Parágrafo único. Não se considera empresário quem exerce profissão intelectual, de natureza científica, literária ou artística, ainda com o concurso de auxiliares ou colaboradores, salvo se o exercício da profissão constituir elemento de empresa.

Mas não é um conceito estanque e rígido. Mesmo as atividades intelectuais, científicas etc. podem ser exercidas por empresas a depender do tamanho, da forma de organização interna. Imagine a diferença entre um escritório de arquitetura com 5 arquitetos, que são sócios, e 2 auxiliares, e um outro escritório com 50 arquitetos, sendo 20 sócios, 30 contratados via CLT e outras 10 pessoas no administrativo e afins. Este exemplo demonstra bem a diferença entre uma Sociedade Simples e uma Empresária, mesmo que o objeto social seja intelectual.

Entretanto a empresa pode ser exercida tanto por pessoas naturais (empresários individuais) – e estas poderão possuir CNPJ conforme já explicado –, quanto por pessoas jurídicas (sociedades empresárias). Logo de antemão, é necessário planejar e saber o tamanho do risco de sua atividade, e atestar qual seria a melhor forma de uma sociedade empresária ou de um empresário individual, conforme já abordado nos tópicos acima sobre pessoa jurídica.

Mas então, constituir uma Sociedade é somente registrar o ato de constituição no lugar certo, ter o CNPJ e iniciar os trabalhos? Não. Ainda há que escolher a forma mais adequada, ter as relações com os sócios plenamente definidas e escritas. Além do Contrato Social ou Estatuto Social, os acordos parassocietários são de extrema importância e geram um maior profissionalismo e melhores práticas de governança corporativa para as empresas, pois melhor regulam as relações entre os sócios[15].

Conforme a definição legal, as pessoas (naturais e jurídicas) se obrigam mutuamente com a Sociedade, visando a partilha dos resultados, sejam positivos (lucros) ou negativos (prejuízos).

> Art. 981. Celebram contrato de sociedade as pessoas que reciprocamente se obrigam a contribuir, com bens ou serviços, para o exercício de atividade econômica e a partilha, entre si, dos resultados.
> Parágrafo único. A atividade pode restringir-se à realização de um ou mais negócios determinados.
> Art. 982. Salvo as exceções expressas, considera-se empresária a sociedade que tem por objeto o exercício de atividade própria de empresário sujeito a registro (art. 967); e, simples, as demais.
> Parágrafo único. Independentemente de seu objeto, considera-se empresária a sociedade por ações; e, simples, a cooperativa.

Já em relação à limitação da responsabilidade dos sócios, as famosas limitadas, os sócios se obrigam ao valor investido e aportado no Capital Social. De antemão, importante diferenciar o Patrimônio do Capital Social. Vejamos importante trecho do especialista no tema[16]:

> O capital social, o qual consta do contrato ou estatuto, é a cifra correspondente ao valor dos bens que os sócios transferiram ou se obrigaram a transferir à sociedade. (...)
> O patrimônio da sociedade é o conjunto de valores de que esta dispõe. Nesse patrimônio existem valores ativos – tudo que a sociedade tem (dinheiro, créditos, imóveis, móveis etc.); e valores passivos – tudo que a sociedade deve (títulos a pagar, saldo devedor e de empréstimos, folha salarial, impostos devidos). Fala-se assim em patrimônio líquido, que é a diferença entre o ativo e passivo. (...)

---

[15] Importante livro sobre o assunto: CRAVEIRO, Mariana Conti. *Contratos entre Sócios:* Interpretação e Direito Societário. Quartier Latin, 2013.

[16] BORBA, op. cit. p. 74.

Verifica-se, por conseguinte que o capital é um valor formal e estático, enquanto o patrimônio é real e dinâmico. O capital não se modifica no dia a dia da empresa – a realidade não o afeta, pois se trata de uma cifra contábil. O patrimônio encontra-se sujeito ao sucesso ou insucesso da sociedade, crescendo na medida em que esta realize operações lucrativas, e reduzindo-se com os prejuízos que se forem acumulando.

Os mesmos possuem o mesmo valor tão somente no tempo ínfimo do início da sociedade e depois o patrimônio está em constante modificação enquanto o capital social é estático, podendo ser formalmente aumentado ou reduzido. O patrimônio é automaticamente modificado, sendo que o denominado contabilmente patrimônio líquido reflete o patrimônio próprio da pessoa jurídica em determinada data, valendo também como *valuation* tradicional da mesma, nos termos do artigo 1.031 do Código Civil:

> Art. 1.031. Nos casos em que a sociedade se resolver em relação a um sócio, o valor da sua quota, considerada pelo montante efetivamente realizado, liquidar-se-á, salvo disposição contratual em contrário, com base na situação patrimonial da sociedade, à data da resolução, verificada em balanço especialmente levantado.
> § 1º O capital social sofrerá a correspondente redução, salvo se os demais sócios suprirem o valor da quota.
> § 2º A quota liquidada será paga em dinheiro, no prazo de noventa dias, a partir da liquidação, salvo acordo, ou estipulação contratual em contrário.

Em relação à responsabilidade, a Sociedade responde ilimitadamente pelas suas dívidas com seus próprios recursos, ou seja, por suas obrigações ela responde sem limites. Isto é, não importa que determinada Sociedade possua um Capital Social de dez mil reais, se ela tiver dívidas de cem mil reais será obrigada a pagar a dívida com todo o seu patrimônio. Patrimônio este distinto dos sócios. Caso a Sociedade Empresária não possua recursos, poderá tentar se recuperar solicitando Recuperação Judicial ou será decretada a sua falência.

Então para a Sociedade Empresárias Limitadas as dívidas são ilimitadas, mas para os Sócios são limitadas ao valor que aportar inicialmente. Aqui o conceito se fecha, já que os patrimônios são distintos. É uma sociedade de sócios com responsabilidade limitada ao valor aportado[17].

---

[17] Ver BORBA, op. cit, p. 81.

Art. 1.052. Na sociedade limitada, a responsabilidade de cada sócio é restrita ao valor de suas quotas, mas todos respondem solidariamente pela integralização do capital social.

Então, de fato, caso o sócio possua cinco mil reais em um capital social de dez mil, e a empresa tenha dívida de cem mil, não terá ele que pagar por essas dívidas, a não ser que tenha cometido fraudes com base no artigo 50 do Código Civil ou 28 do CDC. Caso a empresa não possua recursos em seu patrimônio para sanar as dívidas, terá que se socorrer aos sócios para que aportem mais capital, ou tentar empréstimo em um banco, vender parte de seu ativo e outras opções gerenciais plausíveis, até mesmo a falência. Logo, a responsabilidade do sócio é limitada ao valor aportado, mas a sociedade responde integralmente.

Certamente, dificilmente um empreendedor hoje irá conscientemente optar por um tipo de sociedade que não possua a responsabilidade limitada, já que o risco é imensamente maior para o seu patrimônio pessoal. As clássicas formas são as Sociedades Empresárias Limitadas e as Sociedades Anônimas, que são o tipo de Sociedade mais bem trabalhada, estudada, regulada e com maiores possibilidades de financiamento, além de outras vantagens.

Outro ponto interessante na escolha da forma societária é o custo de controle. Na Sociedade Limitada, o controle total vem com 75% das quotas e, nas Sociedades Anônimas, vem com mais de 50% das ações. Ou seja, nestas é possível abrir mão de mais parte do Capital Social sem comprometer o controle total da Sociedade. Isto pode ser benéfico quando se busca investidores.

Muitas startups, atualmente, ao receberem uma primeira rodada de investimentos de aceleradoras ou investidores-anjos são obrigadas a se transformarem em Sociedades Anônimas. Ocorre que há ainda muito preconceito imaginando que as Sociedades Anônimas são para negócios gigantes e com ações na Bolsa. Uma Sociedade Anônima fechada, com menos de 20 acionistas e patrimônio menor que um milhão de reais é dispensada automaticamente de diversas obrigações acessórias como publicações em jornais e afins[18],

---

[18] Lei das S/A (Lei nº 6.404/76)
Art. 294. A companhia fechada que tiver menos de vinte acionistas, com patrimônio líquido inferior a R$ 1.000.000,00 (um milhão de reais), poderá: (Redação dada pela Lei nº 10.303, de 2001)
I - convocar assembleia-geral por anúncio entregue a todos os acionistas, contrarrecibo, com a antecedência prevista no artigo 124; e
II - deixar de publicar os documentos de que trata o artigo 133, desde que sejam, por cópias autenticadas, arquivados no registro de comércio juntamente com a ata da assembleia que sobre eles deliberar.

sendo seu custo de manutenção muito parecido ao de uma Limitada no início. Internamente ela possui maior complexidade, entretanto isso pode ser benéfico para melhores índices de governança corporativa e formalização dos atos.

E as Sociedades Anônimas possuem grande vantagem para recepcionar investimentos, seja por questões societárias na gestão do negócio, com possibilidade de outros órgãos, como do ponto de vista fiscal, já que os ágios na aquisição de ações são plenamente reconhecidos e definidos na legislação.[19]

Conclusão

Apesar de ser em forma breve, neste capítulo foram indicados alguns conceitos que podem ser refletidos em inúmeras situações práticas na atividade empreendedora. É importante para o empreendedor startup considerar as diversas alternativas e a importância de um bom planejamento societário e jurídico para a sua atividade, pois isso economizará tempo no futuro, assim como irá gerar proteção ao seu patrimônio pessoal.

O empresário não é obrigado a lucrar, apesar de buscá-lo sempre, e quebras de empresas são comuns, entretanto há modos de otimizar as relações entre sócios e a forma de sociedade mais apropriada à realidade do negócio de cada um. Além do aspecto societário, o empreendedor deve refletir se suas operações estão regulares com os aspectos de direito do consumidor, tributário ou outra área como ambiental, criminal e afins a depender da atividade

---

§ 1º A companhia deverá guardar os recibos de entrega dos anúncios de convocação e arquivar no registro de comércio, juntamente com a ata da assembleia, cópia autenticada dos mesmos.

§ 2º Nas companhias de que trata este artigo, o pagamento da participação dos administradores poderá ser feito sem observância do disposto no § 2º do artigo 152, desde que aprovada pela unanimidade dos acionistas.

§ 3º O disposto neste artigo não se aplica à companhia controladora de grupo de sociedade, ou a ela filiadas.

[19] Lei nº 6.404/76 – Aumento Mediante Subscrição de Ações
Art. 170. Depois de realizados 3/4 (três quartos), no mínimo, do capital social, a companhia pode aumentá-lo mediante subscrição pública ou particular de ações.
§ 1º O preço de emissão deverá ser fixado, sem diluição injustificada da participação dos antigos acionistas, ainda que tenham direito de preferência para subscrevê-las, tendo em vista, alternativa ou conjuntamente: (Redação dada pela Lei nº 9.457, de 1997)
I - a perspectiva de rentabilidade da companhia; (Incluído pela Lei nº 9.457, de 1997)
II - o valor do patrimônio líquido da ação; (Incluído pela Lei nº 9.457, de 1997)
III - a cotação de suas ações em Bolsa de Valores ou no mercado de balcão organizado, admitido ágio ou deságio em função das condições do mercado. (Incluído pela Lei nº 9.457, de 1997)

pretendida. O que parece ser uma ideia inédita e genial pode ser considerada irregular e até mesmo com consequências criminais.

E com os novos sócios deve-se refletir em conjunto acerca da função de cada um no negócio, o tempo mínimo de permanência para um evento de *valuation* mais elaborado, as portas de saída, eventuais penalidades para quem descumprir os acordos. Tudo isso com discussões prévias para melhorar a comunicação entre os envolvidos, abarcando as expectativas de todos no novo negócio.

Guia para consulta rápida

- O empreendedor deve se atentar ao fato de que possuir um CNPJ não significa ser uma pessoa jurídica.

- A depender do número de sócios, do porte de investimento e da finalidade, há tipos de pessoas jurídicas mais adequadas, sendo que normalmente um empreendedor deve usar uma Sociedade ou uma EIRELI.

- A limitação de responsabilidade ("responsabilidade limitada" ou "ltda") é muito importante para as pessoas físicas, pois auxilia a separar o patrimônio pessoal do patrimônio do empreendimento.

- Deve-se buscar debater e negociar entre futuros sócios questões sensíveis como cláusulas de saída ou aceite de novos sócios para economizar discussões no futuro, preferencialmente em momento anterior à formalização da sociedade.

- O objeto social é o que caracteriza as atividades da empresa e sua tributação e deve ser específica; outras classificações, como CNAEs e item da lista de serviços do ISS, por exemplo, são consequências disso e acessórias.

Bibliografia

BORBA, José Edwaldo Tavares. *Direito Societário*. 13. ed., São Paulo: Renovar, 2012.

CRAVEIRO, Mariana Conti. *Contratos entre Sócios:* Interpretação e Direito Societário. São Paulo: Quartier Latin, 2013.

PEREIRA, Caio Mário da Silva. *Instituições de Direito Civil*: Introdução ao Direito Civil. 20. ed. São Paulo: Forense, 2004. v. 1.

REYES, Francisco. *Direito Societário Americano*: Estudo Comparativo. São Paulo: Quartier Latin, 2013.

TEIXEIRA, Egberto Lacerda. *Das sociedades por Quotas de Responsabilidade Limitada*. 2. ed. São Paulo: Quartier Latin, 2007.

Sugestão de leitura

Indico o *Reorganizações Empresariais: Aspectos Societários e Tributários*, de Roberta Nioac Prado e Daniel Monteiro Peixoto (Editora Saraiva, 2011). Ele pertence à Série GV Law, que possui obras que conseguem aliar teoria e prática com extrema didática, além de tratarem sobre assuntos centrais e atuais, aliados a realidade do mercado naquele momento.

Este que recomendo, em específico, trata temas que se relacionam ao abordado no presente artigo. Válido para quem quiser aprofundar os conhecimentos em questões jurídicas e tributárias.

Capítulo 2
Apontamentos sobre Vesting no Brasil

Carlos Eduardo de Sousa Chinaite

Fábio Soares Wuo

Objetivo do capítulo

O objetivo do presente capítulo é analisar a aplicação no sistema jurídico brasileiro dos institutos denominados cliff e Vesting pelas startups brasileiras e comentar a forma de formalização desses institutos através de uma gama complementar de contratos, já que o Vesting no Brasil, ao contrário do que muitos empreendedores pensam, não se reveste de um contrato único.

Introdução

O presente capítulo abordará os riscos inerentes à implementação do *Vesting* nas esferas trabalhista, societária e cível, já que tanto empregados como prestadores de serviços ou sócios podem ser partes em uma operação de *Vesting*, sendo que em cada um desses casos a formalização, os procedimentos e os riscos são próprios.

Outrossim, tendo em vista que o *Vesting* é um instituto importado do direito norte-americano, existindo enormes diferenças entre o sistema jurídico de lá e o de cá, é importante que o leitor de antemão esteja ciente de que sua aplicação no Brasil não é automaticamente perfeita, mas com algumas adaptações é possível se chegar ao mesmo resultado prático. É o que comumente se chama no mercado de "tropicalização".

Vale a ressalva de que o *Vesting* para startups ainda é um instituto de aplicação incipiente e recente no Brasil, fruto de poucos estudos acadêmicos e de praticamente nenhuma análise jurisprudencial. Nossos doutrinadores e juízes ainda não se debruçaram no assunto, o que torna ainda mais desafiador escrever um capítulo tratando desse tema. A base desse artigo, conforme será demonstrado no decorrer do texto, são princípios e regramentos próprios das áreas trabalhista, previdenciária, cível e societária.

Por fim, diante do cenário acima, não se almeja com este capítulo esgotar todos os assuntos relacionados ao *Vesting*, muito menos afirmar verdades absolutas e imutáveis, o que se pretende é apenas e tão somente contribuir para a discussão que apenas se inicia sobre esse importante instituto contratual, auxiliando empreendedores e profissionais de outras áreas a conhecer e compreender um pouco mais o funcionamento e formalização do *Vesting* no ambiente jurídico brasileiro.

Definição e utilização prática do *Vesting* no Brasil

Como informado anteriormente, o *Vesting* é um instituto de aplicação muito recente no Brasil, com poucos estudos a seu respeito e praticamente nenhuma decisão judicial que tenha se debruçado pelo tema. Pode o leitor imaginar que não, já que, fazendo uma analogia, se conhece a questão de *stock options* por algumas décadas no Brasil, mas ocorre que o *Vesting*, ainda que guarde semelhança com o *stock options*, pode ser bastante distinto, principalmente por estarmos tratando da aplicação para startups de baixo orçamento e afins, notadamente da área de tecnologia.

Contudo, a expressão *Vesting* não é inteiramente desconhecida do sistema legal brasileiro, ainda que não venha expressamente prevista em nenhuma legislação nacional. Uma rápida pesquisa de decisões judiciais que contenham referência à palavra *Vesting* nos revela que há tempos que os tribunais pátrios vêm fazendo referência a ela, mas em um contexto e com um significado completamente diferente daquele utilizado no universo das startups.

Em nossos tribunais o *Vesting* se consolidou, até o momento, como sinônimo do "benefício proporcional diferido" garantido aos empregados que tenham aderido e contribuído com um fundo de previdência fechado e que, ao rescindir o contrato de trabalho, ainda possuem a garantia de ou continuar participando do plano de previdência ou continuar filiado a essa previdência até sua aposentadoria sem, contudo, ter o direito de continuar efetuando suas contribuições mensais.

A sistemática é a seguinte: um empregado que tenha contribuído por determinado período a um plano de previdência privado fechado adquire o direito de permanecer contribuindo nesse plano após a rescisão de seu contrato de trabalho; ou, a depender do plano contratado, o empregado não possui o direito de continuar com as contribuições, mas permanece tendo direito a todos os valores já depositados que podem ser soerguidos ou ficarem aplicados até o momento de resgate contratado pelo empregado. É isso que nossos tribunais entendem por *Vesting*, pelo menos até o momento.

O termo *Vesting* ou *Vesting Period* também é comumente encontrado nos textos que tratam dos planos de *stock options* que as empesas registradas como Sociedade Anônimas de capital aberto podem ofertar a seus diretores e/ou empregados, nos termos do artigo 168, § 3º da Lei das S/A (Lei Ordinária nº 6.404/76)[1].

> Art. 168. O estatuto pode conter autorização para aumento do capital social independente de reforma estatutária.
> (...)
> §3º O estatuto pode prever que a companhia, dentro do limite de capital autorizado, e de acordo com o plano aprovado pela assembleia geral, outorgue opção de compra de ações a seus administradores ou empregados, ou a pessoas naturais que prestem serviços à companhia ou a sociedade sob seu controle.

Os *stock options*, ou planos de compras de ações a preços pré-definidos, são um instituto jurídico privativo das Sociedades Anônimas sob o regime de capital autorizado, ou seja, das S/A que contenham em seus estatutos autorização prévia dos acionistas para aumentos de capital sem necessidade de reforma dos estatutos. Trata-se de uma faculdade deferida às companhias de aumentarem seu capital social mediante expedição de novas ações a preço preestabelecido, divorciado, portanto, da volatilidade do mercado, que poderão ser compradas por pessoas expressamente abrangidas no plano de emissão dessas novas ações em razão do cumprimento de determinados requisitos, que podem ser resultados ou decurso de tempo (*Vesting Period*).

Informação importante e relevante é de que o *stock options plan* deve obrigatoriamente ser registrado e autorizado pela Comissão de Valores Mobiliário (CVM)[2], quando em S/A de Capital Aberto. Ademais, em razão da possibilidade do plano beneficiar administradores da companhia, para que seja garantida a imparcialidade de conduta desses beneficiários, a Lei das S/A em seu artigo 157 também obriga a tais administradores que revelem ao mercado se possuem opções de compra de ações, permitindo, assim, que todos os

---

[1] Disponível em: <http://www.planalto.gov.br/ccivil_03/leis/l6404consol.htm>. Acesso em: 25 jul. 2016.

[2] Deliberação CVM nº 371/2000.

acionistas monitorem as decisões tomadas por esses beneficiários. Inclusive pode ser um dos quesitos para análise da denominada *Business Judgment Rule* (BJR) por parte dos administradores.

Dentro do *stock options*, portanto, o *Vesting* refere-se exclusivamente a um período de tempo predefinido o qual o beneficiário do plano precisará respeitar para adquirir o direito de poder comprar ou não as ações a que tem direito. É um contrato civil, comercial e de risco, pois, no *Vesting Period*, as ações podem valorizar ou desvalorizar em relação ao preço fixo estabelecido anteriormente pelas partes.

Na lição da professora Adriana Calvo, especialista em direito do trabalho americano, a autora descreve alguns conceitos usuais na prática acerca das formas de carência até poder se optar pela compra das ações[3]:

A carência é normalmente encerrada em uma das 4 formas básicas citadas abaixo:

1) Carência direta (*Straight Vesting*);

2) Carência com data pré-fixada (*Cliff Vesting*);

3) Carência de desempenho (*Performance Vesting*);

4) Carência em passos (*Step Vesting*).

É comum também que se fale do período de sistema de *cliff* e *Vesting*, como se fosse a forma única de *Vesting* nas startups, mas há outras formas conforme indicado acima. Pode-se dizer que um ambiente de startups possa usar mais de uma forma simultaneamente, utilizando tempo, performance e etapas.

Percebe-se que o *stock options* guarda muita similaridade com o conceito do *Vesting* conhecido no universo das startups, sendo quase que sinônimos, não fosse a forte regulamentação na implementação do primeiro, que restringe-se às empresas anônimas, de capital aberto, de regime de capital autorizado e, quando em empresas de capital aberto, sujeitas à fiscalização da CVM. Ou seja, não é um sistema nada simples, principalmente para startups iniciantes em busca de *lowcost*, com orçamento baixo e visando fugir da excessiva burocracia para poder focar no mais importante, que é o empreendimento em si e sua implementação, monetização, lucratividade etc.

---

[3] Disponível em: <http://www.calvo.pro.br/media/file/palestras/riscos_trabalhistas_stock_options.pdf>. Acesso em: 09 mar. 2015.

No contexto das startups, o *Vesting* pode ser simploriamente definido como um negócio jurídico, de natureza contratual, no qual uma pessoa vai progressivamente adquirindo direito de participação social em um negócio, desde que preenchidos certos requisitos livremente estipulados entre as partes, sendo bastante utilizado com empregados e prestadores de serviço sensíveis e necessários ao desenvolvimento do empreendimento, como forma de retenção de profissionais estratégicos e comprometimento deles com o *business*, pois com seu trabalho e dedicação passarão a ter uma fatia do negócio.

O *Vesting* ainda pode ser utilizado entre sócios, prevendo o aumento de participação de um minoritário a depender de seu desempenho e dedicação no negócio.

Vesting, conforme leciona o especialista Dr. Flávio Picchi[4], um dos estudiosos sobre o tema e sua implicação nas startups, tem o significado de ganhar o direito de adquirir algo. Do radical *vest* (em palavras como "vestibular"), tem a ver com ingresso, entrada. Em resumo, trata-se da forma de conceder participação societária a um interessado para incentivar a se dedicar mais pela empresa.

Ademais, contrário ao *sensu* que ocorre com o *stock options*, o *Vesting* pode ser usado tanto com Empresas Limitadas (Ltda), quanto com Sociedades Anônimas de capital fechado (S/A), sendo desnecessária a prévia autorização da CVM. Também não é necessário que o *Vesting* seja acompanhando de um aumento do capital social e consequente diluição de todos quotistas ou acionistas já existentes como ocorre com o *stock options*, ele pode ser operacionalizado mediante transferência de quotas já existentes de determinado(s) sócio(s).

Tal qual ocorre com o *stock options*, o *Vesting* também se relaciona com a aquisição de direitos de participação societária no decorrer do tempo, neste caso denominado comumente de *cliff*, ou período de tempo necessário para que o interessado possa obter o direito de ingressar na sociedade.

Para que tais objetivos práticos sejam alcançados, é necessária uma série conjunta e inter-relacionada de contratos, de forma que não há no Brasil o que podemos chamar de "Contrato de *Vesting*". No entendimento dos autores do presente capítulo, para que se tenha os mesmos resultados pretendidos pelo

---

[4] Workshop proferido pelo Dr. Flávio Picchi no Ponto de Contato (espaço de coworking). Disponível em: <http://startdireito.wordpress.com/2014/01/08/material-sobre-vesting-para-startups/>. Acesso em: 09 mar. 2015.

Vesting tradicional norte-americano, é fundamental ao menos três tipos de documentos envolvidos e que se complementem: (i) o documento que formalize a relação societária: Contrato Social (Limitadas) ou Estatuto Social (S/A); (ii) o documento parassocietário que detalha melhor as relações internas e também patrimoniais entre os sócios: Acordo de Quotistas ou Acordo de Acionistas e (iii) a depender da forma, ou um contrato de trabalho, ou um contrato de prestação de serviços, ou um contrato de opção de compra de quotas, ou dois destes, como um contrato de prestação de serviços e um contrato de opção de compra de quotas.

Dado a complexidade e novidade do assunto, não caberá a estes autores uma sistematização acadêmica ou um aprofundamento jurídico sobre todo o tema e contratos envolvidos, mas sim um relato baseado no entendimento conjunto e sempre sujeito a interpretações adicionais.

Assim, na prática, tendo em vista que as startups, sobretudo aquelas em *early stage*, não possuem capital suficiente para contratar profissionais estratégicos no mercado, que em regra são absorvidos por grandes empresas, podem se valer do *Vesting* para atrair e reter esses profissionais.

Em um cenário que valoriza cada dia mais a liberdade e autonomia profissional, bem como o empreendedorismo, não são poucos os profissionais que preferem abrir mão de bons salários e benefícios ofertados pelas grandes empresas para terem possibilidade de trabalhar em projetos que realmente acreditam, além de poderem obter participação acionária neles.

Salários, como se sabe, são muitas vezes fixos e dependem de vários fatores externos para reajustes. Promoções nem sempre são fáceis em ambientes corporativos, mas o lucro com um projeto ou produto bem desenvolvido pode ser ilimitado, e é nisso que apostam profissionais que aceitam participar de um *Vesting*. Apostam também na rentabilidade futura da empresa, na possibilidade de grandes lucros ou na "venda" lucrativa do negócio, que pode se dar através de fusão, incorporação de ações etc.

O *Vesting*, portanto, pode e deve ser utilizado para captar bons profissionais no mercado, para manter um profissional empregado ou prestador de serviço que seja estratégico para a empresa ou para aumentar a participação societária de um minoritário que se dedique com afinco à sociedade, relembrado que, em cada um desses casos, o rol de contratos e de riscos varia, devendo sempre ser consultado um profissional jurídico de sua confiança, pois o que começa como retenção de um talento pode significar no futuro um grande problema jurídico e financeiro.

Apenas a título exemplificativo de uma atribulação que pode surgir em razão de um *Vesting* mal formalizado, imagine um empregado alegando fraude na sua transmutação para a condição de sócio e a integralização de todo o lucro por ele recebido nesse período como se verba de natureza salarial fosse, com incidência de FGTS e INSS e reflexos em 13º salários, férias, descanso semanal remunerado etc.

Por fim, nesta questão introdutória, é importante notar que o *stock option* foi fortemente desenvolvido nos EUA e em seu direito societário. Entretanto, o direito societário e a regulação da Sociedade Anônima no Brasil são bastante distintos da regulamentação estrangeira. No Brasil, por exemplo, ainda há forte apego ao Capital Social e certa rigidez em emissão de novas ações, com ou sem valor nominal e o preço de emissão. Sem visar aprofundamento no assunto, podemos afirmar que nos EUA o mecanismo é mais simples, assim como é mais comum e popular a existência das S/A, que lá são denominadas *corporations*. Para melhores exemplos do sistema estadunidense, indicamos a pesquisa e leitura do livro *Direito Societário Americano*: estudo comparativo, de Francisco Reyes (Editora Quartier Latin, 2013).

Vesting e empregados

Conforme vimos acima, no Brasil e em outros países, a origem do *Vesting* é a captação e retenção de talentos mediante a cessão de parcela do capital social da empresa a tais talentos, desde que cumpridos determinados requisitos estipulados entre as partes contratantes.

Assim, um empregado estratégico que pode ser a qualquer momento absorvido pelo mercado em razão de um salário maior, pode ser um beneficiário de um *Vesting* como forma de retê-lo na empresa e aumentar sua identificação e dedicação com o projeto, afinal passará a ter participação no resultado final do empreendimento.

Contudo, ao se pensar em propor um *Vesting* para um empregado, é preciso ter em mente algumas coisas, de forma que ele seja bem feito a ponto de não se tornar um passivo futuro para a empresa.

A primeira preocupação a se tomar, de caráter subjetivo, é avaliar se esse empregado estratégico tem perfil para ser sócio, se tem a cabeça e a postura de um sócio, se é empreendedor, se aceita correr o risco do negócio. Não são todas as pessoas que possuem o perfil para serem empresárias, muitas não querem correr o risco do empreendimento, pelo contrário, preferem ter horário para cumprir, obedecer ordens e receber seu salário fixo ou variável até o 5º dia útil de cada mês.

O segundo ponto a ser observado é que sócios, sejam eles minoritários ou não, possuem uma série de direitos característicos, como monitorar e fiscalizar o administrador, as contas da sociedade, participar com voz e voto nas reuniões de sócios, deliberar sobre questões estratégias da empresa, ter acesso aos livros contábeis e financeiros da organização etc.

Assim, de nada adianta tornar um empregado sócio e continuar tratando-o como se empregado fosse, pois dessa forma sua condição de sócio estará descaracterizada e ele poderá ingressar com uma reclamação trabalhista.

Apenas a título informativo, a Consolidação das Leis do Trabalho (CLT)[5] em seu artigo 9º é expressa em declarar que são nulos todos atos praticados que almejam fraudar a aplicação da legislação trabalhista. Veja:

> Art. 9º - Serão nulos de pleno direito os atos praticados com o objetivo de desvirtuar, impedir ou fraudar a aplicação dos preceitos contidos na presente Consolidação.

Alçar um empregado à condição de sócio tratando-o como um empregado, por certo que faz incidir a regra acima, devendo portanto, ser objeto de extrema atenção pelos empreendedores. Por isso que o empregado beneficiado pelo *Vesting* precisa ter o perfil certo para se tornar um sócio.

Ainda a título informativo, o que caracteriza uma relação de emprego é a presença concomitante de subordinação, pessoalidade, onerosidade e habitualidade, conforme previsto no artigo 3º da CLT:

> Art. 3º - Considera-se empregado toda pessoa física que prestar serviços de natureza não eventual a empregador, sob a dependência deste e mediante salário.

Estando presente os quatro requisitos acima, independente da forma de contratação do empregado (sócio, prestador de serviço ou autônomo, por exemplo), estará presente o vínculo empregatício e todas as consequências daí advindas.

---

[5] Disponível em: <http://www.planalto.gov.br/ccivil_03/decreto-lei/del5452.htm>. Acesso em: 25 jul. 2016.

É por isso que o *Vesting* com empregados é algo extremamente sério e que deve ser pensado à exaustão, pois o que pode parecer uma ótima saída para manter um empregado estratégico pode se tornar um enorme passivo trabalhista passível de quebrar as finanças da empresa.

O terceiro ponto a ser pensado é a forma de contratação do *Vesting*, com suas cláusulas e contratos necessários.

Nesse particular, apesar da não obrigatoriedade, é recomendável que se inicie por um completo contrato de trabalho escrito (já que ele pode ser verbal), seguido de um documento anexo a ele prevendo as formas como o *Vesting* se dará, o período de *cliff*, o momento em que o empregado poderá exercer seu direito de ingressar no quadro social, o percentual que terá na empresa, a nova forma de remuneração que terá, os direitos adquiridos na condição de sócio, a possibilidade ou não de sua diluição no caso de novo *Vesting* ou uma rodada de investimento etc.

Tudo isso deve ser pensado e devidamente contratado mediante instrumento escrito. Apesar de a legislação ser omissa quanto à forma desse contrato anexo ao contrato de trabalho, recomendamos fortemente que seja feito por escrito, com a assinatura das partes e ao menos duas testemunhas, só assim se terá maior segurança jurídica. Tudo que é combinado apenas por "palavras ao ar" gera insegurança.

Outro ponto relevante nesse aspecto é que as partes previamente já tenham entabulado um acordo de quotistas ou de acionistas ao contratar o *Vesting*, assim o empregado, ao se tornar sócio, já saberá em quais condições ingressará na sociedade. Também é recomendável que haja uma minuta de alteração do contrato social nesse momento, de forma que todos os envolvidos já tenham em vista como ficará o contrato da empresa após o ingresso do novo sócio, ainda que acontecimentos futuros possam impactar e alterar essa minuta inicial.

Mais uma questão importante na contratação do *Vesting* com um empregado é o fato de que ou o indivíduo envolvido é empregado da sociedade ou é sócio dela, não sendo possível a cumulação das duas funções. Assim, quando se perfizer o *cliff* e o empregado exercer seu direito de ingressar na sociedade, seu contrato de trabalho terá que ser rescindido, podendo ocorrer por demissão imotivada ou pedido de demissão, devendo as partes previamente combinar como se dará essa rescisão para que não haja problema.

Relembrando que empregados recebem sua remuneração através de salário com incidência de INSS, FGTS, férias, DSR e 13º salários, por exemplo. Sócios, por sua vez, ou recebem pró-labore ou lucro, ou recebem os dois.

Pró-labore é a remuneração paga ao sócio pelo trabalho prestado em favor da sociedade, podendo ser fixo ou variável, sendo que sobre ele incide IR da pessoa física na tabela progressiva e INSS cota empregado e empregador. Lucro, por sua vez, é a remuneração pelo risco do negócio e não incide qualquer imposto ou contribuição na sua distribuição.

Também é fortemente recomendável que tais remunerações e valores sejam previamente discutidos e acertados pelas partes, sendo um importante fator para avaliar o perfil do empregado elegível a sócio. Se forem feitas, por exemplo, exigências de remuneração fixa, pró-labore elevado e afins, tenha a certeza de que esse empregado não está querendo assumir o risco do empreendimento, não tendo, portanto, perfil para se tornar sócio.

Por fim, as transferências das quotas que o empregado fará jus poderá ser feita de duas formas: mediante cessão onerosa com valor fixo pré-definido ou mediante cessão gratuita. Apesar de não haver decisões judiciais sobre o assunto, tendo em vista o que nossos tribunais pátrios já decidiram sobre o *stock options*, recomendamos que a cessão seja sempre onerosa, ainda que o valor seja meramente pró-forma.

Nesse sentido, a fim de buscar maior segurança jurídica na operação, recomenda-se, por hora e até que o *Vesting* seja objeto de análise judicial aprofundada, que se siga aquilo que a jurisprudência já vem decidindo sobre o *stock options*, dada a similaridade entre os dois institutos. Isso porque nas cessões gratuitas de ações os tribunais têm caracterizada essa cessão como parte constante da remuneração dos empregados, incidindo todas as verbas trabalhistas daí necessárias.

Vejam decisões nesse sentido:

> STOCK OPTIONS – INCENTIVO AO EMPREGADO – CARÁTER NÃO SALARIAL. Tratando-se as denominadas stock options de incentivo ao empregado no desenvolvimento de seus misteres, condicionado, porém, a regras estabelecidas e não sendo gratuito, visto que sujeito a preço, embora com desconto, tem-se que não guardam tais opções de compra da empresa caráter salarial. Recurso Ordinário obreiro a que se nega provimento, no aspecto." (TRT 2ª Região – 42364200290202002-RO -Ac.20030636234 – 7ª T – Relª Juíza Anélia Li Chum – DOESP 5.12.2003)

OPÇÃO DE COMPRA DE AÇÕES ("STOCK OPTION"). REMUNERAÇÃO. NÃO CONFIGURAÇÃO. Os lucros decorrentes de opções de compra de ações (stock options) não configuram remuneração, nos termos do artigo 457 ou do artigo 458, da Consolidação das Leis do Trabalho. Embora normalmente resultem em acréscimo patrimonial, não visam a remunerar o trabalho, mas a incentivar a obtenção de um melhor desempenho da companhia empregadora, o que as aproxima da participação nos lucros ou resultados. Por outro lado, a aquisição não é obrigatória e, sim, opcional, e as ações são transferidas a título oneroso, o que exclui a hipótese de constituir-se salário-utilidade. Além do mais, tais opções implicam risco para o empregado adquirente, uma vez que as ações adquiridas podem valorizar-se ou desvalorizar-se, circunstância que a distingue do salário "stricto sensu", cujo caráter "forfetário" é conhecido. TRT 15ª Reg. (Campinas/SP), RO 0387-2003-045-15-85-7, (Ac. 31971/07-PATE, 3ªC.), Rel. Juiz Ricardo Regis Laraia. DJSP 13.7.07, p.76)

STOCK OPTIONS. NATUREZA JURÍDICA. Não se tratando de parcela destinada a contraprestação pelos serviços prestados, os Planos de Opção de Compra de Ações (Stock Option Plan) não ostentam natureza salarial, não integrando a remuneração do empregado nos termos definidos pelos artigos 457 e 458 da CLT." (TRT 15ª Região, RO 02125-2007-109-15-00-2, Ac 80161/08 PATR 1ªC, DOE 05.12.08, p.54, Luiz Antonio Lazarim)

AGRAVO DE INSTRUMENTO. RECURSO DE REVISTA. Compra de ações vinculada ao contrato de trabalho. Stock options. Natureza não salarial. Exame de matéria fática para compreensão das regras de aquisição. Limites da Súmula nº 126/TST. As stock options, regra geral, são parcelas econômicas vinculadas ao risco empresarial e aos lucros e resultados do empreendimento. Nesta medida, melhor se enquadram na categoria não remuneratória da participação em lucros e resultados (art. 7º, XI, da CF) do que no conceito, ainda que amplo, de salário ou remuneração. De par com isso, a circunstância de serem fortemente suportadas pelo próprio empregado, ainda que com preço diferenciado fornecido pela empresa, mais ainda afasta a novel figura da natureza salarial prevista na CLT e na Constituição. De todo modo, torna-se inviável o reconhecimento de natureza salarial decorrente da possibilidade de compra de ações a preço reduzido pelos empregados para posterior revenda, ou a própria validade e extensão do direito de compra, se a admissibilidade do recurso de revista pressupõe o exame de prova documental – O que encontra óbice na Súmula nº 126/TST. Agravo de instrumento desprovido. (TST; AIRR 85740- 33.2009.5.03.0023; Sexta Turma; Rel. Min. Mauricio Godinho Delgado; DEJT 04/02/2011; Pág. 2143)

PRELIMINAR DE NÃO-CONHECIMENTO DO RECURSO DE REVISTA ARGUIDA EM CONTRARRAZÕES. I. (...) STOCK OPTION PLANS. NATUREZA SALARIAL. Não se configura a natureza salarial da parcela quando a vantagem percebida está desvinculada da força de trabalho disponibilizada e se insere no poder deliberativo do empregado, não se visualizando as ofensas aos arts. 457 e 458 da CLT. (...). (TST; RR 3273/1998-064-02-00; Quarta Turma; Rel. Min. Antônio José de Barros Levenhagen; Julg. 15/03/2006; DJU 31/03/2006)

Em sentido contrário a seguinte decisão proferida pelo juízo da 34ª vara do trabalho de São Paulo, processo 2339/1999:

> Salário (em geral) Configuração – A promessa de venda, pelo empregador, de ações da companhia a preço prefixado, para que o empregado opte por sua compra a qualquer tempo, auferindo lucro sem enfrentar qualquer risco implica em retribuição de natureza salarial, impondo-se a integração do resultado obtido pelo empregado na operação em todos os títulos contratuais pertinentes.

Por fim, resumindo o que foi dito acima, o empresário, ao oferecer *stock options* a um empregado, deve avaliar seu perfil tendo certeza de que a pessoa elegível tem os predicados para se tornar um verdadeiro sócio. Deve tratar essa pessoa como um sócio de verdade quando ele adquirir as quotas a que tem direito, pensando com cuidado nas condições dessa contratação.

Vesting e sócios

A interdisciplinaridade é hoje fundamental para os empreendedores. Principalmente no âmbito das Ciências Sociais, no qual, para se entender ou visualizar o fenômeno do mercado, podemos ter abordagem econômica, contábil, jurídica, sociológica, psicológica etc. Isto porque, ao tratarmos de uma startup enxuta, estamos diante de uma estrutura que pretende ser o mais simples possível para se obter os maiores resultados possíveis. Ao menos nos parece quando premissas do Lean Startup[6] e de CANVAS[7] são altamente utilizadas.

A startup em si possui alto grau de incerteza. Ao mesmo tempo, o Direito visa gerar segurança jurídica e certamente demora mais para acompanhar as mudanças que ocorrem na realidade. Logo, ainda que a liberdade na criação e desenvolvimento de uma startup seja altamente recomendável, a falta de formalização e conhecimento das regras vigentes, e a possibilidade de grande desentendimento entre interessados e sócios podem gerar diversos conflitos e frustrações, assim como prejuízos reais e concretos. Assim, o que pode parecer uma extrema inovação e facilidade, sob outra ótica pode ser um abuso e causar penalidade. Sócios não são empregados e já se abordou que diversos problemas podem ocorrer se essa divisão não for bem feita. Principalmente em uma sociedade limitada formada por pessoas, os sócios efetivamente têm que possuir direitos e deveres como sócios e não uma simulação de empregados com participação.

Outro ponto, abordado no Capítulo 1 acerca de direito societário, é sobre a forma da Sociedade Empresária, se limitada ou anônima. Ainda que ocorra muito desconhecimento e receio de se utilizar a Sociedade Anônima, talvez pelo seu possível maior custo de manutenção, verdade é que a grande maioria das startups está na forma de Sociedade Empresária Limitada, ou seja, uma sociedade contratual, de pessoas, com quotas. Não é uma instituição como a Sociedade Anônima, com clara separação entre a propriedade do capital (ações) e o controle (administração).

Conforme plenamente conceituado acima, podemos concluir que o denominado *Vesting*, hoje, no cenário startup brasileiro, não se trata somente de *stock option* nos termos da legislação brasileira, presente na Lei das S/A para empresas de capital aberto e também com amplas consequências em questões trabalhistas.

Entendemos que tal realidade do sistema *stock options* é direcionado muitas vezes a empresas de grande porte e de capital aberto, em uma realidade muito distante das startups em *early stage* ou *development stage*. Ou, ainda, empresas com capital autorizado.

---

[6] Disponível em: <http://pt.slideshare.net/eurecabr/resumo-eureca-the-lean-startup>. Acesso em: 09 mar. 2015.

[7] Disponível em: <http://www.manualdastartup.com.br/blog/desenhando-o-modelo-de-negocio-da-startup/>. Acesso em: 09 mar. 2015.

Ocorre que, nos estágios iniciais, a pessoalidade nas startups é muito grande. Estamos falando de sociedades de normalmente duas, três e até seis pessoas, na qual a forma de gestão e administração é bastante compartilhada e não rigidamente hierarquizada e que necessita de pouca burocracia para novas criações. Além disso, as startups, via de regra, possuem orçamento baixo e dificilmente sobreviverão se contratarem apenas funcionários no formato CLT. Muitas vezes, a subordinação, um dos requisitos básicos para a definição de empregado, é visto como um conceito não aplicável e ultrapassado no cenário startup.

Basta imaginarmos o cenário dos espaços *coworking* atualmente existentes e veremos que o valor gerado está na diversidade, na abertura de espaços e na quebra de paradigmas tradicionais, que são pouco segregados e hierarquizados. Em contraponto, uma nova forma de produtividade e um incremento na criatividade e no networking ocorrem naturalmente.

Nada impede que um potencial "talento" e com perfil empreendedor gere interesse em uma startup e que a tal pessoa se interesse pelo projeto. Acordam as partes que o talento poderá ser sócio da startup caso comprove na prática que tem comprometimento e entregue o necessário ao sucesso do empreendimento.

Surgem então algumas opções: o mesmo iniciará prestando serviços eventuais mediante Contrato de Prestação de Serviços e terá uma opção de compra de quotas de tal Sociedade Empresária Limitada.

Bom, já vimos acima e veremos no capítulo seguinte que problemas sérios trabalhistas podem ocorrer. Importante também ressaltar que os sócios que prestam serviços na sociedade devem receber pró-labore, valor este sobre o qual incide contribuição ao INSS. Por tais motivos é importante buscar garantir a essa operação o máximo de segurança jurídica, para que os contratos firmados reflitam a realidade. Sendo assim, entendemos que poderia ser feito da seguinte forma:

a) O talento deve sim já ingressar na sociedade, com uma participação societária baixa, já que plenamente quer correr o risco do empreendimento;

b) Entretanto, sua participação poderá ser aumentada, caso atinja determinada forma poderá inclusive ter um cargo de direção na empresa, constando isso em um contrato de opção de compra;

c) Para reforçar ainda mais o quanto tratado no Contrato Social ou Estatuto Social, é importante a elaboração de um acordo de quotistas e acionistas, inclusive indicando melhor as funções dos sócios, as condições e requisitos das "portas de saída", solução de conflitos, etc.

Entendemos que a conjugação desses três contratos assegura um menor risco trabalhista, mas também efetiva melhor a comunicação entre as partes, economizando eventuais conflitos.

Infelizmente é muito comum acordos verbais em startups se tornarem motivos de forte discordância no futuro. E isso, de fato, é histórico. A importância da forma escrita facilita enormemente, desde o Código Hamurabi, que foi a primeira codificação escrita!

Conclusão

Conforme exposto no capítulo, não existe um "contrato de *Vesting*", mas sim alguns procedimentos, a depender da forma e realidade da relação entre as pessoas envolvidas. Riscos trabalhistas são de grande ordem. Riscos de conflitos devido a desentendimentos societários também podem ocorrer.

O *Vesting* pode ser contratado tanto com empregados quanto entre sócios ou prestadores de serviço, devendo sempre se avaliar se a pessoa elegível tem o perfil adequado para se tornar um sócio.

Na prática, *Vesting* serve para mobilização e retenção de talentos, tornando a pessoa sócia do empreendimento com participação no resultado final da empresa.

Sócio, como dito anteriormente, tem uma série de direitos inerentes à sua condição, ainda que seja minoritário, de tal forma que tais direitos devem ser integralmente concedidos e garantidos aos ingressantes na sociedade, sobretudo se anteriormente a pessoa era um empregado, pois caso contrário a empresa poderá ter demandas de natureza trabalhista, cível e/ou societária.

A regulamentação dos *stock options* não serve, na prática, para as startups e não existe regulamentação específica sobre o *Vesting* no Brasil. Logo, é fundamental que a startups não subestime os riscos e possibilidade de conflitos existentes e busque refletir com seriedade as formas e promessas que deseja efetuar em relação ao assunto.

Relembrando, por fim, que não existe um "contrato de *Vesting*", mas sim um feixe de contratos sequenciais que na prática permitem que se alcance o mesmo resultado prático alcançado nos Estados Unidos, de forma que sempre deve ser consultado o advogado de sua confiança para concretizar com segurança jurídica essa operação.

Guia de consulta rápida

- Vesting pode ter repercussões na esfera cível, trabalhista e societária;

- Pode ser usado com empregados, prestadores de serviços ou entre sócios;

- Trata-se de um contrato "importado" dos Estados Unidos, sendo necessário "tropicalizar" as regras estrangeiras ao sistema legal brasileiro;

- Vesting, portanto, pode ser simploriamente definido como um negócio jurídico, de natureza contratual, na qual uma pessoa vai progressivamente adquirindo direito de participação social em um negócio, desde que preenchidos certos requisitos livremente estipulados entre as partes, sendo bastante utilizado com empregados e prestadores de serviço sensíveis e necessários ao desenvolvimento do empreendimento, como forma de retenção de profissionais estratégicos e comprometimento deles com o business, pois com seu trabalho e dedicação passarão a ter uma fatia do negócio;

- Apesar de próximos e similares, Vesting não se confunde com stock options;

- Cliff não é o único modo de perfazer o Vesting, é possível atrelar o aperfeiçoamento da participação acionária a outros critérios, como performance por exemplo;

- No Brasil, para a efetivação do Vesting, seja com empregados, prestadores de serviço ou entre sócios, sempre será necessário um conjunto interligado de contratos, não existindo um único contrato de Vesting.

Bibliografia

BRASIL. Constituição da República Federativa do Brasil de 1998. Disponível em: <http://www.planalto.gov.br/ccivil_03/constituicao/constituicaocompilado.htm>. Acesso em: 09 mar. 2015.

BRASIL. Decreto-lei nº 5.424, de 1º de maio de 1943 (CLT). Disponível em: <http://www.planalto.gov.br/ccivil_03/decreto-lei/del5452.htm>. Acesso em: 09 mar. 2015.

BRASIL. Lei nº 10.406, de 10 de janeiro de 2002. Disponível em: <http://www.planalto.gov.br/ccivil_03/leis/2002/l10406.htm>. Acesso em: 09 mar. 2015.

BRASIL. Lei nº 6.404, de 15 de dezembro de 1976 (Lei das S/A). Disponível em: <http://www.planalto.gov.br/ccivil_03/leis/l6404compilada.htm>. Acesso em: 09 mar. 2015.

CASSAR, Vólia Bonfim. *Princípios Trabalhistas, Novas Profissões, Globalização da Economia e Flexibilização das Normas Trabalhistas*. Niterói: Editora Impetus, 2010.

CRAVEIRO, Mariana Conti. *Contratos entre Sócios*: Interpretação e Direito Societário. São Paulo: Editora Quartier Latin, 2013.

NETO, Francisco Ferreira Jorge & CAVALCANTE, Jouberto de Quadros Pessoa. *Direito do Trabalho*. São Paulo: Editora Atlas, 2013.

REYS, Francisco. *Direito Societário Americano*: Estudo Comparativo. São Paulo: Editora Quartier Latin, 2013.

SILVA, Homero batista Mateus da. *Curso de Direito do Trabalho Aplicado*: Contrato de Trabalho. 2. ed. Rio de Janeiro: Editora Elsevier, 2011. v. 6.

SILVA, J. Miguel. (coord.). *Prática Tributária nas Empresas*: Análise de Questões Tributárias e Contábeis Atuais e Relevantes. São Paulo: Editora Atlas, 2012.

VIANNA, Cláudia Salles Vilela. *Manual Prático das Relações Trabalhistas*. 11. ed. São Paulo: Editora LTr, 2012.

CAPÍTULO 3
Planejamento tributário para startups no Brasil

Amir Choaib Junior

Objetivo do capítulo

O objetivo do presente capítulo é apresentar o sistema tributário brasileiro sob a ótica da condução dos negócios de uma startup; explicar a dinâmica e a interação entre os principais tributos incidentes sobre as atividades empresariais típicas das startups brasileiras; e oferecer soluções e dicas práticas que possam ajudar os empreendedores na condução de suas startups.

Introdução

Que o sistema tributário do Brasil não foi estruturado pensando no fomento ao empreendedorismo, isso todos já sabem. Mas o problema vai muito além disso. O Brasil é um dos países de maior carga tributária e também onde mais se exige tempo para cumprimento das obrigações tributárias, devido à quantidade e complexidade das normas. Segundo o Relatório *Doing Business 2014* do Banco Mundial, o tempo médio gasto para se apurar e pagar tributos no Brasil é de 2 600 horas, o que equivale a 65 semanas de trabalho. Para se ter ideia do tamanho da complexidade burocrática brasileira, a média mundial é de 267 horas.

Essa realidade decorre de um foco exclusivo do governo brasileiro na arrecadação em detrimento da eficiência empresarial. Segundo o Instituto Brasileiro de Planejamento Tributário, até 2008 já haviam sido promulgadas 3,7 milhões de normas tributárias, o que impossibilita que qualquer empresa – e, ainda mais, uma startup enxuta – possa estar segura de estar cumprindo todas as normas que regulem sua atividade.

Há alguns projetos que buscam simplificar essa infinidade de normas como, por exemplo, o Simples Nacional (Lei Complementar nº 123, de 14 de dezembro de 2006), que permite a cobrança unificada de tributos federais, estaduais e municipais pelas empresas de micro e pequeno porte. No entanto, há restrições para que uma empresa possa adotar esse regime de apuração e, mesmo quando possível, pode não ser a alternativa mais econômica.

Ou seja, o empreendedor deve conhecer o essencial da tributação de sua startup porque este elemento sempre estará presente e interferirá diretamente nas finanças do seu negócio. Portanto, um planejamento tributário refletido e preestabelecido antes do início das operações da startup pode significar grandes economias na condução do seu negócio.

Neste capítulo, abordaremos alguns aspectos essenciais da tributação brasileira sob a ótica de uma startup. O objetivo não é esgotar o assunto e nem dar respostas a casos concretos, mas, sim, contribuir para que o empreendedor compreenda o essencial a respeito do sistema tributário no qual está inserido, de modo que possa discutir o melhor planejamento de sua startup em conjunto com profissionais especializados na área, como seu advogado e contador.

O Simples Nacional

O Simples Nacional é um regime que desde a sua instituição tem efetivamente contribuído para a simplificação da tributação de empresas de menor porte, porque permite que tais empresas arrecadem todos os tributos – federais, estaduais e municipais – em uma só guia, calculada através de um percentual sobre a sua receita bruta. Porém, este regime ainda está longe de ser ideal e possui restrições para a sua adoção que devem ser avaliadas pelo empreendedor antes de realizar esta opção.

Há diversas restrições na Lei Complementar nº 123/06 que impedem que empresas possam adotar o Simples Nacional. As mais comuns para os casos de startups, são as seguintes: (i) possuir receita bruta anual igual ou inferior a R$ 3.600.000,00; (ii) caso alguma empresa seja sócia da startup; (iii) se a startup detiver participação de uma outra empresa; (iv) se a startup for filial de alguma empresa estrangeira; ou, (v) caso a startup seja constituída como sociedade por ações[1]. Caso sua empresa se enquadre em algumas destas hipóteses, o Simples Nacional já não será uma opção.

Além destas restrições, há diferenciações na forma com que a startup pode se enquadrar nas tabelas do Simples, a depender da atividade que

---

[1] A listagem completa das restrições está prevista nos incisos do § 4º do artigo 3º da Lei Complementar nº 123/06. Disponível em: <http://www.planalto.gov.br/ccivil_03/leis/lcp/lcp123.htm>. Acesso em: 10 mar. 2015.

executa. Para as startups que realizam comércio, vale a tabela do Anexo I da Lei Complementar nº 123/06. Já para as startups prestadoras de serviços, as tabelas mais importantes são as dos Anexos III e V. Estão no Anexo V as startups que desempenharem as seguintes atividades: (i) elaboração de programas de computadores, inclusive jogos eletrônicos, desde que desenvolvidos em seu próprio estabelecimento; (ii) licenciamento ou cessão de direito de uso de programas de computação; e, (iii) planejamento, confecção, manutenção e atualização de páginas eletrônicas, desde que realizados em estabelecimento próprio. Caso o serviço prestado não se enquadre em nenhuma destas três hipóteses, vale a tabela do Anexo III.

Dessa forma, o primeiro passo para avaliar qual seria a carga tributária, caso se optasse pelo Simples Nacional, é definir em qual alíquota destes anexos da Lei Complementar nº 123/06 está a atividade que a sua startup desempenha. Este percentual é definido, em regra[2], de acordo com duas variáveis: a atividade (que define a tabela correta) e a receita bruta anual. Quanto maior a receita bruta, maior será o percentual devido no Simples.

Este cálculo é muito relevante para as finanças da startup e o enquadramento em um ou outro anexo implica em diferenças significativas na hora do recolhimento do valor devido.

Tomemos o seguinte exemplo: 3 startups que faturem R$ 500.000,00 por ano com trabalho exclusivo de seus sócios, mas tendo como única diferença entre si a atividade que desenvolvem; a primeira no comércio, a segunda em um serviço geral enquadrado no Anexo III, e a última elaborando programas de computadores, enquadrando-se no Anexo V.

Startup	Atividade	Receita bruta (base de cálculo)	Alíquota (LC nº 123/06)	Valor devido
1	Comércio (Anexo I)	R$ 500 000,00	6,84%	R$ 34 200,00
2	Serviço (Anexo III)	R$ 500 000,00	10,26%	R$ 51 300,00

---

[2] No caso específico do Anexo V, a folha de salários interfere na alíquota. Quanto maior a relevância da folha de salários frente à receita bruta da empresa, menor será a alíquota sobre a receita para calcular o valor devido no Simples Nacional.

Startup	Atividade	Receita bruta (base de cálculo)	Alíquota (LC nº 123/06)	Valor devido
3	Serviço (Anexo V)	R$ 500 000,00	17,55%[3]	R$ 87 750,00

Como se pode notar, mesmo dentro do Simples Nacional, a variação da tributação na sua startup pode variar bastante a depender de qual anexo e de qual faixa de receita ela se enquadre. Este enquadramento também não é sempre "preto no branco", o que pode fazer com que o Simples Nacional acabe não sendo tão simples assim. Em muitos casos, por exemplo, pode haver dúvidas se uma determinada atividade é ou não um "programa de computador" para os fins da lei tributária, ou o que pode ou não ser o "planejamento" de uma página eletrônica.

Portanto, é sempre recomendável que haja um planejamento jurídico-tributário prévio, mesmo quando a startup pretenda adotar o Simples Nacional. Apesar de ser um regime muito mais simples do que a tributação convencional de uma empresa brasileira, ainda há que se caminhar para que este adeque seus conceitos e procedimentos com a realidade prática de uma startup.

Simples Nacional

Vantagens	Desvantagens
• Simplicidade na apuração; • Recolhimento unificado de todos os tributos federais, estaduais e municipais; • Alíquotas mais favorecidas e progressivas, de acordo com o faturamento; • Obrigações acessórias mais brandas.	• Diversas limitações para adesão; • Grau de complexidade em normas específicas ainda elevado para empresas de pequeno porte em estágio inicial; • Dissonância com normas estaduais e municipais excessivamente burocráticas para empresas de pequeno porte.

Tributos Federais

---

[3] Caso a participação da folha de salários fosse maior em comparação à receita bruta, esta alíquota poderia diminuir até 9,03%, quando a folha de salários representasse 40% ou mais da receita bruta. No caso em análise, como está se assumindo trabalho exclusivo e não remunerado dos sócios, a folha de salários neste exemplo é zero.

Caso sua startup não possa ou não opte por adotar o Simples Nacional, o recolhimento de cada tributo será feito em separado, como é a regra geral. No entanto, há aqui uma decisão fundamental que o empreendedor terá de tomar: o recolhimento do Imposto de Renda das Pessoas Jurídicas (IRPJ) e da Contribuição Social sobre o Lucro Líquido (CSLL) pelo regime do Lucro Presumido ou pelo Lucro Real[4].

A diferença entre o Lucro Real e o Lucro Presumido é a forma com que será apurada a renda da empresa, base sobre a qual será calculada a tributação devida de IRPJ e CSLL. Ou seja, quanto menor a renda calculada, menor será a tributação.

Há, no entanto, alguns casos em que a empresa é obrigada a recolher seu IRPJ e CSLL pelo Lucro Real como, por exemplo, as empresas com faturamento acima de R$ 78.000.000,00 ao ano. Desse modo, antes de se estudar as possibilidades destes regimes de tributação, é fundamental averiguar se a startup não se enquadra em uma das hipóteses do artigo 14 da Lei 9.718/98. Caso esteja, o Lucro Real será obrigatoriamente o único caminho a ser seguido.

IRPJ e CSLL: Lucro Real

Como o próprio nome já indica, no Lucro Real calcula-se tudo que a empresa faturou (receita) e deduz-se tudo que a empresa gastou (despesa). A diferença resultante é a renda da empresa calculada pelo método do Lucro Real, sobre a qual aplica-se alíquota do IRPJ e da CSLL. Simples, mas nem tanto, o controle contábil necessário para se apurar estas receitas e despesas pode ser muito custoso para uma startup, especialmente em sua fase inicial. Este controle passa, além da necessidade de um controle diário, pela obrigação de guarda de todos os documentos e comprovantes de operações por, em regra, 5 anos (já começam a aparecer as 2 600 horas do tempo para se apurar tributos calculadas pelo Banco Mundial).

Além disso, a Receita Federal não admite que qualquer despesa seja deduzida para o cálculo do imposto, daí o conceito de "despesa dedutível". Despesa dedutível é aquela que atende aos critérios estabelecidos na lei e pelas normas da Receita Federal e, portanto, pode ser deduzida na hora de calcular o IRPJ e a CSLL que a empresa deverá recolher.

---

[4] Há também o regime do Lucro Arbitrado, que é pouco utilizado na prática tributária brasileira e portanto não será abordado neste capítulo.

Como regra geral, são consideradas dedutíveis as despesas usuais, normais ou necessárias à atividade da empresa. No entanto, desses conceitos derivam incontáveis debates do que seriam essas despesas para cada tipo de atividade, o que ainda piora para o caso das startups e de atividades na internet, onde muitas de suas despesas são de serviços e contratações on-line, de difícil comprovação com base nos critérios da Receita Federal. É fundamental, neste estágio, que a startup possua assessoria jurídica e contábil a fim de possuir maior clareza sobre quais de suas despesas são consideradas dedutíveis, e, dessa forma, quanto teria de recolher se apurar sua tributação pelo Lucro Real.

Lucro Real

Vantagens	Desvantagens
• Real averiguação da renda no período (interessante para empresas com renda menor do que a presumida pela lei); • Possibilidade de valor devido zero de IRPJ e CSLL caso apure-se prejuízo no período; • Não há restrições para sua adoção.	• Maior custo e complexidade para apuração do valor devido (receitas e despesas); • Obrigação de guarda de documentos e comprovantes de deduções da base de cálculo; • Maior exigência de cumprimento de obrigações acessórias pela Receita Federal.

IRPJ e CSLL: Lucro Presumido

O Lucro Presumido surge como resposta à complexidade para a apuração pelo método do Lucro Real. Neste regime, presume-se, de acordo com a atividade da empresa, um percentual da receita como renda – ou seja, há o cálculo da renda, sem a necessidade da apuração das despesas como há no Lucro Real. Sobre este percentual da receita se aplicará a alíquota do IRPJ e da CSLL[5].

Esta sistemática diminui em muito os custos de apuração do IRPJ e da CSLL. Além disso, em vários casos este percentual da renda aplicado no Lucro Presumido é menor do que a real margem de lucro aplicada pela empre-

---

[5] Este cálculo presumido de renda refere-se à renda oriunda da atividade da empresa, ou seja, não inclui rendas extraordinárias tais como as oriundas de ganhos de capital e rendimentos de aplicações financeiras.

sa, o que implica em uma cobrança menor do IRPJ e CSLL do que ocorreria se a mesma empresa recolhesse estes tributos pelo método do Lucro Real.

Isto é, quando há uma equivalência entre valores que seriam recolhidos a título de IRPJ e CSLL pelo Lucro Real ou pelo Lucro Presumido, este possui vantagem devido ao seu considerável menor custo de apuração.

As hipóteses dos percentuais definidos para cada espécie de atividade empresarial podem ser consultados no artigo 15 da Lei nº 9.249/95. No entanto, para startups, a regra é que suas atividades enquadrem-se no percentual de 32% para o cálculo presumido da renda, que é o percentual atribuído para os "serviços em geral". Como este é o maior percentual previsto na lei para o cálculo presumido da renda, para qualquer startup que tenha uma margem de lucro acima desse percentual, o Lucro Presumido será mais interessante que o Lucro Real.

Lucro Presumido

Vantagens	Desvantagens
• Cálculo presumido de renda em percentual estipulado em lei (ausência de custos de apuração e comprovação de despesas); • Menor risco de questionamento dos valores apurados.	• Possibilidade de recolhimento maior caso a margem praticada no período seja inferior à presumida (hipótese em que não há direito à restituição nos períodos subsequentes).

PIS e COFINS: Consequências da escolha pelo Lucro Real ou Lucro Presumido

Um outro ponto que pode fazer a diferença entre a escolha do Lucro Presumido e do Lucro Real é a diferença na tributação do PIS e da COFINS.

Antes de avançar nesta questão, cabe uma breve explicação do que são o PIS e a COFINS: são duas contribuições que incidem sobre a receita das empresas. Note, não a renda, como o IRPJ e a CSLL, mas o faturamento total apurado no período. Além disso, estas contribuições podem ser apuradas por dois métodos: o regime cumulativo e o regime não cumulativo.

No regime cumulativo, aplica-se a alíquota conjunta de 3,65%[6] sobre a receita bruta total. Já no regime não cumulativo, permite-se que se deduza

---

[6] 0,65% de PIS e 3,00% de COFINS.

os gastos da empresa com insumos, antes de se aplicar a alíquota conjunta de 9,25%[7].

O conceito de "insumo" para fins de dedução da base de cálculo do PIS e da COFINS não cumulativos ainda é alvo de diversos debates[8]. Atualmente, têm-se aplicado um conceito bem restritivo sobre quais despesas seriam tratadas como insumos, o que tem tornado, em muitos casos, o sistema não cumulativo mais oneroso que o sistema cumulativo, devido à grande diferença entre as suas alíquotas. Portanto, para se poder calcular com real precisão quais seriam os possíveis valores devidos de PIS e COFINS para uma startup no regime cumulativo e no não cumulativo, deve-se fazer um estudo acerca de quais de seus gastos podem ser considerados insumos, de acordo com a legislação em vigor.

Além disso, há uma conexão entre a opção pela sistemática do Lucro Real ou do Lucro Presumido, para IRPJ e CSLL, e o regime cumulativo ou não cumulativo para PIS e COFINS. As empresas que recolhem IRPJ e CSLL pelo Lucro Presumido, automaticamente recolherão PIS e COFINS pelo regime cumulativo[9]. Analogamente, as empresas que recolham IRPJ e CSLL pelo Lucro Real poderão recolher PIS e COFINS pelo regime não cumulativo, a não ser que possuam algumas espécies de receitas que obrigatoriamente devam ser recolhidas pelo regime cumulativo[10].

Novamente, há uma grande diferença de custos na apuração entre estes dois regimes. O regime cumulativo, como não carece da dedução de insumos para ser calculado, é apurado diretamente da receita bruta total, o que facilita em muito a mensuração do valor devido. O regime não cumulativo exige que se calcule e comprove os gastos com insumos, o que, apesar de exigir maior esforço da empresa, pode vir a representar em alguns casos um valor devido menor do que caso fosse apurado no regime cumulativo.

Portanto, não por acaso, há um "casamento" entre, por um lado, o Lucro Presumido e o método cumulativo e, por outro, o Lucro Real e o mé-

---

[7] 1,65% de PIS e 7,60% de COFINS.

[8] Cabe ressaltar que "insumos" e "despesas dedutíveis" são dois conceitos distintos e independentes. Isto é, tratam-se de análises diferentes que farão com que cada despesa tenha uma resposta para IRPJ e CSLL e outra para PIS e COFINS.

[9] Artigo 8º, inciso II da Lei nº 10.637/02 (PIS) e artigo 10º, inciso II da Lei nº 10.833/03 (COFINS).

[10] Tais espécies de receitas estão elencadas nos incisos do artigo 8º da Lei nº 10.637/02 e artigo 10º da Lei nº 10.833/03.

todo não cumulativo. No primeiro, há uma cobrança de percentuais sobre a receita bruta da empresa; no segundo, há o cálculo com as deduções dos gastos admitidos pela lei.

Esquematização dos regimes de tributação e exemplo prático

Para simplificar o que foi dito até o momento, segue abaixo uma esquematização básica do que cada regime ou método de tributação implica no cálculo da carga tributária de IRPJ, CSLL, PIS e COFINS.

Tributo	Regime/ Método de Tributação	Base de Cálculo	Alíquota
IRPJ	Lucro Real	Renda	15/25%*
CSLL		Receita Bruta – Despesas dedutíveis	9%
IRPJ	Lucro Presumido	Renda	15/25%*
CSLL		Receita Bruta x Percentual da Atividade (em regra 32% para serviços)	9%
PIS	Método não cumulativo	Receita Bruta – Gastos com Insumos	1,65%
COFINS			7,6%
PIS	Método cumulativo	Receita Bruta	0,65%
COFINS			3%

*A alíquota do IRPJ é de 15%, mas aplica-se o adicional de 10% para a renda (base de cálculo) que exceder R$ 20.000,00 multiplicados pelo número de meses do período de apuração.

Portanto, de acordo com esta tabela, uma startup prestadora de serviços que esteja no Lucro Presumido (e, portanto, recolha PIS e COFINS pelo método cumulativo) terá uma carga tributária referente a, no mínimo, 16,93% e, no máximo, tendente a 17,25%, a depender de quanto sua renda exceda os R$ 20.000,00 mensais para sofrer a incidência do adicional de 10% na alíquota do IRPJ.

Vamos exemplificar: suponhamos duas startups, A e B, prestadoras de serviços e optantes pelo regime do Lucro Presumido, mas sendo que a Startup A fatura R$ 20.000,00/mês e a Startup B fatura R$ 100.000,00/mês e ambas recolham IRPJ e CSLL trimestralmente. Desse modo, o faturamento trimestral da startup A será de R$ 60.000,00 e o da startup B, de R$ 300.000,00.

Ambas possuem renda presumida de 32% de sua receita bruta, portanto a renda presumida da startup A é de R$ 19.200,00 no trimestre e a da startup B é de R$ 96.000,00. Sobre esta renda, incidem as alíquotas de IRPJ e CSLL, que são, respectivamente, de 15 e 9%. Assim, o IRPJ devido da Startup A é de R$ R$ 2.880,00 (R$ 19.200,00 x 15%) e a CSLL devida é de R$ 1.728,00 (R$ 19.200,00 x 9%). Já a startup B possui IRPJ devido de R$ 18.000,00 (R$ 96.000,00 x 15% + R$ 36.000,00 x 10%) e a CSLL devida de R$ 8.640,00 (R$ 96.000,00 x 9%).

Estes R$ 36.000,00 que são multiplicados por 10% no cálculo do IRPJ da startup B são justamente o resultado da aplicação do adicional de alíquota do IRPJ, que incide sobre a renda que supera o valor de R$ 20.000,00 ao mês (R$ 60.000 no trimestre). Desse modo, subtrai-se do valor total do trimestre (no caso, R$ 96.000,00), os R$ 60.000,00, que não sofrem incidência do adicional de alíquota, e multiplica-se a diferença pela alíquota do adicional, que é 10%. A startup A possui faturamento que não supera os R$ 20.000,00 ao mês de receita bruta e, por isso, não sofre a incidência do adicional de alíquota de IRPJ.

Como ambas startups estão no Lucro Presumido, o PIS e o COFINS serão calculados no regime cumulativo, de modo que possuem alíquota conjunta de 3,65% (0,65% de PIS e 3% de COFINS) sobre a receita bruta de cada empresa. Portanto, o valor devido conjunto no trimestre de PIS e COFINS é de R$ 2.190,00 para a startup A (R$ 60.000,00 x 3,65%); e de R$ 10.950,00 para a startup B (R$ 300.000,00 x 3,65%).

Abaixo, tabela esquemática da incidência e carga tributária trimestral destes tributos (IRPJ, CSLL, PIS e COFINS) para as startups A e B:

Empresa	Tributo	Base de Cálculo	Alíquota	Valor Devido
Startup A	IRPJ	R$ 19 200,00	15%	R$ 2 880,00
	CSLL	R$ 19 200,00	9%	R$ 1 728,00
	PIS	R$ 60 000,00	0,65%	R$ 390,00
	COFINS	R$ 60 000,00	3%	R$ 1 800,00
	Total			R$ 6.798,00
	Carga Tributária (% sobre o Faturamento)			11,33%

	IRPJ	R$ 96 000,00	15%	R$ 14 400,00
	IRPJ (adicional)	R$ 36 000,00	10%	R$ 3 600,00
	CSLL	R$ 96 000,00	9%	R$ 8 640,00
Startup B	PIS	R$ 300 000,00	0,65%	R$ 1 950,00
	COFINS	R$ 300 000,00	3%	R$ 9 000,00
	Total			**R$ 37 590,00**
	Carga Tributária (% sobre o Faturamento)			**12,53%**

A partir do cálculo da carga tributária que uma determinada startup teria com a opção do Lucro Presumido, pode-se averiguar de forma comparativa se seria interessante a opção pelo Lucro Real. Ou seja, a possibilidade de abatimentos das bases de cálculo do IRPJ, CSLL, PIS e COFINS é que apontará qual regime será mais interessante.

Esta é uma análise puramente matemática, em que há duas questões fundamentais:

1) As despesas dedutíveis de IRPJ e CSLL fazem com que a margem da empresa seja menor que o percentual definido para ela no Lucro Presumido?

2) Tendo em vista que a regra no Lucro Real é a cobrança não cumulativa de PIS e COFINS (com alíquota conjunta maior, de 9,25%), as despesas consideradas insumos, que saem da base de cálculo dessas contribuições, fazem com que os valores devidos sejam mais baixos do que seriam no método cumulativo?

Não há necessidade que ambas as respostas sejam positivas, mas que a soma dos valores devidos nestes dois cenários dos itens acima acabe por resultar em um valor menor do que seria nas hipóteses de Lucro Presumido e método cumulativo. Caso sejam valores devidos iguais ou muito próximos, é recomendável que opte-se pelo Lucro Presumido e método cumulativo, já que os custos de apuração são consideravelmente menores.

Analisemos alguns cenários para a startup B na sua averiguação para optar pelo método de tributação mais econômico. Por exemplo, para que o valor devido de IRPJ e CSLL seja menor, as despesas dedutíveis devem ser maiores que R$ 204.000,00 para que a base de cálculo destes tributos seja menor que os R$ 96.000,00. Em seguida, para que o PIS e COFINS não cumulativos fiquem aproximadamente equivalentes ao cumulativo, as despesas consideradas como insumos devem somar R$ 181.500,00 (resultando em uma base de cálculo para essas contribuições de R$ 118.500,00). Confira este cenário nas duas tabelas abaixo:

Startup B – Bases de Cálculo no Lucro Real equivalente ao Lucro Presumido

Tributos	Faturamento	Dedução	Base de Cálculo
IRPJ e CSLL (renda)	R$ 300 000,00	R$ 204 000,00 (despesas dedutíveis)	R$ 96 000,00
PIS e COFINS (receita bruta)	R$ 300 000,00	R$ 181 500,00 (insumos)	R$ 118 500,00

Startup B – Cenário no Lucro Real equivalente ao Lucro Presumido

Tributo	Base de Cálculo	Alíquota	Valor Devido
IRPJ	R$ 96 000,00	15%	R$ 14 400,00
IRPJ (adicional)	R$ 36 000,00	10%	R$ 3 600,00
CSLL	R$ 96 000,00	9%	R$ 8 640,00
PIS	R$ 118 500,00	1,65%	R$ 1 955,25
COFINS	R$ 118 500,00	7,6%	R$ 9 006,00
Total			R$ 37 601,25
Carga Tributária (% sobre o Faturamento)			12,53%

Há inúmeras possibilidades para os cenários que podem resultar dessas deduções em cada caso, a depender principalmente da atividade desenvolvida, das espécies de gastos de cada startup. O que se deve ter sempre em mente é que a reflexão prévia de quais serão os principais custos da startup e, com a devida assessoria jurídica, a definição se tais custos serão ou não dedutíveis podem eventualmente apontar o Lucro Real como a opção mais vantajosa para a startup. Para tanto, o cenário projetado para o Lucro Real deve ser consideravelmente mais econômico que o projetado para o Lucro Presumido (para compensar, também, os maiores custos e tempo dispendidos na sua apuração).

O Imposto sobre Produtos Industrializados (IPI)

O IPI incide apenas sobre produtos industrializados, o que muito dificilmente se enquadra na atividade de alguma startup. Tal fato se dá porque há um critério físico em sua aplicação, que exige que o estabelecimento da empresa seja ou equipare-se a uma indústria. Para tal, esta deve, de alguma forma, industrializar um produto ou importar algum produto estrangeiro industrializado.

Trata-se de um tributo com uma vasta regulamentação, com base na espécie do produto industrializado que esteja sendo comercializado pela empresa, o que dificulta um aprofundamento temático, dada a quantidade e a diversidade de hipóteses possíveis. Portanto, se apontará algumas diligências e considerações gerais para startups que possam ser tributadas por este imposto.

Caso sua startup produza ou importe algum produto que possa ser considerado industrializado, é fundamental que haja um estudo técnico para averiguar se há a incidência do IPI em seu produto e, se sim, em qual item da Tabela de Produtos Industrializados (TIPI) ele se encontra. Este estudo é fundamental não só pela segurança no planejamento financeiro da startup como também porque o IPI é um imposto que possui grandes diferenças de alíquotas, desde 0% a 300% para cigarros que contenham tabaco, por exemplo. Ou seja, um estudo aprofundado prévio pode significar desde o pagamento na alíquota correta até a conclusão pela inviabilidade econômica do negócio.

Além disso, a todo momento a Receita Federal emite normas que podem beneficiar o negócio de startups que comercializem produtos industrializados, principalmente para aquelas que se enquadram como empresas de micro e pequeno porte. Para se valer desses benefícios é fundamental que a empresa já esteja previamente regularizada, o que além de permitir que a startup se valha de tais benefícios quando forem concedidos, ainda impede que haja risco de aplicações de multas pelo não cumprimento de obrigações tributárias.

O Imposto sobre a Circulação de Mercadorias e Serviços de Transporte Interestadual e Intermunicipal e Comunicação (ICMS)

O ICMS é o imposto que incide sobre o trânsito de mercadorias na cadeia produtiva. Por se tratar de um imposto estadual, cada Estado emite suas próprias normas a respeito das regras que devem ser seguidas no processo de apuração e pagamento deste imposto.

O ICMS pauta-se no sistema de créditos e débitos, ou seja, ao longo de um mês a empresa contribuinte, ao pagar o valor devido, deduz o valor já pago nas operações anteriores. No entanto, há diversas exceções, limitações e benefícios fiscais concedidos por cada Estado, o que dificulta que se aprofunde aqui em casos práticos referentes a este imposto, já que, a depender do Estado onde a startup esteja localizada, o Regulamento do ICMS (RICMS) será diferente.

Caso a atividade da startup implique na incidência do ICMS, deve-se apurar se a mercadoria comercializada irá circular apenas dentro do mesmo Estado, se sim, a alíquota será a interna deste Estado (atualmente, entre 17 a 19%). Caso a operação seja interestadual, a operacionalização é mais complicada, a depender se o destinatário da mercadoria também é ou não contribuinte do ICMS. Caso não seja contribuinte (consumidor final), a situação será a mesma da interna, paga-se a alíquota interna do Estado de origem (da startup).

Se o destinatário da mercadoria na operação interestadual for contribuinte do ICMS, se aplicará uma alíquota diferenciada ao Estado de origem (da startup) que variará de acordo com o Estado de destino. O diferencial de alíquota, ou seja, o que deixou de ser pago pela startup na operação, deverá ser pago pelo destinatário ao Estado de destino.

Ainda, há de se avaliar se a mercadoria está inserida na regulamentação da substituição tributária (ICMS-ST). A substituição tributária do ICMS é uma ferramenta utilizada pelos Estados a fim de facilitar a fiscalização por meio da qual atribui-se ao emitente da mercadoria a obrigação de recolher de uma só vez toda a tributação da cadeia da mercadoria (as próximas operações a serem realizadas).

Como se pode ver, a operação é complexa e ainda cheia de exceções e regras procedimentais. Desse modo, caso a startup comercialize mercadorias que sofram a incidência deste imposto, é fundamental que haja compreensão de todas as normas do Estado no qual a empresa está inserida e do Estado para o qual a mercadoria está sendo destinada (além da ciência de eventual substituição tributária). Por se tratar de um imposto com uma infinidade de normas, não é uma tarefa fácil, mas, ainda assim, é fundamental para que a operação estruturada pela startup não possua nenhuma irregularidade em sua execução, desde o recolhimento de impostos até a guarda dos documentos exigidos pelas autoridades fazendárias.

O Imposto sobre Serviços de Qualquer Natureza (ISS)

O principal imposto que incide sobre as operações das startups é o ISS, isto porque grande parte de serviços prestados on-line ou relativos a softwares são tributados por este imposto, que é mais simples que o ICMS ou IPI mas ainda assim possui detalhes que devem ser compreendidos pelo empreendedor.

Primeiro, o ISS é um imposto municipal, o que significa que todas as normas procedimentais e alíquotas serão definidas, em regra, pelo município onde o estabelecimento da startup se encontra. No entanto, há exceções nas quais o ISS será devido no município onde o serviço é realizado[11].

Todos os serviços que podem ser tributados pelo ISS estão previstos expressamente na lista anexa à Lei Complementar nº 116/03. Ou seja, se o serviço que sua startup presta não se enquadra em um dos previstos nesta lista, não há incidência de ISS. Mas, cuidado, há diversas discussões sobre o que se enquadra ou não em cada item da lista, portanto há que se estudar os elementos definidores do serviço prestado para se averiguar se há ou não a incidência do ISS. A regra é que haja a incidência porque, não por acaso, a lista aborda atividades utilizando conceitos bem genéricos como: "programação"; "elaboração de programas de computadores, inclusive jogos eletrônicos"; "licenciamento ou cessão de direito de uso de programas de computação" etc.

Há diversos serviços novos de tecnologia (como a elaboração de aplicativos para celular, por exemplo), que não estão incluídos na lista da Lei Complementar nº 116/03, mas já existem projetos tramitando no Congresso Nacional desde o ano passado para incluir estes e outros serviços do mesmo gênero expressamente. Assim, é importante que haja o acompanhamento de mudanças na legislação que incluam ou alterem itens que abordem o negócio desenvolvido pela startup.

Havendo a incidência do ISS, é obrigatório que a startup inscreva-se no Cadastro de Contribuinte Municipal (CCM) do município onde está localizada. Neste cadastro deverão ser incluídos todos os serviços da lista que a startup pode vir a prestar, então já deve haver uma reflexão prévia a respeito de quais serviços constarão neste cadastro.

Neste estágio há um outro ponto importante. Cada município estipula regras gerais e específicas de procedimento de emissão de notas fiscais, pagamentos e demais obrigações de acordo com a espécie de serviço prestado. Ao definir quais serviços serão incluídos no CCM da startup, é importante que o empreendedor já compreenda qual sistema terá de cumprir na condução de sua atividade. Isto porque em muitos casos podem haver regras para serviços específicos que, se não cumpridas, podem acarretar em multas e, no lado positivo, benefícios especiais para alguns serviços que, caso sejam desconhecidos, podem resultar em custos tributários desnecessários.

---

[11] A enumeração destas exceções encontra-se nos incisos do artigo 3º da Lei Complementar nº 116/03.

Conclusão

É evidente que o sistema tributário brasileiro está em total descompasso com o dinamismo do mundo contemporâneo e, principalmente, com a natureza e os propósitos de uma startup. No entanto, não há indícios que apontem com segurança para uma reforma tributária eficaz no curto prazo, o que obriga os empreendedores a saberem lidar com essa realidade. A assessoria jurídica especializada é fundamental para evitar custos desnecessários, mas, ainda assim, é fundamental que o empreendedor compreenda o básico do sistema tributário no qual está inserido para que ele possa participar das tomadas de decisões no planejamento tributário de sua startup, assim como atuar em todas as demais decisões importantes que produzirão impactos no desenvolvimento do seu negócio.

O Simples Nacional é uma provável opção mais econômica para muitas startups, principalmente aquelas em estágio inicial. No entanto, há diversas restrições que podem impedir a adoção deste regime e também a possibilidade que eventualmente fora do Simples, a startup possa economizar no pagamento de tributos em determinadas etapas do seu desenvolvimento.

No Lucro Presumido é possível mensurar qual o percentual da receita bruta da startup será destinada ao IRPJ, CSLL, PIS e COFINS, o que facilita no planejamento financeiro da startup. No entanto, caso a margem do negócio seja pequena (e um percentual relevante dos gastos possa ser contabilizado como despesa dedutível e/ou insumo), a sistemática do Lucro Real pode ser mais econômica, ainda que a apuração seja mais complexa e custosa.

Em resumo, nem sempre o regime de apuração mais simplificado será o mais econômico. Para se ter esta e outras respostas a respeito de planejamento tributário, é fundamental que haja um estudo técnico do negócio desenvolvido pela startup. Tal preparo não é um custo desperdiçado, pelo contrário, pode significar não só a ausência de riscos em uma eventual fiscalização como, também, uma vantagem competitiva oriunda da estruturação legal que acarrete uma tributação mais eficiente e menos custosa para o orçamento da startup.

Guia de consulta rápida

- O planejamento tributário para startups parte da compreensão exata da atividade praticada pela startup de acordo com a legislação.

- A primeira questão importante é averiguar se a startup pode optar pelo Simples Nacional, ou seja, se não se enquadra em nenhuma das hipóteses em que a lei veda essa opção. Caso seja possível, deve-se avaliar se o Simples Nacional é a opção mais econômica.

- Caso a opção pelo Simples Nacional não seja possível ou não seja a opção mais econômica, o primeiro passo é avaliar a decisão entre Lucro Real e Lucro Presumido.

- No Lucro Real, se apurará IRPJ e CSLL com base nas receitas obtidas subtraindo-se as despesas dedutíveis. No Lucro Presumido, a apuração será feita mediante a aplicação de um percentual sobre a receita bruta.

- Caso opte-se pelo Lucro Presumido, o PIS e COFINS serão calculados aplicando-se a alíquota conjunta de 3,65% sobre a receita bruta. Caso opte-se pelo Lucro Real, se apurará PIS e COFINS com base nas receitas obtidas subtraindo-se os insumos e a alíquota conjunta será de 9,25%.

- Fora do Simples Nacional, a startup poderá ter de apurar e recolher IPI, ICMS e ISS em decorrência de sua atividade. Caberá a averiguação de qual imposto incide em cada caso e, especialmente, que obrigações deverão ser cumpridas para a sua apuração e recolhimento.

- Em todos os casos é recomendável que haja dois serviços para o planejamento tributário: (i) um estudo técnico prévio para se estruturar as obrigações tributárias dentro do dia a dia da startup e, (ii) um acompanhamento jurídico e contábil para garantir o cumprimento de todas as obrigações e refletir sobre possíveis mudanças que, quando cabíveis, contribuam para a adoção da forma de tributação mais eficiente.

Bibliografia

AZEVEDO, Osmar Reis. *Manual do Simples Nacional – ME – EPP – Leis Complementares nº 123/06 e 127/07*: Comentários Práticos. São Paulo: MP Editora, 2008.

BIFANO, Elidie Palma. *O Negócio Eletrônico e o Sistema Tributário Brasileiro*. São Paulo: Quartier Latin, 2004.

FABRETTI, Láudio Camargo. *Prática Tributária da Micro, Pequena e Média Empresa*. 7. ed. São Paulo: Atlas, 2011.

FABRETTI, Láudio Camargo; FABRETTI, Denise; FABRETTI, Dilene Ramos. *Simples Nacional*. 2. ed. São Paulo: Atlas, 2013.

GRECO, Marco Aurélio. *Internet e Direito*. 2. ed. São Paulo: Dialética, 2000.

GRECO, Marco Aurélio; MARTINS, Ives Gandra da Silva (Coord.). *Direito e Internet*: Relações Jurídicas na Sociedade Informatizada. São Paulo: Revista dos Tribunais, 2001.

GRECO, Marco Aurélio. *Planejamento Tributário*. 3. ed. São Paulo: Dialética, 2011.

HIGUCHI, Hiromi; HIGUCHI, Fábio Hiroshi; HIGUCHI, Celso Hiroyuki. *Imposto de Renda das Empresas*: Interpretação e Prática. 35. ed. São Paulo: IR Publicações Ltda, 2010.

MARTINS, Ives Gandra da Silva (Coord.). *Tributação na Internet*. São Paulo: Revista dos Tribunais, 2001.

OLIVEIRA, Julio de Maria. *Internet e Competência Tributária*. São Paulo: Dialética, 2001.

Sugestão de leitura

Prática Tributária da Micro, Pequena e Média, de Láudio Camargo Fabretti (Atlas, 2011), Possui abordagem simulada de questões cotidianas da tributação de pequenas empresas.

Imposto de Renda das Empresas: Interpretação e Prática, de Hiromi Higuchi, Fábio Hiroshi Higuchi e Celso Hiroyuki Higuchi (35ª edição, IR Publicações Ltda, 2010).

Contém explicações práticas sobre a tributação do IRPJ, CSLL, PIS e COFINS e análise da dedutibilidade de diversas espécies de despesas.

Manual do Simples Nacional – ME – EPP – Leis Complementares nº 123/06 e 127/07: Comentários Práticos, de Osmar Reis Azevedo (1ª edição, MP Editora, 2008)

Tem análise prática das questões envolvendo o Simples Nacional, as possibilidades de complicações em sua adesão e demonstração de benefícios, não só tributários, que podem advir da caracterização formal da startup como microempresa (ME) ou empresa de pequeno porte (EPP).

Capítulo 4
Aspectos jurídicos da remuneração de empregados e sua aplicação às empresas startups

Murilo Henrique Morelli

Objetivo do capítulo

O presente artigo pretende demonstrar a importância e diversidade dos ajustes remuneratórios possíveis aos contratos de trabalho, de modo a proporcionar mais segurança jurídica, melhores taxas de retenção de talentos e atingimento de metas sem comprometer o equilíbrio financeiro da empresa embrionária.

Introdução

Apesar da legislação trabalhista não fazer qualquer distinção entre empregadores – pessoas físicas, grandes e pequenas empresas ou startups – quanto à remuneração de seus empregados, o direito do trabalho consagra diversas modalidades de remuneração que podem ser utilizadas para viabilizar a criação de negócios que contam com investimentos iniciais mínimos para a realização de propostas embrionárias com baixo grau de certeza de se tornarem economicamente viáveis.

O respeito às normas trabalhistas não só demonstra a sustentabilidade e o comprometimento social do negócio em desenvolvimento como também influi diretamente na avaliação do investidor-anjo que deseja aportar seus recursos em startups. Isso porque, dentre todos os riscos inerentes a esse tipo de investimento, a existência de passivos trabalhistas é, no mínimo, indesejável.

De outro lado, a escassez de recursos financeiros iniciais, a disputa por profissionais qualificados e os custos para a manutenção de mão de obra celetista são desafios que se apresentam a todos os que desejam empreender.

Diante desse quadro, recomenda-se o registro textual dos contratos de trabalho, o estabelecimento de metas objetivas e alcançáveis como gatilho para melhores remunerações e o estímulo à manutenção do vínculo de emprego.

Remuneração e salário

Inicialmente, faz-se necessária a distinção entre remuneração e salário. A CLT[1], apesar de não conceituá-los explicitamente, dispõe em seu art. 457 sobre remuneração e salário, dando àquela maior abrangência do que a este.

Salário é a retribuição devida e paga diretamente pelo empregador ao empregado, de forma habitual, não só pelos serviços prestados, mas pelo fato de se encontrar à disposição daquele, por força do contrato de trabalho[2], ao passo que remuneração é o conjunto de prestações recebidas habitualmente pelo empregado pela prestação de serviços, seja em dinheiro ou em utilidades, provenientes do empregador ou de terceiros, mas decorrentes do contrato de trabalho, de modo a satisfazer suas necessidades básicas e de sua família[3].

Simplificadamente, remuneração é gênero do qual salário é espécie. Enquanto este último representa apenas as contraprestações pagas pelo empregador em razão do trabalho realizado e do tempo do empregado à disposição da empresa, aquela é a soma do salário acrescido de outras vantagens recebidas pelo empregado[4].

Com o maior dinamismo da economia global e o avanço da divisão internacional do trabalho nas últimas décadas, que acirrou a concorrência por menores preços de bens e serviços e expôs a frágil legislação trabalhista em diversos países do terceiro mundo, o legislador brasileiro flexibilizou parcialmente as relações trabalhistas, desonerando a folha de pagamentos das empresas ao excluir o caráter salarial dos benefícios elencados no § 2º do art. 458, da CLT[5], além de regulamentar a participação nos lucros ou resultados[6].

---

[1] Consolidação das leis do trabalho, aprovada pelo Decreto-Lei nº 5.452/1943.

[2] BARROS, Alice Monteiro de. *Curso de Direito do Trabalho*. São Paulo: LTr, 2005.

[3] MARTINS, Sergio Pinto. *Direito do Trabalho*. 22ª edição São Paulo: Atlas, 2006.

[4] VIANNA, Cláudia Salles Vilela. *Manual prático das relações trabalhistas*. 10ª edição São Paulo: LTr, 2009.

[5] Assistência médica e odontológica; o auxílio educação; previdência privada; seguro de vida etc.

[6] Lei nº 10.101/2000, que converteu em lei a Medida Provisória nº 1.982-77/2000.

Ao mesmo tempo em que se aproveitaram dessas concessões legais e passaram a oferecer maiores benefícios a seu quadro de empregados, as empresas têm atrelado cada vez mais a remuneração – e, em sentido estrito, o salário – ao atingimento de metas preestabelecidas.

Isso porque tais medidas promovem melhores condições de vida e maiores possibilidades de ganhos aos trabalhadores, ao mesmo tempo em que proporcionam às empresas menores custos para manutenção de seus recursos humanos, novos incentivos ao atingimento de metas e elevada segurança jurídica.

É a partir da adoção dessas modalidades de remuneração que as startups poderão atingir seus objetivos inicias, sem se descuidarem do cumprimento da legislação trabalhista, do equilíbrio de suas finanças e de modo a facilitar ao máximo o aporte de recursos por terceiros investidores.

Salário mínimo, piso salarial legal ou convencional e salário mínimo regional

Qualquer que seja a categoria econômica do empregador, será garantido a seus empregados, pelo menos, o salário mínimo nacional, valor fixado em lei e periodicamente reajustado de acordo com as regras contidas na Lei nº 12.382/2011.

Contudo, é comum a existência de leis, acordos e convenções coletivas de trabalho que fixam pisos salariais superiores ao salário mínimo nacional, o que deverá ser observado pelos empregadores de acordo com o local da prestação de serviços e as regras negociadas com o sindicato da categoria profissional de seus empregados.

Por fim, conforme autoriza a Lei Complementar nº 103/2000, cada um dos estados brasileiros poderá estipular salários mínimos estaduais superiores ao salário mínimo nacional, o que também deverá ser observado pelos empregadores, exceto se acordo ou convenção coletiva de trabalho aplicável dispor de forma diversa, ainda que em valor inferior, conforme já decidido pelo STF[7].

---

[7] Supremo Tribunal Federal, ao julgar a ADI 4364/SC.

Tipos de salário

O salário pode ser fixado em três bases distintas: por unidade de tempo, por unidade de obra e por tarefa[8].

O salário por unidade de tempo é o mais comum entre os três tipos e remunera o empregado por todo o tempo em que permaneceu à disposição do empregador. De acordo com o art. 459, da CLT, tem periodicidade máxima fixada em um mês, exceção feita às comissões, percentagens e gratificações, que podem ser pagas em periodicidade maior. Pode ser fixado com base em periodicidades menores, tais como a horária, diária, semanal, quinzenal etc. Por meio desse tipo salarial, pode-se contratar mão de obra a tempo parcial, desde que respeitado proporcionalmente o piso salarial mínimo aplicável à categoria profissional.

Já o salário por unidade de obra utiliza como parâmetro a produção ou a venda de determinados produtos e, geralmente, é aplicado aos empregados que prestam serviços em seus domicílios – costureiras ou artesãos, por exemplo – ou em atividades externas – vendedores e cobradores, em sua maioria. Também nesse tipo salarial é vedado o pagamento mensal inferior ao piso salarial mínimo aplicável à categoria profissional, mesmo que diminuída ou inexistente a quantidade de encomendas, de produtos ou número de clientes atendidos.

Finalmente, o terceiro tipo salarial, denominado salário-tarefa, combina as duas modalidades acima expostas, à medida que estipula determinada quantia salarial para a execução de uma tarefa em um determinado espaço de tempo previamente acordado, observado o piso salarial mínimo aplicável e a jornada de trabalho de oito horas diárias e até quarenta e quatro horas semanais[9].

Participação nos lucros ou resultados (PLR ou PPR)

O direito dos empregados à participação nos lucros ou resultados das empresas foi instituído pela Constituição Federal de 1998 (CF), em seu art. 7º, inciso XI, e dependia da regulamentação legislativa por parte do Congresso Nacional, o que só veio a ocorrer de forma definitiva com a promulgação da Lei nº 10.101/2000.

---

[8] DELGADO, Mauricio Godinho. *Curso de Direito do Trabalho*. 12ª edição. São Paulo: LTr, 2013.

[9] Algumas categorias profissionais possuem jornadas legais ou convencionais inferiores às quarenta e quatro horas semanais estipuladas como limite na Constituição Federal.

Desde então, as empresas estão obrigadas a negociar planos de PLR com seus empregados, sob a forma de acordo ou convenção coletiva ou por meio de comissão paritária escolhida pelas partes, desde que integrada por um representante indicado pelo sindicato da categoria profissional.

Como a própria nomenclatura sugere, os planos de PLR podem ser atrelados aos lucros verificados pela empresa em determinado exercício social ou, ainda, aos índices de produtividade, qualidade, atingimento de metas, prazos e resultados previamente acordado entre as partes. Ademais, deverão estipular periodicidade da distribuição, períodos de vigência não superiores a dois anos e formas para revisão do quanto negociado, se necessário.

A adoção de um ou mais critérios para aferição do direito ao recebimento de PLR dependerá do tipo de negócio, da possibilidade de estipular e verificar o cumprimento de metas, prazos ou resultados objetivos e atingíveis, bem como do interesse do empregador em abrir os balanços contábeis ao seu corpo de empregados.

Sobre os valores pagos em razão de planos de PLR, desde que não superiores a duas parcelas em um mesmo ano civil e respeitada a periodicidade mínima trimestral, não incidirão quaisquer encargos trabalhistas e previdenciários, sendo devida apenas a retenção na fonte do imposto de renda.

No que toca às possibilidades de remuneração extraordinária e ao dinamismo e à eficiência empresarial exigida atualmente, é inegável que a negociação dos planos de PLR representa interessantes vantagens a empregados e empregadores.

Para os empregados, a negociação de planos de PLR distribui parte dos lucros gerados por sua força de trabalho e proporciona ganhos extraordinários que, por vezes, são significativos se comparados ao salário anualizado. Ademais, com as vantagens tributárias recentemente introduzidas pela Lei nº 12.832/2013, o cálculo da alíquota do imposto de renda sobre os valores recebidos deve ser realizado com base na tabela progressiva e em separado dos demais rendimentos.

Já para os empregadores, o instituto permite o direcionamento das prioridades empresariais, estimula os empregados no atingimento das metas negociadas e, ainda, permite a dedução dos valores pagos a título de PLR como despesa operacional, para apuração do lucro real.

Especificamente às startups, os planos de PLR permitem negociações mais agressivas e pouco arriscadas, proporcionando menor comprometimento financeiro com a folha salarial, ao mesmo tempo em que verdadeiramente recompensam os empregados caso as metas negociadas sejam atingidas ao final do período de apuração.

Vale lembrar, por fim, que apesar de ser possível a negociação de métricas e valores diferentes para cada um dos empregados, os planos de PLR devem, obrigatoriamente, contemplar todos os empregados da empresa e ser arquivados junto ao sindicato profissional, o que pode afetar sua confidencialidade.

Prêmios ou bônus

Também conhecidos como bônus, os prêmios são importâncias pagas aos empregados por seus empregadores em decorrência de um evento ou circunstância tido como relevante pelo empregador e vinculada à conduta individual ou coletiva dos trabalhadores da empresa[10].

Trata-se de modalidade de remuneração não obrigatória e que pode ser fixada por critérios e condições impostos unilateralmente pelo empregador que, caso sejam atingidos, ensejarão o pagamento dos valores estipulados.

O prêmio possui natureza salarial, devendo integrar os salários e ser considerado para o cálculo das verbas contratuais e respectivos encargos (DSRs, FGTS, 13º salário, férias, contribuições previdenciárias etc.) Por fim, se o ajuste dos prêmios for habitual[11], não poderá ser suprimido unilateralmente por ter aderido aos contratos de trabalho.

Assim como os planos de PLR, os prêmios podem ser fixados em razão do atingimento das mais diversas metas, tais como produtividade, eficiência, assiduidade, pontualidade, redução de custos, antiguidade etc.

Não obstante representarem maiores custos às empresas em razão de sua natureza salarial, os prêmios apresentam diversas vantagens a elas em relação aos planos de PLR: estipulação unilateral de métricas; confidencialidade; ausência de periodicidade mínima para pagamento; aplicabilidade individual ou coletiva, sem a obrigação de ser estendido à totalidade dos empregados. Ademais, é importante ferramenta de estímulo profissional, obtenção de resultados e retenção de talentos.

---

[10] DELGADO, Mauricio Godinho. *Curso de Direito do Trabalho*. 12ª edição, São Paulo: LTr, 2013.

[11] Estipulado periodicamente e de modo reiterado, ainda que em periodicidade anual, ou garantido por cláusula negociada junto ao contrato de trabalho.

Em razão dos custos e de sua especificidade, os prêmios, em geral, são oferecidos aos empregados que ocupam posições estratégicas e vitais ao bom andamento dos negócios, bem como aos diretores e altos executivos.

Importante destacar ainda que a correta imposição das métricas e das recompensas garantirá o equilíbrio financeiro da empresa, uma vez que os custos para o pagamento dos prêmios devem guardar relação direta com os lucros ou resultados obtidos com a conquista dos objetivos.

Gratificações

As gratificações são pagamentos espontâneos ou ajustados realizados pelo empregador e que não guardam, obrigatoriamente, relação direta com o desempenho individual ou coletivo dos empregados, daí porque se diferenciam dos prêmios.

Em sua origem, as gratificações eram pagamentos realizados por vontade unilateral do empregador que pretendia agraciar o trabalhador pelos mais diversos motivos[12], tais como aumento inesperado da produção ou dos lucros, proximidade de períodos de férias e de festas, recompensa em razão dos anos de serviços prestados ou de dedicação excepcional em determinados períodos, entre outros.

Durante as últimas décadas, entretanto, verificou-se que o ajuste de gratificações em regimentos internos, acordos ou convenções coletivas de trabalho, se tornou cada vez mais comum.

Se espontânea e não habitual, a gratificação não possui caráter salarial. É o caso, por exemplo, da gratificação paga em razão de fato único, como o desligamento por aposentadoria ou fechamento do estabelecimento, bem como no fechamento de um contrato excepcional ou venda do negócio empresarial a terceiros, como forma de retribuição.

Contudo, caso a gratificação seja ajustada em contrato, acordo ou convenção coletiva de trabalho ou mesmo de modo tácito, deverão integrar os salários para todos os fins[13].

---

[12] NASCIMENTO, Amauri Mascaro. *Curso de Direito do Trabalho: História e Teoria Geral do Direito do Trabalho:* Relações Individuais e Coletivas do Trabalho. 26ª edição. São Paulo: Saraiva, 2011.

[13] Súmula 207, do STF: "As gratificações habituais, inclusive a de natal, consideram-se tacitamente convencionadas, integrando o salário".
Súmula 152, do TST: "O fato de constar do recibo de pagamento de gratificação o caráter de liberalidade não basta, por si só, para excluir a existência de ajuste tácito".

O pagamento de gratificação espontânea e não habitual, desde que vinculada a fato único e específico, representa baixo custo às empresas. Já as gratificações ajustadas, apesar de seus elevados custos, podem servir como incentivo à retenção de talentos, como é o caso da gratificação por tempo de serviço.

Opções de compra de cotas ou ações (*stock options*)

Os planos de opção de compras de cotas ou ações empresariais, também denominados *stock options* por influência estrangeira, consistem em regras preestabelecidas que permitem ao empregado integrar o quadro de cotistas ou acionistas da empresa, caso satisfeitas todas as condições acordadas.

São vários os ajustes possíveis para o regramento do exercício da opção de compra das cotas ou ações por parte dos empregados, sendo o mais comum a fixação do número de ações destinadas à opção de compra e o valor de cada ação no momento da assinatura do plano, com a possibilidade de compra, pelo preço inicial, em um momento futuro prefixado (por exemplo, determinado número de anos após a assinatura do plano). Existem, ainda, os planos que permitem o exercício da opção de compra parcelada em vários momentos futuros (mensalmente, trimestralmente etc.) e, por fim, os planos que prometem a título gratuito a oferta de ações ou cotas ao empregado em dado momento futuro, devendo apenas o empregado demonstrar ou não interesse em recebê-las.

Apesar da aplicação de tais planos ser difundida no Brasil há mais de vinte anos, seu alcance, em geral, é restrito aos empregados que ocupam posições de alta relevância na gestão, estratégia e desenvolvimento dos negócios. Não obstante, existem empresas dos mais variados setores e porte econômico que oferecem planos de opção de compra de cotas ou ações a todos os seus empregados.

Ao oferecer os planos de *stock options*, as empresas promovem a opção de compra de parte de suas cotas ou ações com o objetivo de reter os profissionais que consideram estratégicos e incutirem nos empregados uma visão de pertencimento e propriedade, com vistas a um maior comprometimento e interesse no sucesso dos negócios da empresa.

No caso das startups, os referidos planos são de extrema relevância na retenção de talentos que, apesar de conseguirem melhores remunerações no mercado de trabalho, poderão optar por assumir o risco do empreendimento e decidir, no futuro, se têm interesse em tomar parte na sociedade, como sócios ou acionistas, para se beneficiar com a distribuição de lucros, fusão, incorporação ou venda futuras.

Em razão de não haver qualquer legislação trabalhista que regulamente os planos de *stock options*[14], a doutrina e a jurisprudência divergem quanto à natureza jurídica do benefício, sendo ainda muito recente a discussão jurídica acerca do tema.

Os que argumentam pela natureza jurídica de salário, defendem que é inegável o ganho econômico em retribuição ao trabalho prestado e a existência do plano de *stock options* exclusivamente em razão da existência do contrato de trabalho. Atestam, ainda, que se conferidas opções de compra de cotas ou ações periodicamente ao empregado, seriam enquadradas como gratificações ajustadas[15].

Por outro lado, aqueles que defendem o caráter mercantil dos planos de *stock options* chamam atenção ao fato de que o exercício da opção de compra de cotas ou ações envolve riscos e volatilidade, características nitidamente de negócios empresariais, além da casualidade – isto é, da ausência de habitualidade.

Por fim, há os que advogam em favor de ambas as concepções, a depender do modelo do plano negociado de opção de compra de cotas ou ações. A essa corrente, que nos parece ser a mais acertada, interessa saber as características do plano de *stock options* para, então, analisar seu caráter salarial ou mercantil[16].

Assim, nos casos em que o plano de *stock options* for estipulado em caráter gratuito ou com custos extremamente ínfimos, com possibilidade de exercício periódico das opções, recompra automática das ações pelo valor de mercado e estipulação em contrato de trabalho ou acordo coletivo de trabalho, defende-se o caráter salarial.

Ao passo que se o plano prever onerosidade[17], com possibilidade única ou espaçada (trienal, por exemplo) e por tempo delimitado para o exercício da opção de compra, sem a opção de recompra automática pelo valor de mercado e estipulação em contratos apartados, também conhecidos como *Vesting*, são

---

[14] O ordenamento jurídico brasileiro só fez referência às *stock options* no art. 168, § 3º, da Lei nº 6.404/1976 (Lei das Sociedades Anônimas).

[15] DELGADO, Mauricio Godinho. *Curso de Direito do Trabalho*. 12ª edição. São Paulo: LTr, 2013.

[16] Disponível em: <http://www.migalhas.com.br/dePeso/16,MI143838,71043-Stock+Options+na+relacao+de+emprego,>. Acesso em: 07 mai. 2014.

[17] Sugere-se, nesse caso, a fixação do valor de cada cota ou ação, proporcionalmente, ao capital social ou cotação da ação no momento de assinatura do plano.

bastante reduzidas as chances dos planos de *stock options* virem a ser declarados como salários.

Por conta da especificidade, aliada aos riscos trabalhistas e previdenciários que não devem ser desconsiderados, é imprescindível o auxílio de um advogado especializado para implementação de um plano de compra de cotas ou opções de ações.

Utilidades consideradas benefícios

Como já afirmado, em consonância com a divisão internacional do trabalho e a disputa internacional travada na busca por postos de trabalhos, o legislador brasileiro introduziu à CLT o § 2º, de seu art. 458, estipulando determinadas utilidades que não possuem natureza jurídica de salário e, portanto, não geram reflexos ou encargos adicionais.

Destacamos, pois, neste artigo, os benefícios não-salariais mais comuns e que, em nossa opinião, causam maior impacto nas expectativas dos empregados em relação à satisfação com seus postos de trabalho.

Custeio total ou parcial da educação

As empresas poderão elaborar planos de benefícios que compreendam o custeio parcial ou total para educação de seus empregados, aí incluídos os gastos com mensalidades, matrículas, livros e materiais didáticos necessários ao bom andamento dos estudos. Se o custeio for parcial, deverá o empregado concordar expressamente com os descontos salariais.

Tal benefício, além de estimular o empregado na busca por conhecimento e atualização profissional, trazendo vantagens indiretas à prestação de serviços, é importante fator de retenção de talentos e um diferencial de mercado que pode atrair outros profissionais a integrar os quadros empresariais.

Vale lembrar, contudo, que não é permitido à empresa exigir do empregado o custeio, ainda que parcial, de cursos ou de formação profissional considerada essencial à prestação de serviços ou exigida por lei.

Assistência médica, hospitalar e odontológica

Trata-se de benefício mais comum às grandes empresas e aos grandes centros urbanos e é comumente estipulado por acordos e convenções coletivas de trabalho, que deverão ter suas regras respeitadas, caso mais benéficas do que a política individual de cada empregador.

Para que não integre o salário de contribuição para fins previdenciários, o benefício deve ser estendido à totalidade dos empregados[18].

Podem ser oferecidas condições diversas para cada cargo exercido, sendo vedada a discriminação entre empregados que realizam funções idênticas. É permitido, ainda, o custeio parcial ou total, para empregados e/ou seus dependentes e cônjuge, devendo o empregado concordar expressamente com o desconto em folha de pagamento caso seja exigida sua contribuição[19].

Seguro de vida e de acidentes pessoais

De modo análogo à assistência médica, hospitalar e odontológica, o empregador poderá, também, beneficiar o empregado com o custeio total ou parcial dos prêmios de seguro de vida e de acidentes pessoais, podendo diferenciar as apólices e os termos contratuais em razão dos cargos exercidos.

Previdência privada

O benefício de previdência privada atrelado ao contrato de trabalho vem sendo cada vez mais oferecido por pequenas e médias empresas com o objetivo de atrair novos talentos e garantir maior taxa de retenção dos profissionais já contratados.

Além disso, quando destinada à totalidade dos empregados, a instituição de planos de previdência privada é incentivada pelo legislador por meio de vantagens tributárias tanto às empresas – com o lançamento dos aportes empresariais como despesas operacionais para apuração do lucro real – como aos empregados, por meio da dedução das contribuições realizadas ao plano de previdência da base de cálculo do imposto de renda.

Apesar de existirem algumas diferenças entre os benefícios oferecidos por cada empresa, em geral, oferece-se ao empregado a oportunidade de contribuir para um plano de previdência privada, com o aporte proporcional de valores adicionais custeados pela empresa, que poderá ser aproveitado pelo empregado caso ele cumpra as carências estipuladas nas regras do benefício.

---

[18] Vide parecer MPS/CJ nº 107/1992 e Lei nº 8.212/1991.

[19] As empresas que se decidirem por oferecer assistência médica, hospitalar ou odontológica a seus empregados devem estar atentas ao quanto disposto nos arts. 30 e 31, da Lei nº 9.656/1998, alterados pela Medida Provisória 2.177-74/2011, que determina as regras para manutenção do plano de saúde após o desligamento do empregado.

Podemos citar, como exemplo, um plano que permita ao empregado fazer aportes mensais de até 5% de seu salário básico, comprometendo-se a empresa a acrescer mensalmente até 2,5% do salário básico (50% das quantias mensais aportadas pelo empregado), que poderão ser gradativamente exigidas pelo empregado a cada triênio completado, à razão de 25%.

Caso o empregado deixe a empresa antes de completar três anos de serviço, só terá direito aos aportes por ele realizados. Ao passo que, permanecendo por doze ou mais anos, terá direito também à integralidade dos aportes realizados pelo empregador.

Demais benefícios

A gama de benefícios não-salariais que pode ser estendido aos empregados é extensa e pode ser adaptada aos diversos tipos de negócio. A título de exemplo, citamos os benefícios de vale refeição, convênio farmácia, vale cultura, vale transporte ou fornecimento de veículo para o trabalho, ainda que também utilizado para fins particulares fora do expediente.

Como regra geral para adoção de pacotes de benefícios, chamamos a atenção para o fato de que todo e qualquer desconto salarial deve ser autorizado em lei ou norma coletiva ou, ainda, contar com a concordância expressa do empregado.

Às empresas interessadas na implementação de política de benefícios, recomenda-se a consulta a um profissional especializado em direito de trabalho, a fim de se evitar interpretações equivocadas da legislação aplicável, o que pode vir a gerar consideráveis passivos trabalhistas.

Finalmente, sugerimos a todos os que desejam empreender ou já iniciaram suas atividades empresariais, que estejam atentos às hipóteses da teoria dos dois fatores – motivacionais e higiênicos[20] – que pode influir significativamente na tomada de decisões por parte dos empregados.

Caso prático

A empresa Start Up S.A. vem experimentando sérias dificuldades na manutenção de seus profissionais estratégicos em razão dos salários oferecidos. Contudo, as perspectivas de crescimento dos negócios são promissoras e

---

[20] Teoria dos dois fatores, formulada pelo psicólogo estadunidense Frederick Herzberg e simplificadamente explicada em: <http://en.wikipedia.org/wiki/Motivator-Hygiene_theory>. Acesso em: 12 mar. 2015.

ultrapassam a taxa de 100% ao ano, caso o gerente comercial e o gerente de produção sejam mantidos em seus cargos pelos próximos cinco anos.

É certo, ainda, que os acionistas aprovaram o repasse de até 5% do total de suas ações aos dois empregados e que, para cada 100% de aumento em seu faturamento, poderá alocar R$ 40.000,00 para gastos com a remuneração de seu quadro de empregados.

Sabendo que cada um dos gerentes recebe salário anual de R$ 60.000,00 e que para cada R$ 1,00 real gasto com verbas de caráter salarial, deverá ser considerado o custo efetivo de R$ 2,00, elabore um plano de ação que permita um aumento anualizado de, pelo menos, 25% a cada um dos gerentes e que possa incentivá-los a permanecer na empresa pelos próximos cinco anos[21].

Após realizar o exercício, vide sugestão de solução abaixo.

Proposta de plano de ação

Tendo em vista que a perspectiva de crescimento anualizado garantirá a alocação de R$ 40.000,00 à remuneração dos empregados e o interesse no oferecimento de ações a ambos os gerentes, formulamos o seguinte plano de benefícios.

(i) Bônus de 0,5% sobre o valor de cada aporte realizado por investidor-anjo, caso estes venham a se concretizar nos próximos 60 meses.

Custo anualizado para ambos os gerentes: 2% sobre o valor de cada aporte, tendo em vista o caráter salarial da parcela.

(ii) Negociação de PLR a todos os empregados, impondo a cada um dos gerentes as seguintes metas e participações nos lucros e resultados:

– Aumento do faturamento em 100% em relação ao ano anterior (R$ 2.5000,00);

– Manutenção do percentual de lucro sobre o faturamento em relação ao ano anterior (R$ 7.500,00); e

– 10% da quantia que ultrapassar o percentual de lucro sobre o faturamento em relação ao ano anterior.

Custo anualizado para ambos os gerentes: R$ 20.000,00.

---

[21] Para a simulação do exercício, desconsidere os gastos de planos de PLR e previdência privada em relação aos demais empregados.

(iii) Benefício de assistência médica, hospitalar e odontológica, limitados ao valor de R$ 3.000,00 anuais, devendo o restante dos valores, se existir, ser custeado pelo próprio empregado.
Custo anualizado para ambos os gerentes: R$ 6.000,00.

(iv) Plano de previdência privada, com o aporte empresarial de 100% das contribuições realizadas pelo empregado, até o limite de 5% do salário base.
Custo anualizado para ambos os gerentes: R$ 6.000,00.

(v) Plano de *stock options*, com a seguinte premissa:
– Opção de compra de ações representativas de 2,5% da companhia, no valor de mercado atual, a serem exercidas após sessenta meses, sem opção de recompra automática.

Conclusão

Como se observou no presente artigo, mesmo com menos condições de oferecer salários atrativos aos empregados estratégicos em relação à concorrência, a estruturação de planos de remuneração pode representar grandes vantagens competitivas à empresa startup, além de estimular o desenvolvimento contínuo de seus profissionais.

Outra vantagem na implantação de planos de remuneração estruturados é a diminuição significativa dos riscos trabalhistas inerentes a qualquer negócio e a eliminação de passivos indesejáveis, o que pode ser decisivo na tomada de decisão do investidor-anjo no momento de realização do aporte.

Guia de consulta rápida

- O período embrionário da empresa startup não permite o oferecimento de grandes vantagens salariais, sendo necessário o planejamento estratégico para implementar planos de remuneração atrelados ao sucesso e desenvolvimento do negócio.

- A retenção de talentos e a ausência de passivos trabalhistas são duas das questões mais decisivas para o sucesso da empresa startup, podendo ser decisiva para a realização de aportes por investidores-anjos.

- A legislação trabalhista brasileira permite às empresas implementarem planos de remuneração que podem reduzir os custos com a folha de pagamento e, ao mesmo tempo, aumentar a remuneração e o interesse dos empregados sem a tomada de riscos trabalhistas.

- As características dos planos de remuneração são as mais diversas possíveis e podem ser adaptadas a todos os tipos de negócio.

- É de extrema importância que a startup analise as dificuldades enfrentadas atualmente, ouça seus empregados e parceiros, reavalie seu plano estratégico de negócio e, com a ajuda de profissionais habilitados e especializados, possa implementar o melhor plano de remuneração para seu tipo de negócio.

Bibliografia

BARROS, Alice Monteiro de. *Curso de Direito do Trabalho*. São Paulo: LTr, 2012.

DELGADO, Mauricio Godinho. *Curso de Direito do Trabalho*. 12. ed. São Paulo: LTr, 2013.

MARTINS, Sergio Pinto. *Direito do Trabalho*. 22ª edição, São Paulo: Atlas, 2006.

NASCIMENTO, Amauri Mascaro. *Curso de Direito do Trabalho:* História e Teoria Geral do Direito do Trabalho: Relações Individuais e Coletivas do Trabalho. 26. ed. São Paulo: Saraiva, 2011.

SAAD, Eduardo Gabriel. *Consolidação das Leis do Trabalho Comentada*. 38. ed. São Paulo: LTr, 2005.

VIANNA, Cláudia Salles Vilela. *Manual Prático das Relações Trabalhistas*. 10. ed. São Paulo: LTr, 2009.

Sugestão de leitura

CLT COMENTADA, Gabriel Eduardo Saad, José Eduardo Duarte Saad e Ana Maria Saad Castello Branco (38ª edição, LTr, 2014).

Manual Prático das Relações Trabalhistas, Cláudia Salles Vilela Vianna (12ª edição, LTr, 2014).

Capítulo 5
A PROTEÇÃO AO DIREITO DE AUTOR NA ERA DA INFORMAÇÃO

Thomas Becker Pfeferman

OBJETIVO DO CAPÍTULO

A importância do direito autoral para os empreendedores de alto impacto e para startups decorre de dois fatores muito importantes. O primeiro é que a evolução da internet e, mais recentemente, das tecnologias móveis facilitou sobremaneira o uso, edição e compartilhamento de conteúdo protegido, trazendo aos negócios o risco de responsabilização por uso indevido de propriedade intelectual de terceiros. O segundo fator é que empreendedores que gerem negócios calcados na exploração de direito autoral, não raras vezes, ignoram a existência da proteção autoral, o que também pode causar perdas. Este capítulo, portanto, tem como objetivo principal capacitar aquele que deseja empreender na rede a navegar pela proteção ao direito autoral, tornando-a mais uma ferramenta do "cinto de utilidades" do empreendedor.

Introdução

O processo de impressão baseado na prensa de tipos móveis, invenção esta atribuída a Gutemberg, permitiu que a obra impressa fosse produzida pela primeira vez em escala quase industrial, para a tristeza de calígrafos e monges copistas. De certa maneira, a tipografia significou em meados do século XV, a industrialização da produção da obra impressa, algo que só viria a ocorrer com outros bens dali quase dois séculos.

Se a tipografia permitiu que o conteúdo fosse publicado em escala industrial, incrementando rapidamente a sua circulação enquanto obra una e indivisível, a internet foi à antítese disso. A internet e a computação não só elevaram a circulação do conteúdo a níveis irrefreáveis, como também permitiram que o conteúdo fosse alterado, adaptado e reutilizado em escala "viral". O conteúdo, na era da internet, deixou de ser uno, para ser cada vez mais divisível e derivado.

A era em que o indivíduo interconectado em ambiente de rede consome e produz conteúdo quase que simultaneamente, tendo como contrapartes outros indivíduos fazendo o mesmo, representou o maior desafio até então colocado diante do direito autoral e suas proteções. Nunca tivemos tanto conteúdo "novo", provavelmente porque nunca tivemos tão vasto acesso ao conteúdo "velho" (ou seja, de alguns minutos ou no máximo de poucas horas atrás).

A prensa de tipos móveis e a internet são os dois grandes marcos da história do direito autoral. Um significou o seu nascimento, a partir da necessidade de recompensar o autor pela obra por ele criada. O segundo grande marco, a internet, impingiu sobre as indústrias baseadas na exploração de direitos autorais grande necessidade de adaptação, demandando a adaptação do direito autoral em si.

Empreendedores de alto impacto e as startups com atuação na internet (a maioria delas, provavelmente) estão no "olho do furacão" destas últimas transformações no direito autoral. Seja para o desenvolvimento do negócio propriamente dito ou apenas para divulgá-lo, o empreendedor que atua na internet deve compreender o instituto da proteção do direito autoral.

A necessidade do empreendedor moderno compreender o instituto do direito autoral se dá por dois motivos bastante elementares. O primeiro é que a facilidade para acessar, adaptar e reutilizar conteúdo na internet também facilita a violação de direitos autorais de terceiros. Tal facilidade engana o indivíduo, ao levá-lo a pensar que tais direitos talvez nem existam mais. Este engano frequentemente resulta em contingências e dissabores aos empreendedores desavisados. A verdade, contudo, é que modelos de negócio baseados na criação e/ou transmissão de conteúdo tem como verdadeira condição de sobrevivência seu *compliance* com o direito autoral.[1]

O segundo motivo deriva de outro erro comum dos empreendedores. Provavelmente em função da grande relevância e projeção das patentes no imaginário popular e na cena empreendedora, frequentemente se ignora o direito

---

[1] A discussão acerca da responsabilidade de empresas de tecnologia por violação de direitos autorais foi bastante acalorada à época em que o Google adquiriu o YouTube, em 2006. Até então, mesmo com a aprovação das disposições de *safe harbor* do Digital Millennium Copyright Act de 1998 nos EUA, não se sabia se o YouTube iria emergir das disputas judiciais com gravadoras e estúdios. No ano de 2008, e provavelmente após milhões de dólares em investimentos, o Google lançou o Content ID, programa que impede que conteúdos protegidos sejam veiculados no YouTube sem a autorização do detentor dos direitos autorais.

autoral como ferramenta de proteção sobre os chamados "bens imateriais" da empresa. O desconhecimento de startups e empreendedores sobre o funcionamento, abrangência e outras características importantes da proteção ao direito autoral não raras vezes leva ao entendimento tácito de que alguns bens imateriais da empresa, por não serem passíveis de proteção via propriedade industrial (patentes, modelos de utilidade etc.), não merecem qualquer proteção. Caso emblemático é a proteção do software, que para a surpresa de muitos, ocorre (via de regra) por meio de direito autoral e não propriedade industrial.

O que é um bem imaterial?

Para entendermos a proteção de direitos autorais, precisamos antes entender genericamente o que, afinal, é um bem imaterial e o porquê de tais bens serem protegidos.

O conceito do bem imaterial nasce para fins do direito autoral na Renascença[2], quando a proliferação da imprensa de tipos móveis pela Europa acelera a reprodução das obras escritas. Finalmente se percebe ali que a obra não está na "mídia" que a carrega, pois, enquanto uma "criação do espírito" do seu autor, trata-se de um bem incorpóreo. Em outras palavras, não se trata da tela que suporta a pintura ou do papel que suporta o livro.

Percebeu-se também que a obra era um "bem não rival", ou seja, seu consumo (ou uso) por um indivíduo não prejudicava seu uso por outro, desde que exemplares suficientes fossem reproduzidos.

A rápida proliferação da prensa de tipos móveis pela Europa após a primeira metade do século XV também significou que obras que poucos anos antes teriam sua circulação bastante restringida, agora em poucos meses estavam com exemplares disponíveis nos quatro cantos do velho continente. Nascia o mercado de publicações, com a figura do "livreiro" como o distribuidor comercial de livros no seu centro. Os livreiros, à semelhança das editoras de hoje, arcavam com os altos custos de edição da obra (criação das gravuras, impressão etc.) e, em troca, ficavam com uma boa parte dos ganhos.

A prensa de tipos móveis e o crescente mercado de publicações certamente significaram bons negócios aos livreiros, mas também geraram oportunidades para copiadores não autorizados, que reproduziam e comercializavam as obras.

---

[2] O conceito de bem imaterial é subjacente a todo o campo da propriedade intelectual, o que inclui também o campo da propriedade industrial, que não é objeto imediato deste capítulo.

Parece familiar? O mesmo ocorreu com a indústria fonográfica, com a invenção do CD (e ato contínuo, dos CDs piratas) e, mais tarde, das plataformas de compartilhamento *peer to peer* (P2P)[3].

O nascimento do Direito de Autor: o *copyright*

Para combater as cópias não autorizadas, os livreiros de início se socorreram, no século XVI, de um subterfúgio que a indústria fonográfica já não mais dispunha no fim do século XX: a censura. De modo a ganharem do estado a concessão do monopólio sobre as publicações, os livreiros fizeram um acordo com as monarquias: contanto que todas as publicações tivessem que passar pelos livreiros autorizados (monopólio), estes se comprometeriam a "adaptar" as obras de modo a torná-las mais suaves nas eventuais críticas ao estado. *Quid pro quo.* Da sanha monarquista pelo controle sobre a circulação de ideias subversivas nasce o primeiro instituto de direito autoral: o direito à cópia ou *copyright* (hoje em dia também representado pelo "©").

Copyright ou direito de autor: qual é a nossa?

Desde a criação da primeira lei sobre *copyrights*, em 1710, durante o reinado dos Tudor na Inglaterra, os países de tradição jurídica saxã (EUA, Inglaterra e os países da *Commonwealth*) têm sua proteção às obras intelectuais focada no direito de reprodução, com pouca (por muito tempo nenhuma) atenção a direitos morais do autor.

Os países de tradição jurídica continental (França, Alemanha, Espanha, Portugal etc.) normalmente adotam um modelo de proteção às obras intelectuais diferente, proveniente do conceito do *droit d'auteur* francês. Na França, quando da criação das primeiras leis sobre os direitos sobre as obras intelectuais, os autores já tinham relativamente mais poder de barganha frente aos livreiros. Assim, lá, já nas primeiras leis de direito autoral, além dos direitos de reprodução, já se tratava também de um feixe de direitos relativos à pessoa do autor com relação a sua obra. Esses direitos, conhecidos como direitos morais do autor, incluem o direito do autor sempre ter a autoria da obra a ele atribuída (paternidade), o direito de alterá-la e de tirá-la de circulação (arrependimento).

---

[3] Sobre a "legalidade" do compartilhamento de músicas P2P, ver PARANAGUÁ, Pedro; BRANCO, Sérgio. *Direitos Autorais*. Rio de Janeiro: Editora FGV, 2009. p.31.

À semelhança dos países de tradição jurídica continental, o Brasil reconhece em sua Lei de Direitos Autorais (Lei nº 9.610/98) tanto os direitos patrimoniais do autor, que são parecidos com os *copyrights*, quanto os direitos morais do autor.

O direito autoral no plano internacional

Apesar de existirem quase tantas leis de direito autoral quanto existem países, o direito autoral é altamente regulado em nível internacional, através de tratados. Isso porque a obra, mesmo antes do advento da internet, nunca conheceu fronteiras nacionais. Assim, não garantir qualquer padrão mínimo de proteção internacional permitiria que Hamlet, uma peça de Shakespeare, caso fosse impressa e atravessasse o Canal da Mancha rumo à França, se mantivesse a peça Hamlet, mas não mais de autoria de Shakespeare. Outro autor poderia reclamar por ela. Tal possibilidade foi vislumbrada logo nos primeiros momentos em que se protegeu o direito autoral em nível doméstico.

Um dos tratados que disciplina o direito autoral internacional é a Convenção de Berna. Criada em 1886 na Europa, a Convenção de Berna foi realizada para regular e uniformizar os direitos autorais entre os países membros[4]. Desde então, a Convenção foi diversas vezes alterada e atualizada, sendo hoje provavelmente o tratado internacional mais antigo ainda em vigor.

Outro tratado internacional de grande relevância para o campo do direito autoral é o Acordo TRIPS *(Trade Related Aspects of Intellectual Property Rights)*, de 1994. O Acordo TRIPS trouxe disposições importantes acerca do direito autoral, com destaque para a chamada "Regra dos três passos", que determina três critérios para se definir se certo uso de obra alheia infringe ou não direitos autorais (*fair use*).

O escopo da proteção de direito autoral

As obras protegidas

Segundo a lei brasileira de direito autoral, a Lei nº 9.610/98, em seu artigo 7º, são passíveis de proteção as obras intelectuais fruto "das criações do

---

[4] A adesão inicial à Convenção de Berna foi de apenas 10 países: França, Alemanha, Espanha, Itália, Bélgica, Reino Unido, Suíça, Haiti, Libéria e Tunísia. Hoje em dia, 164 países são signatários da convenção, entre eles o Brasil, que aderiu em 1975.

espírito, expressas por qualquer meio ou fixadas em qualquer suporte, tangível ou intangível, conhecido ou que se invente no futuro". O legislador sabiamente percebeu que rapidamente tornaria a lei em letra morta enumerar exaustivamente os tipos de obra e os meios para expressá-las. Imagine, por exemplo, se filmes em *betamax* fossem protegidos, mas em *Blu-ray*, formato este que não existia à época da lei, não fossem. Assim, o rol de obras enumeradas nos incisos do artigo 7º não é exaustivo, e sim exemplificativo.

Qualquer criação que perfaça a definição do *caput* do artigo 7º da Lei nº 9.610 está automaticamente protegida. Em geral, se concorda que a obra deve reunir quatro condições para ser protegida por direito autoral, a saber (i) "pertencer ao domínio das letras, das artes ou das ciências"; (ii) ser razoavelmente original, ou seja, ter algo de novo agregado pelo autor, mesmo que seja em cima de outra obra anterior; (iii) ser consubstanciada em algum meio físico (não pode estar apenas na mente do autor) e (iv) estar dentro do período de proteção (PARANAGUA; BRANCO, 2009, p.24).

O direito autoral, diferentemente do direito industrial, não tem sua proteção condicionada ao registro prévio[5]. Ainda assim, existe a possibilidade de realização do registro "meramente declaratório" das obras. O objetivo deste tipo de registro é constituir "prova de anterioridade", ou seja, provar que aquele que realizou o registro criou a obra antes de qualquer outra pessoa.

A proteção do software

Para tornar curta uma história longa, a proteção jurídica do software ocorre por meio de direito autoral e não por meio de direito industrial (isto é, patentes, modelos de utilidade e design industrial). O Instituto Nacional da Propriedade Industrial (INPI), em conformidade com o que dispõe a Lei nº 9.609/99 (Lei do Software), criou um mecanismo de registro declaratório de programas de computador que visa prover aos desenvolvedores um mecanismo de prova de anterioridade[6]. Vale, contudo, ressaltar que também no caso do software, o registro não é necessário para haver a proteção.

A forma de proteção do software, todavia, ainda não é um assunto pacífico. Apesar de tanto a Lei de Direito Autoral quanto a própria Lei do Software

---

[5] Artigo 18 da Lei de Direitos Autorais: "A proteção aos direitos de que trata esta Lei independe de registro".

[6] O portal do INPI disponibiliza manual completo sobre o registro de programa de computador em: <http://www.inpi.gov.br/portal/artigo/guia_basico_programa_de_computador>. Acesso em: 12 mar. 2015.

preverem que o software é protegido por direito autoral, o INPI já deferiu patentes para invenções baseadas em programas de computador. O mesmo vem ocorrendo nos EUA, onde tem sido cada vez mais frequente o deferimento de pedidos de patente para invenções baseadas em programas de computador pelo *U.S Patent Office*[7].

A indústria de tecnologia tem cada vez mais buscado a proteção via propriedade industrial, substituindo ou complementando a proteção de direito autoral que normalmente se aplica a software. O motivo certamente não é o prazo, já que o período de proteção aplicável ao direito autoral de software no Brasil é de 50 anos, ou seja, uma eternidade para o mercado de tecnologia. E patentes garantem proteção a invenções por no máximo 20 anos.

O real motivo para a crescente procura de desenvolvedores pela proteção das patentes é a amplitude da proteção. Enquanto o direito autoral protege apenas a obra em si, e não algo que vulgarmente iremos chamar de "ideias", a patente confere ao seu titular exclusividade sobre a exploração do método ou do produto. É uma proteção muito mais ampla se aproximando mais da proteção da ideia.

Devido às peculiaridades do direito autoral sobre o software, sempre que possível pontuaremos adiante as diferenças do software quanto às demais obra protegidas por direito autoral.

As obras não protegidas

A Lei de Direitos Autorais buscou enunciar criações que não são passíveis de proteção de direito autoral. É de especial interesse para aqueles que empreendem na área de tecnologia os incisos I, II e VII do artigo 8º.

Os Incisos I e II respondem muito claramente uma das maiores dúvidas do empreendedor de primeira viagem: "Tenho como patentear ou registrar a minha ideia?" Assim como a Lei de Propriedade Industrial, a Lei de Direito Autoral é expressa em negar proteção às "ideias, procedimentos

---

[7] "Patentes estão se tornando o método escolhido para a efetiva proteção de programas de computador inéditos. Enquanto o copyright protege um trabalho original na forma tangível em que foi fixado, uma patente protege a criação de conceitos inventivos assim como sua aplicação prática." (Tradução do autor) *"Patenting is becoming the method of choice for effective protection of original computer programs. Whereas a copyright protects an original work in the tangible fixed form in which it has been set down, a patent protects the creation of inventive concepts as well as their reduction to practice."* Copyrighting Software vs. Patenting Software. Disponível em: <http://otd.harvard.edu/inventions/ip/software/compare/>. Acesso em: 12 mar. 2015.

normativos, sistemas, métodos, projetos e conceitos matemáticos como tais" e também aos "esquemas, planos ou regras para realizar atos mentais, jogos ou negócios". Aqui vemos que o objetivo da proteção à propriedade intelectual, o de recompensar financeiramente e moralmente aqueles que geram novos conhecimentos e criações, encontra limites. A proteção à propriedade intelectual não pode permitir que alguém que, talvez até oportunisticamente, registre uma ideia sem qualquer execução, impeça alguém que pretenda de fato executá-la a explorá-la[8].

A proteção oferecida pelo direito autoral, diferentemente da proteção conferida por patentes, visa proteger a obra em si, e não conceitos por ela enunciados. De modo a deixar ainda mais clara a diferença entre uma obra, para fins de direito autoral, e uma invenção, para fins de patente, o inciso VII do mesmo art. 8º da Lei de Direitos Autorais inclui no escopo negativo da proteção "o aproveitamento industrial ou comercial das ideias contidas nas obras."

Vejamos o caso do *Business Model Canvas*, conhecido pelos empreendedores como o *"canvas"*. O *canvas* é um quadro que estabelece uma estrutura lógica simplificada que facilita a modelagem de novos negócios. O quadro do *canvas* é certamente uma criação brilhante, publicada em 2010 no livro *Business Model Generation*, de autoria de Alexander Osterwalder e Yves Pigneur, com a colaboração de nada menos do que outros 470 autores ao redor do mundo. Caso os conceitos por trás do quadro do *canvas* fossem objeto de uma proteção ampla, tal como a conferida pelas patentes, quase todas as aceleradoras, *company builders*, empresas de tecnologia e empreendedores teriam infringido inúmeras vezes o direito de exclusividade dos autores do livro ao utilizar seus métodos para a criação de novos negócios. Mas não é assim que a proteção do direito autoral funciona. Enquanto uma obra escrita, essa sim protegida por direito autoral, ninguém pode copiar o livro do *Business Model Generation* e vendê-lo sem deter os direitos para tal. Fazê-lo seria crime, inclusive[9]. O livro *Business Model Generation* é protegido pelo direito autoral, sendo a exploração econômica da obra restrita aos autores e pessoas por eles autorizadas. As ideias contidas no livro, o que inclui os conceitos

---

[8] O relaxamento nos requisitos para registro de patentes de invenções baseadas em software, nos EUA, a partir da década de 1990 levaram a proliferação dos chamados *patent trolls*, empresas que registram ideias sem executa-las comercialmente, apenas para poderem cobrar taxas de licenciamento das empresas que de fato desejam executar o objeto da patente.

[9] O Artigo 184 do Código Penal estabelece as penas para violações de direito autoral com intuito de lucro.

por trás do *canvas*, contudo, não são protegidas por direito autoral, e teoricamente também não são objeto de patente.

Os direitos do autor

Os direitos patrimoniais do autor

Os direitos patrimoniais "dizem respeito a utilização econômica da obra"[10]. A Lei de Direitos Autorais estabelece em seu artigo 28 que "cabe ao autor o direito exclusivo de utilizar, fruir e dispor da obra literária, artística ou científica". Assim, temos que originalmente estes direitos patrimoniais cabem ao autor, podendo contudo, serem transferidos mediante autorização prévia e expressa dele.

Os direitos do autor sobre sua obra nascem tão logo ela é colocada em meio físico. O direito do autor é fortemente imbricado pela noção de exclusividade. Isto é, o autor, ou aqueles à quem foram transferidos os direitos patrimoniais, tem o direito de impedir que outros utilizem sua obra indevidamente. A lei é bastante detalhada e ampla no rol de atos de utilização que necessitam de autorização prévia e expressa do autor, indo desde a reprodução parcial ou integral, passando pelo mero emprego de autofalantes até a "utilização, direta ou indireta, da obra literária, artística ou científica, mediante emprego de satélites artificiais"[11]. Assim, para simplificar, é seguro presumir que sempre é necessária a autorização do autor para a reprodução de sua obra.

Segundo o artigo 41 da Lei de Direitos Autorais, os direitos patrimoniais do autor duram por toda a sua vida e por mais setenta anos contados de 1º de janeiro do ano subsequente a sua morte. É um prazo longo, e não raras vezes um bom "pé de meia" para os herdeiros de grandes autores, compositores, artistas plásticos etc.

Os direitos morais do autor

Como vimos na introdução, a Lei de Direito Autoral reconhece que as "criações do espírito" geram, além de direitos patrimoniais, também direitos morais aos seus autores. Segundo o artigo 24 dessa lei, os autores têm diversos direitos de caráter moral, sendo os três principais os de (i) reivindicar a autoria

---

[10] BITTAR, Carlos Alberto. *Direito de autor*. 5ª edição revista, atualizada e ampliada. Rio de Janeiro: Forense, 2013. p. 71.

[11] Artigo 29 da Lei de Direitos Autorais.

da obra, (ii) modificar a obra ou se opor que outros a modifiquem e (iii) retirar a obra de circulação.

É importante notar que os direitos morais são intransmissíveis e irrenunciáveis, ou seja, são pessoais do autor e não podem ser cedidos ou extintos. Assim, no Brasil, o uso de obra alheia sempre implica, no mínimo, no dever de citar o nome do seu autor.

O caso do software

Apesar do software ser protegido por direitos autorais, a Lei de Software afastou a aplicação dos direitos morais do autor software. Curioso notar que, mesmo assim, a lei reservou aos autores o direito de reivindicar a paternidade e de se opor a alterações e mutilações do programa que firam a sua honra. Outra diferença importante é o período de proteção: o software é protegido por "apenas" 50 anos após 1º de janeiro do ano subsequente a sua publicação.

Os direitos conexos

A Lei de Direitos Autorais foi obrigada a criar uma espécie de apêndice aos direitos autorais, conhecidos como direitos conexos. Essa categoria de direitos diz respeito àqueles que, ainda que não sejam considerados intrinsecamente autores, são essenciais à difusão das obras. É o caso dos artistas intérpretes que interpretam uma obra no cinema ou no teatro ou dos produtores fonográficos e audiovisuais.

A Lei brasileira, ao estabelecer quem são os titulares destes direitos conexos, foi bastante generosa com os autores e membros da indústria cultural, colocando mais entraves à circulação das obras. Os detentores de direitos conexos, tal como previsto no artigo 90 da Lei de Direitos Autorais, detêm uma miríade de direitos, inclusive podendo disciplinar a própria reprodução e circulação da obra.

Um caso interessante que ilustra o poder que um único detentor de direitos conexos tem sobre a obra total é o caso da apresentadora Xuxa no emblemático filme *Amor, Estranho Amor*. Em 1982, quando a apresentadora de programas infantis ainda não havia iniciado sua carreira "só para baixinhos", Xuxa participou do filme em que sua personagem era uma prostituta que seduzia um rapaz de 12 anos. No filme, a apresentadora aparecia nua. Em 1983, a apresentadora iniciou sua carreira na programação voltada para o público infantil. Por ser intérprete da obra, Xuxa detinha direitos conexos sobre ela, e propôs diversas ações judiciais para impedir a veiculação da obra. Tendo como principal fundamento que seu contrato previa veiculação da obra integral apenas no cinema e na televisão, Xuxa obteve sucesso principalmente em impedir a circulação dela em videocassete (PARANAGUA; BRANCO, 2009, p. 97).

As reproduções permitidas e o *fair use*

Como vimos na seção 3, acima, a Lei de Direitos Autorais é bastante detalhada nas hipóteses de utilização da obra que demandam a obtenção de autorização prévia e expressa do autor. A Lei, contudo, teve de prever limites ao direito de autor. Fosse o direito de autor absoluto, seria impossível elaborar um trabalho acadêmico, pois a mera citação de outro trabalho seria impossível. Também seria impossível à imprensa noticiar fatos relativos às obras protegidas, por não poder sequer citá-los.

Há quem diga que, mesmo prevendo limites ao direito autoral, no seu artigo 46, a Lei de Direitos Autorais acabou por tornar o dia a dia do indivíduo comum uma sucessão de descumprimentos da norma. O artigo 46 em nenhum momento permite realização de cópia integral da obra. Assim, não faculta aquele que adquire um exemplar de uma obra em uma determinada mídia verter sua cópia integral para outras mídias, por exemplo. Em outras palavras, encher a memória de um Ipod com músicas advindas de CDs originais, segundo a lei, é grave violação de direito autoral.

A Lei de Direitos Autorais estabelece como principal métrica para o uso não infringente dos direitos autorais o conceito de "pequenos trechos"[12] para a reprodução em uso privado ou quando a sua reprodução ocorrer dentro de outra obra cujo objeto principal não seja a obra reproduzida. Aqui temos novamente um grande problema: o que é um pequeno trecho? A Lei não é clara.

Segundo a Consumers International, observatório mundial de direitos dos consumidores, a Lei de Direitos Autorais do Brasil é a 5ª pior do mundo[13]. A principal característica que leva a má colocação é justamente a pouca liberdade que se tem para usar conteúdo protegido e aos frequentes abusos que a lei permite por parte dos detentores de direitos patrimoniais.

---

[12] Artigo 46, Inciso II da Lei de Direitos Autorais: "Art. 46. Não constitui ofensa aos direitos autorais (...) a reprodução, em um só exemplar de pequenos trechos, para uso privado do copista, desde que feita por este, sem intuito de lucro".

[13] IP Watchlist 2012.

> **O caso do software**
> O legislador brasileiro também foi restritivo nas hipóteses que não configuram ofensa aos direitos de autor para o software. O artigo 6º prevê três hipóteses em que não há ofensa aos direitos autorais:
> • A cópia de backup;
> • A ocorrência de semelhança de um programa a outro preexistente em função das características funcionais de sua aplicação, observância de preceitos técnicos ou normativos ou em virtude da ausência de outra forma de expressar o programa em código;
> • Integração de um programa a outro, desde que feita pelo usuário final de ambos os programas

Nos sistemas em que se adota o *copyright*, tal como nos EUA, a limitação ao direito autoral equivalente ao nosso artigo 46 e pelo artigo 13 da Convenção de Berna é estabelecida pelo *fair use*, ou uso justo. O princípio do *fair use* está consagrado no direito americano no parágrafo 107 do Capítulo 1 do Título 17 do *US Code*. Ali são estabelecidos os "quatro testes" para determinar se o uso de obra protegida é ou não justo. Os quatro elementos para se determinar se o uso é ou não justo são (i) tipo de uso (comercial ou não), (ii) natureza da obra utilizada, (iii) proporção do trabalho original utilizada e (iv) efeito do uso sobre o mercado da obra original.

Uma obra e vários autores

Até agora tratamos do tema do direito autoral sob o prisma de "um autor, uma obra". Contudo, sabemos que nem sempre tal regra se aplica. Mesmo antes da era da internet, vemos em nosso cotidiano diversas obras que são fruto do trabalho não de uma, mas de diversas pessoas. O rol de obras que contam com a participação de muitos autores e colaboradores é enorme: obras audiovisuais (filmes publicitários, longas-metragens, desenhos animados etc.), obras fonográficas (álbuns musicais, *podcasts*, programas de rádio etc.) e obras literárias (coletâneas, coautorias e até em casos como *fan fiction*).

A Lei Brasileira de Direitos Autorais trabalha, basicamente, com três conceitos em que mais de um autor criam uma mesma obra: a obra em coautoria, a obra coletiva e a obra derivada.

A obra em coautoria e a obra coletiva

A Lei de Direito Autoral define em seu artigo 5º, inciso VIII, alínea "a", que se considera a obra feita em coautoria aquela criada em comum, por dois ou mais autores.

Na alínea "h", do mesmo inciso do artigo 5º da Lei de Direito Autoral conceitua a obra coletiva, como sendo aquela que "criada por iniciativa, organização e responsabilidade de uma pessoa física ou jurídica, que a publica sob seu nome ou marca e que é constituída pela participação de diferentes autores, cujas contribuições se fundem numa criação autônoma".

Apesar de ambos os conceitos tratarem de obras feitas por mais de uma pessoa, a diferença entre os dois casos é nítida. Enquanto na coautoria tratamos de duas ou mais pessoas colaborando independentemente para a criação de uma só obra (divisível ou indivisível), na obra coletiva temos a figura do organizador, que é uma pessoa física ou jurídica que concebe a obra e conta com a contribuição de diversos autores para executá-la.

No caso da obra em coautoria indivisível, tal como no caso em que compositor e músicos criam uma única música, nenhum dos autores pode dispor da obra sem o consentimento do outro e, em havendo discordância, se decidirá por maioria[14].

A obra derivada

A obra derivada é aquela em que, com base em uma original, é criada outra obra. Neste caso, também teremos duas camadas de direitos sobrepostas em uma mesma obra. O autor original é dono da porção da obra derivada que corresponde a sua. O autor da obra derivada é detentor dos direitos da porção nova que agregou a obra original. A soma de ambas as criações resulta na completude da obra derivada.

Em se tratando de obras que contam com a participação de diversos autores, o caso da *fan fiction* é um dos fenômenos mais interessantes. Como o nome já diz, *fan fiction* é ficção elaborada por fãs, tendo como base "universos" de obras conhecidas, tais como *Harry Potter* ou *50 tons de cinza*. No que toca

---

[14] Artigo 32 da Lei de Direitos Autorais: Quando uma obra feita em regime de coautoria não for divisível, nenhum dos coautores, sob pena de responder por perdas e danos, poderá, sem consentimento dos demais, publicá-la ou autorizar-lhe a publicação, salvo na coleção de suas obras completas. (...) § 1º Havendo divergência, os coautores decidirão por maioria.

ao direito autoral, muito se discute quanto à legalidade de um fã criar uma obra derivada (por exemplo, um final alternativo para a saga Harry Potter, criada por J.K. Rowling) com base em outra obra protegida por direitos autorais ou *copyright*.

Como vimos, a legislação americana protege os direitos autorais através do direito à cópia ou *copyright*. Diferentemente da legislação brasileira, que trabalha com hipóteses específicas para limitar os direitos autorais, nos EUA se utiliza do conceito mais aberto do *fair use*, determinado pelos "quatro testes". Assim, seria obra derivada criada pelo fã (*fan fiction*) um caso de *fair use*?

Em primeiro lugar, devemos ter em mente que independente do que dizem as normas de *copyright*, muitas vezes o próprio autor da obra original tolera a colaboração dos fãs. É o caso de J. K Rowling, que mesmo havendo ao redor da saga Harry Potter uma infinidade de comunidades de *fan fiction* envolvendo sua obra sobre o jovem bruxo, levou muitos poucos casos à justiça.

Em um desses poucos processos judiciais envolvendo o universo de Harry Potter, foi levado a justiça de Nova Iorque litígio entre a detentora dos direitos de Harry Potter, a Warner Bros. e uma editora que pretendia publicar uma enciclopédia sobre o universo dos livros. Neste caso, Warner Bros. *versus* RDR Books, se arguiu que os extensos trechos dos livros copiados na enciclopédia desvirtuaram o *fair use*, infringindo os direitos autorais atinentes à obra original. Curioso notar, contudo, que no mesmo julgamento o tribunal entendeu que apesar de ter havido infringência de direitos autorais, o mercado de obras relativas ao universo de Harry Potter não pertencia exclusivamente à autora original. Enfim, ante a tal decisão, a dita enciclopédia foi publicada, com a supressão dos trechos copiados. Prevaleceu o *fair use*.[15]

Contudo, é importante notar que produtoras, editoras e gravadoras pagam altas quantias pelos direitos de obras de sucesso. Uma obra como Harry Potter, mediante grandes investimentos, gerou uma infinidade de outras obras e produtos licenciados. Os pesados investimentos e o alto retorno de tais licenciamentos frequentemente levam os detentores de direitos patrimoniais, e não os próprios autores, a serem muito menos tolerantes a usos por terceiros, tal como no caso da *fan fiction*.

---

[15] ESTES, Susan. Fanfiction Dilemma: Is it Copyright Infringement or Fair Use? Disponível em: <http://www.kentlaw.edu/perritt/courses/seminar/papers%202009%20fall/Susan%20Estes%20Seminar%20paper%20Final.pdf.> Acesso em: 25 jul. 2016.

O domínio público

O direito autoral, além de encontrar limitações quanto ao uso que se faz das obras protegidas, também é limitado no tempo. A obra sobre a qual já tenham se extinguido os direitos exclusivos do respectivo autor, cai em domínio público, o que permite a "qualquer interessado utilizar a obra, inclusive para derivações, passando a gozar dos direitos correspondentes sobre a respectiva forma" (BITTAR, 2013, p. 130).

O efeito da queda da obra em domínio público é facilmente perceptível: da próxima vez em que visitar uma livraria, note que os valores cobrados por obras que pertencem ao domínio público são drasticamente mais baixos do que obras ainda dentro do período de proteção.

A cessão de direitos na era digital

Transferência de direitos autorais: A licença e a cessão

Como vimos, o autor adquire direitos sobre sua obra tão logo a exteriorize em algum meio físico. Contudo, apesar da exteriorização da obra permitir em tese que outros a utilizem, esta não importa, na prática, na realização do potencial da obra, ou seja, na sua distribuição.

O autor, seja ele da área das ciências ou do entretenimento, tem como maior ambição ver sua obra atingir seu público, seu potencial. Assim como um agricultor, via de regra, irá utilizar uma rede varejista para distribuir seus produtos ao público, o autor precisa de uma poderosa rede de distribuidores para reproduzir sua obra.

A figura dos distribuidores, no caso dos direitos autorais, repousa no papel de editores, gravadoras e estúdios. Seu papel, neste caso, vai além da mera distribuição, frequentemente significando a verdadeira produção da obra com a realização de pesados investimentos.

O caso do software

A Lei de Software é expressa ao dizer que uso, ou direito de uso de programa de computador, será sempre objeto de contrato de licença (artigo 9º). Tal disposição demanda muita atenção quando usarmos instrumentos jurídicos modernos de direito de uso ou cessão de Software. A Lei de Software, datada de 1998, foi elaborada antes do advento de novas modalidades de contratação de software, tal como o Software Como Serviço (Software as a Service –

SaaS). É muito importante observar as disposições da Lei de Software mesmo nas novas modalidades de contratação.

Para que a distribuição de uma obra possa ocorrer, deve haver prévia autorização de seu autor. Tal autorização permite a transferência dos direitos de autor.

A Lei de Direitos Autorais estabelece algumas presunções e requisitos gerais para a transferência de direitos autorais, previstos em seu artigo 49:

> Art. 49. Os direitos de autor poderão ser total ou parcialmente transferidos a terceiros, por ele ou por seus sucessores, a título universal ou singular, pessoalmente ou por meio de representantes com poderes especiais, por meio de licenciamento, concessão, cessão ou por outros meios admitidos em Direito, obedecidas as seguintes limitações:
> I - a transmissão total compreende todos os direitos de autor, salvo os de natureza moral e os expressamente excluídos por lei;
> II - somente se admitirá transmissão total e definitiva dos direitos mediante estipulação contratual escrita;
> III - na hipótese de não haver estipulação contratual escrita, o prazo máximo será de cinco anos;
> IV - a cessão será válida unicamente para o país em que se firmou o contrato, salvo estipulação em contrário;
> V - a cessão só se operará para modalidades de utilização já existentes à data do contrato;
> VI - não havendo especificações quanto à modalidade de utilização, o contrato será interpretado restritivamente, entendendo-se como limitada apenas a uma que seja aquela indispensável ao cumprimento da finalidade do contrato.

Ante a redação do artigo 49, é muito importante diferenciarmos duas modalidades de negócio jurídico que realizam a transferência de direitos de autor: a cessão e a licença.

Por mais que não haja definição de lei a respeito, entende-se a cessão como sendo uma transmissão parcial ou total de direitos do autor para o agente. Uma característica fundamental da cessão, seja ela parcial ou total, é que através dela ocorre a transferência definitiva e excludente de direitos. A licença, por sua vez, apenas transmite o direito de uso, mas não a titularidade da obra. Em outras palavras, em se tratando de direito autoral, a cessão se assemelha a compra e venda, enquanto a licença mais se assemelha ao aluguel (PARANAGUA; BRANCO, 2009, p. 101).

A internet, contudo, mudou bastante a prática da cessão de direitos autorais. Um exemplo muito bom disso é o caso dos direitos autorais sobre fotografias.

Com a chegada do fenômeno das redes sociais e dos dispositivos móveis, as pessoas passaram a andar quase 24 horas por dia munidas de um dispositivo que possui tanto uma câmera como ferramentas de edição e compartilhamento de imagens via internet móvel. Com os smartphones e tablets, fotos que antes seriam levadas para revelação ou que seriam editadas usando um computador de mesa, passaram a ser quase que instantaneamente editadas e publicadas.

É curioso notar que, neste caso, o agente que distribui o conteúdo não é um editor, produtor ou gravadora. É uma rede social, como o Twitter, o Facebook ou o Google Plus.

Mas, afinal de contas, quando se carrega uma imagem ou vídeo em uma plataforma on-line, se transfere direitos aos operadores dessas plataformas?

Evidente que sim. Quando marcamos aquelas caixinhas que dizem algo do tipo "eu li e concordo com os termos de uso e políticas deste website", frequentemente estamos consentindo com uma licença mundial gratuita, não exclusiva, transferível, sub licenciável para que determinado provedor utilize e reproduza o conteúdo ali carregado. São permissões bastante amplas, que são embutidas em termos que quase ninguém lê.

A aposta de que o usuário irá marcar a caixa "li e concordo" sem ler é tão segura que alguns sites chegaram a inserir cláusulas intencionalmente bizarras para provar isso. Uma loja de jogos on-line americana inseriu em seus termos de uso uma cláusula pela qual o usuário consentia com a cessão dos direitos de sua alma para a empresa. De cada 8 000 usuários, apenas 1 000 perceberam a brincadeira.[16]

Contudo, a rede social Instagram protagonizou uma infeliz exceção a esta regra. No final de 2012, o aplicativo móvel de edição e compartilhamento de fotos comunicou seus usuários que iria alterar sua política de privacidade e termos de uso. O comunicado que tinha tudo para não ser muito notado, causou absoluto furor entre a comunidade de usuários. O principal ponto questionado nas novas políticas foi a inclusão de uma cláusula que permitia ao Instagram ceder e até vender o conteúdo postado pelos usuários, sem necessidade de consentimento prévio ou remuneração.

---

[16] ROMERO, Luiz. *Não li e concordo*. Superinteressante. Agosto, 2012. Disponível em: <http://super.abril.com.br/tecnologia/nao-li-concordo-contratos-termos-sites-redes-sociais-698482.shtml.> Acesso em: ago. 2012.

Certamente foi infeliz surpresa: neste caso, através de blogs e redes sociais, muita gente ficou sabendo das mudanças nas políticas. O resultado, segundo a *Appdata*, foi a perda de 22% dos usuários diários em 7 dias.

As licenças colaborativas

O advento da internet e o subsequente avanço na qualidade de conexão e na tecnologia dos dispositivos de acesso significou um profundo abalo para os direitos autorais. Em razão da internet, a forma da sociedade se relacionar com os direitos autorais mudou basicamente em duas formas. Em primeiro lugar, o acesso a qualquer conteúdo, protegido ou não, ficou muito mais fácil. Em segundo lugar, o acesso facilitado ao conteúdo favoreceu a colaboração entre as pessoas para a geração de novo conteúdo.

Poder acessar e compartilhar conteúdo com maior facilidade levou os institutos de transmissão de direitos autorais ao seu limite. Em nenhum setor isso se mostrou tão verdadeiro como no caso do software.

Praticamente inexistente até a década de 1970 do século passado, o software cresceu em importância junto com a popularização da computação pessoal e da internet. O software também criou por trás dele uma poderosa e lucrativa indústria que, como boa parte das indústrias ligadas a PI, era pouco propensa ao compartilhamento gratuito de seus produtos com a sociedade.

O Movimento do Software Livre nasceu na década de 1980 a partir da inquietação de diversos membros da comunidade de tecnologia e desenvolvimento de software com os altos valores cobrados pelas grandes corporações para o licenciamento de seus softwares proprietários. A partir daí, ante a possibilidade de coprodução e derivação trazida pela internet, se forjou um movimento dedicado a permitir que diversas pessoas utilizassem e trabalhassem na evolução de programas de computador livres. Uma das maiores criações do Movimento do Software Livre é o sistema operacional Linux, uma criação que contou com a colaboração de centenas de milhares de programadores ao redor do mundo.

Todavia, a internet abalou não só o setor de software, mas sim todos os mercados de obras protegidas. Assim, a partir do Movimento de Software Livre nasceram outros movimentos para facilitar o licenciamento e colaboração na criação de obras literárias, fonográficas, audiovisuais, entre outras. Um desses movimentos é o *creative commons*, criado na Universidade de Stanford pelo professor Lawrence Lessig.

Fortemente inspirado pelo software livre, o *creative commons* nasceu com o propósito de uniformizar termos pelos quais a propriedade intelectual pudesse fluir entre criadores e utilizadores com maior facilidade. Assim foram criadas licenças padrão que, em termos acessíveis ao grande público, estabelecem regras para o uso de bens imateriais protegidos por direito autoral.[17]

Violação de direitos e o ECAD

A violação do direito de autor

Vimos que a normatização do direito autoral no Brasil e no mundo garante aos autores de obras protegidas uma série de direitos. Apesar da lei ter previsto limites para tais direitos, é cada vez mais frequente o uso de conteúdo protegido infringente ao direito autoral.

Via de regra, qualquer uso não autorizado de obra protegida que não recaia nas hipóteses do artigo 46 da Lei de Direitos Autorais é tido como proibido e infringente. Assim, cabe sempre a cautela na realização do chamado *clearing* de direitos autorais antes da realização de uma obra que possa utilizar obra alheia.[18]

A Lei de Direitos Autorais prevê, basicamente, duas medidas pela reprodução não autorizada de obra protegida, a saber (i) o recolhimento dos exemplares reproduzidos ou a suspensão da divulgação e (ii) a devolução dos valores auferidos pela utilização indevida, sem prejuízo de perdas e danos. Ambas as medidas correrão paralelamente a eventual responsabilização de caráter criminal.

A Lei foi obrigada a providenciar solução para a grande maioria dos casos em que não se sabe ao certo quantos exemplares foram irregularmente vendidos. Neste caso, a lei presume ter havido, além dos exemplares apreendidos, outros três mil.[19]

---

[17] O *creative commons* teve suas licenças traduzidas e adaptadas para a jurisdição brasileira pela Escola de Direito da FGV no Rio de Janeiro, pelo Centro de Tecnologia e Sociedade (o mesmo que colaborou na elaboração do Marco Civil da Internet). Mais informações em <http://creativecommons.org.br/>.

[18] Sobre a polêmica questão da excessiva proteção de direitos autorais nos EUA e a necessidade enfadonha do *clearing* de direitos autorais, vale a referência do primeiro capítulo de *O futuro das ideias*, de Lawrence Lessig.

[19] Artigo 103, § único da Lei de Direitos Autorais.

As associações de autores

Como vimos, a Lei de Direitos Autorais é bastante restritiva nas hipóteses de usos não infringentes de direitos autorais. Em função disso, condutas banais acabam se tornando atos ilícitos aos olhos do direito autoral. Reproduzir uma música em uma festa de casamento ou em uma sala de espera, tirar uma cópia de um capítulo ou trecho de um livro são exemplos recorrentes de conflito entre o direito autoral e a sociedade. Entretanto, sabemos que é impossível que o próprio autor, sozinho, fiscalize todas as reproduções de sua obra. Assim, resta a dúvida: quem fiscaliza o cumprimento dos direitos de autor?

A Lei de Direitos Autorais, a partir de seu artigo 97, prevê que os autores possam se associar em instituição específica para fiscalizar, arrecadar e defender seus direitos autorais. A chamada gestão coletiva de direitos autorais. A instituição mais proeminente deste tipo é o Escritório Central de Arrecadação de Direitos (ECAD), que gere os direitos autorais de diversas associações de músicos, por exemplo.

Conclusão

Neste capítulo sobre o direito autoral, abordamos as principais características da disciplina do instituto no Brasil, bem como os impactos que a internet teve sobre diversos negócios baseados na exploração de direitos autorais.

Pelo confronto do rigor da norma autoral brasileira com o dinamismo de nossa sociedade de rede, é inevitável a conclusão de que a lei brasileira é antiquada e inadequada à realidade atual. Ainda assim, o fato da norma ser contraintuitiva apenas aumenta a importância de compreendê-la.

Guia de consulta rápida

- O famoso símbolo "©", pertence na verdade ao universo do copyright, regime de proteção aplicável nos países de tradição saxã, tais como os EUA. No Brasil, o direito de autor obedece a regime diverso, baseado no droit d' auteur.

- A Lei de Direitos Autorais traz um rol exemplificativo de obras passíveis de proteção. Para uma obra ser protegida é necessário que ela reúna 4 requisitos: (i) "pertencer ao domínio das letras, das artes ou das ciências"; (ii) ser razoavelmente original; (iii) não pode estar apenas na mente do autor e (iv) estar no período de proteção (PARANAGUA; BRANCO, 2009, p.24).

- Software, ao contrário do que muitos podem pensar, é uma obra protegida pelo regime do direito autoral.

- No Brasil são atribuídos aos autores dois feixes distintos de direitos sobre suas obras: os direitos morais (intransferíveis) e os direitos patrimoniais.

- A transferência de direitos de autor pode ocorrer de duas maneiras distintas: pela cessão e pela licença. Os contratos que envolvem direitos de autor são sempre interpretados mais favoravelmente ao autor.

- A lei brasileira de direito autorais é muito restritiva, impedindo que vários tipos de uso e reprodução de obras sejam feitos sem autorização prévia do autor. Ao utilizar uma obra protegida, é seguro presumir que a autorização do autor prévia é necessária.

Referências bibliográficas

BITTAR, Carlos Alberto. *Direito de Autor*. 5. ed. revisada, atualizada e ampliada por Eduardo C.B Bittar. Rio de Janeiro: Forense. 2013.

LESSIG, Lawrence. *The Future of Ideas*: The Fate of Commons in the Connected World. New York: Random House, 2001.

PARANAGUÁ, Pedro; BRANCO, Sérgio. *Direitos Autorais*. Rio de Janeiro: Editora FGV, 2009.

OSTERWALDER, Alexander; PIGNEUR, Yves; et. al. *Business Model Generation*. New York: John Wiley and Sons, 2010.

Copyrighting Software vs. Patenting Software. Disponível em: <http://otd.harvard.edu/inventions/ip/software/compare/>. Acesso em: 13 mar. 2015.

ESTES, Susan. Fanfiction dilemma: Is it Copyright Infringement or Fair Use? Disponível em: <http://www.kentlaw.edu/perritt/courses/seminar/papers%20 2009%20fall/Susan%20Estes%20Seminar%20paper%20Final.pdf>. Acesso em: 13 mar. 2015.

Sugestão de leitura

Para uma abordagem moderna e abrangente dos direitos autorais, leia *Direitos Autorais*, de Pedro Paranaguá e Sérgio Branco, publicado pela FGV, obra extensivamente citada neste capítulo.

Para entender mais sobre os efeitos da indústria do entretenimento sobre as restrições de direito autoral, recomendo *TheFuture of Ideas*, de Lawrence Lessig.

Capítulo 6
Propriedade intelectual: registros de marcas e softwares

Carlos Eduardo de Sousa Chinaite

Objetivo do capítulo
O objetivo principal do presente capítulo é familiarizar você, empreendedor, com o universo jurídico da propriedade intelectual, compreendendo sua origem, evolução e aplicação prática no dia a dia da sua startup.

Além disso, ao término da leitura, você terá informações precisas sobre o procedimento para registrar sua marca e software, bem como saberá a importância vital que esses registros possuem para proteção da empresa.

A propriedade intelectual de uma startup arrisco afirmar que seja o ativo intangível mais importante da empresa. Todo cuidado em zelar por esse patrimônio é necessário e para isso nada melhor do que conhecimento sobre o assunto. Portanto, boa leitura e espero que esse capítulo possa ajudar na proteção desse ativo intangível da sua startup.

Introdução

Umas das questões que mais atormentam os empreendedores, sobretudo os de primeira viagem, é a proteção da propriedade intelectual de suas empresas. Não são poucos os artigos encontrados na internet sobre o tema, sinal de que o assunto ganha cada dia mais relevância. Também não são poucos os livros que abordam o tema, seja com viés jurídico, de marketing, comunicação ou semiótica.

Contudo, poucos são os conteúdos disponíveis que possuem uma visão eminentemente prática, de fácil leitura e que fale a língua do empreendedor. O material prático que encontrei ou era institucional de empresas que prestam serviço nessa área ou acabava trazendo mais confusão do que clareza, afinal, não são poucos os desdobramentos e teorias existentes em propriedade intelectual.

Ao menos que se queira especializar-se em propriedade intelectual, os grandes dilemas da doutrina, os pontos controvertidos, as dúvidas e tensões ainda não equacionadas não importam: ao empreendedor vale a praticidade, a clareza e a segurança da informação adquirida.

Nesse artigo, portanto, tentarei ser o mais prático possível, evitar ao máximo o "juridiquês", trazendo informações que realmente ajudem os empreendedores a compreender a sistemática para registro de marca e software, os cuidados a tomar, o caminho a seguir e a importância de cuidar de sua propriedade intelectual, que é um ativo intangível da empresa. Quanto vale as marcas Google e Apple, por exemplo? E quanto vale um software de antivírus da Avast? Com certeza, são ativos que merecem toda a atenção e cuidado.

Ainda que a propriedade intelectual inclua em seu bojo marcas, patentes, desenhos industriais, modelos de utilidade, software, expressões de propaganda, *jingles*, comerciais, etc., nesse artigo trataremos apenas de marcas e softwares, talvez os dois assuntos mais importantes dentro do universo startup.

Propriedade intelectual

Historicamente, os primeiros a se preocuparem de alguma forma com a propriedade intelectual foram os romanos, mas foi no século XVIII que surgiram as primeiras legislações sobre o tema. Daí percebe-se a grandeza desse ramo do direito, que há séculos vem sendo estudado, analisado e evoluído. São poucos os temas ou situações que possuem uma legislação internacional quase que uniforme, pelo menos em sua questão principiológica. Isso se faz presente na propriedade intelectual através de inúmeros tratados internacionais, tais como Convenção da União de Paris, TRIPS (Trade-Related Aspects of Intellectual Property Rights, em português "Acordo sobre Aspectos dos Direitos de Propriedade Intelectual Relacionados ao Comércio") e Convenção de Berna.

Curiosidade: o Brasil não apenas é signatário de referidas convenções e tratados, como historicamente foi um dos primeiros países a assiná-los. Assim também o foi com o projeto de licenças livres *creative commons*. Possuímos posição de destaque internacional sobre o tema, que contrasta internamente com a falta de celeridade e ineficiência no Instituto Nacional de Propriedade Industrial (INPI), órgão responsável pelo registro de muitos tipos de propriedade intelectual.

Há, portanto, um regramento internacional – além do regramento nacional – complexo que regula a proteção de propriedade intelectual. Contudo, isso não significa dizer que uma marca registrada no Brasil goze automaticamente de proteção nos Estados Unidos ou Europa, por exemplo, mas significa facilidade em seu registro internacionalmente. O mesmo não corre com o software, em que o registro no Brasil atribui proteção internacional, afinal autor só pode haver um, esteja onde estiver.

Para que se possa compreender a regulamentação da propriedade intelectual na prática, é preciso saber inicialmente que ela é gênero da qual direito autoral e propriedade industrial são espécies. É uma divisão clássica, muitas vezes meramente acadêmica, mas que em nosso ordenamento jurídico traz implicações de caráter prático. Sobre o tema, as palavras de Marcelo Augusto Scudeler:

> Dentre os bens incorpóreos, aqueles nascidos do intelecto também são passíveis de propriedade. Com efeito, define-se como propriedade intelectual o conjunto de bens oriundos do intelecto humano, quais sejam, a criação artística, científica e literária, definida como direito do autor ou autoral, e a criação industrial, para aplicação na indústria e no comércio, conceituada como propriedade industrial. Destarte, a propriedade intelectual é gênero do qual a propriedade industrial é sua espécie, assim como o direito autoral.[1]

Seguindo essa divisão clássica, nosso legislador criou sistemas jurídicos diferentes para aquilo que foi reservado ao direito autoral e para aquilo que se encontra no gênero propriedade industrial. Para facilitar a visualização, segue quadro separando o que pertence a cada um desses gêneros.

DIREITO AUTORAL	PROPRIEDADE INDUSTRIAL
Software	Marca
Obra literária, artística e científica	Patente de invenção
Obra dramática e dramático-musical	Patente de modelo de utilidade
Composição musical	Desenho industrial
Desenho, pintura, gravura, escultura etc.	Indicação geográfica

Como se vê, marca pertence ao gênero propriedade industrial e software ao direito autoral. São muitos os textos teóricos que tratam da possibilidade de cumulação ou não da proteção garantida pelos dois sistemas a um único objeto. No caso específico deste artigo, trataremos do registro de software como patente, e da relação entre marca e software.

---

[1] SCUDELER, Marcelo Augusto. *Do Direito das Marcas e da Propriedade Industrial.* Campinas: Servanda Editora, 2013. p. 29.

O que vale saber é que todos os objetos contidos na coluna de propriedade industrial são registrados no INPI, regidos pela Lei nº 9.279/1996[2] e, em regra, são regidos pelo sistema de registro atributivo, pois somente com o registro surge o direito de usar, gozar e dispor com exclusividade, daí o necessário registro desses objetos. Imagine investir na marca de sua empresa e não poder usar porque não a registrou, e um concorrente a registra primeiro e proíbe o uso por você. Um desastre, com certeza. Em sentido contrário, os objetos que gozam de proteção pelo sistema de direito autoral têm seu registro pulverizado entre a Fundação Biblioteca Nacional, a Escola de Belas Artes da Universidade Federal do Rio de Janeiro (UFRJ), a Escola de Música da UFRJ e o próprio INPI, que é responsável pelo registro de software. Os registros desses objetos não são obrigatórios, são mera faculdade de seu criador, já que a legislação que rege o tema – Lei nº 9.609/1998[3] e Lei nº 9.610/1998[4] – garantem os direitos de usar, gozar e dispor com exclusividade desde a criação, independentemente do registro, que nesse caso se rege pelo sistema declarativo.

Sobre o tema, a lição contida em material da FGV – Direito Rio, disponível na internet:

> Ainda assim, contrariamente ao que acontece às demais obras protegidas no âmbito da propriedade industrial – marcas, invenções e modelos de utilidade –, o registro do programa de computador não é constitutivo, ou seja, não é necessário que haja registro para que os direitos sejam conferidos ao seu titular. A proteção por direito autoral decorre da criação da obra (...).[5]

Independente da necessidade ou não de registro com base no que determina a legislação, a verdade é que, para ampla segurança de uma startup, o registro de toda sua propriedade intelectual se faz necessário, pois isso facilita a defesa em casos de litígios com concorrentes e/ou ex-empregados, prestadores de serviços e até mesmo sócios ou investidores, por exemplo.

---

[2] Regula direitos e obrigações relativos à propriedade industrial.

[3] Dispõe sobre a proteção da propriedade intelectual de programa de computador, sua comercialização no país e dá outras providências.

[4] Altera, atualiza e consolida a legislação sobre direitos autorais e dá outras providências.

[5] LEMOS, Ronaldo. *Propriedade Intelectual*. Fundação Getúlio Vargas, Direito Rio. Disponível em: <http://academico.direito-rio.fgv.br/ccmw/images/2/25/Propriedade_Intelectual.pdf>. Acesso em: 4 mai. 2014.

Posto isso e cientes de que mesmo os registros não são obrigatórios, é possível verificar que na prática são necessários, afinal, ninguém quer enfrentar situações de uso indevido de sua marca, confusão com a marca do concorrente, lançamento de um software idêntico ao seu por um ex-programador-chefe, etc. Assim, passaremos a tratar especificamente do registro de marca e de software.

Marcas

Definição

Segundo o artigo 122, da Lei de Propriedade Industrial (LPI), é possível ter uma boa noção do que seja marca, vejamos:

> Art. 122. São suscetíveis de registro como marca os sinais distintivos visualmente perceptíveis, não compreendidos nas proibições legais."
> O TRIPS, por sua vez, define marca da seguinte maneira:
> "Qualquer sinal, ou combinação de sinais, capaz de distinguir bens e serviços de um empreendimento daqueles de outro empreendimento, poderá constituir uma marca. Estes sinais, em particular palavras, inclusive nomes próprios, letras, numerais, elementos figurativos e combinações de cores, bem como qualquer combinações desses sinais, serão registráveis como marcas. Quando os sinais não forem intrinsecamente capazes de distinguir os bens e serviços pertinentes, os Membros poderão condicionar a possibilidade do registro ao caráter distintivo que tenham adquirido pelo seu uso. Os Membros poderão exigir, como condição para o registro, que os sinais sejam visualmente perceptíveis.

Segundo Lélio Denicoli Schmidt, tem-se que "a marca deve ser definida simplesmente como um sinal distintivo que diferencia um produto ou um serviço. Não necessariamente idêntico, semelhante ou afim, nem necessariamente de origem diversa"[6].

Das últimas definições trazidas, verifica-se a possibilidade teórica de se registrar como marcas sinais sonoros, olfativos, táteis e gustativos. Contudo, nosso legislador valeu-se da faculdade deferida pelo TRIPS para condicionar o registro de marcas às que sejam necessariamente perceptíveis visualmente, o que exige que tais sinais sejam necessariamente materializados. Por essa razão, por aqui não se registram como marca cheiros e sons, ao contrário do que acontece nos Estados Unidos:

---

[6] SCHMIDT, Lélio Denicoli. *A Distintividade das Marcas*: Secondary Meaning, Vulgarização e Teoria da Distância. São Paulo: Saraiva, 2013. p. 35.

Com a condicionante de as marcas serem "visualmente perceptíveis", a lei proíbe o registro direto de sinais não acessíveis apenas a outros sentidos humanos que não a visão, não abrigando os conceitos de marcas olfativas, gustativas, sonoras e tácteis. (...) Destarte, países há, como os Estados Unidos da América, que acolhem ao registro marcas sonoras e olfativas, dentre outras, como, por exemplo, "o rugido de um leão", registrado perante o Escritório de Patentes e Marcas dos Estados Unidos (Uspto), sob o número 1395550, nas classes internacionais 09 e 41, em nome da MGM/UA ENTERTAINMENT CO. CORPORATION. Trata-se, como se pode perceber, do mundialmente famoso rugido do Leão da Metro, cujo registro foi deferido naquele país em 3/06/1986.[7]

Apesar de não ser o objetivo deste capítulo, vale informar que "a impossibilidade de registro para marcas sonoras não significa, contudo, ausência completa de proteção. Sua reprodução ou imitação podem ser reprimidas através de normas que vedam a concorrência desleal".[8]

Funções

Várias são as funções que os doutrinadores apuseram às marcas ao decorrer do tempo. As principais, contudo, são a de identificação ou distintiva, a de origem, garantia de qualidade, publicitária e social.

Dentre todas essas funções, a de identificação é a função precípua de uma marca, que nesse aspecto serve para identificar, distinguir, individualizar determinado produto ou serviço frente a seus concorrentes. A marca serve, portanto, para marcar, efetivamente, um produto ou um serviço:

> Por exercerem tal função, as marcas, muitas vezes, se convertem em verdadeiros magnetos, bastando sua mera pronúncia para catalisar o processo de associação com o respectivo produto ou serviço. É exatamente nesse momento que a marca passa a simbolizar o fundo de comércio do negócio, tornando-se, como consequência, um bem de considerável valor a seu titular.[9]

---

[7] IDS – Instituto Dannemann Siemsen de Estudos Jurídicos e Técnicos. *Comentários à Lei da Propriedade Industrial.* 3ª edição revista e atualizada. Rio de Janeiro: Renovar, 2013. pp. 229-230.

[8] SCHMIDT, Lélio Denicoli. *A Distintividade das Marcas:* Secondary Meaning, Vulgarização e Teoria da Distância. São Paulo: Saraiva, 2013. p. 39.

[9] CNI – Confederação Nacional da Indústria. Propriedade Industrial Aplicada: Reflexões para o magistrado. Brasília: CNI, 2013. p 69.

A marca também desempenha a função de origem, de tal forma que permite que o consumidor saiba a origem de determinado produto e serviço e assim possa identificar seu produtor – assim, quando olhamos a marca "iPhone" por exemplo, sabemos imediatamente que sua origem é a Apple. No passado, o registro de marcas guardava uma relação estreita entre seu titular e a atividade econômica desempenhada por este, tanto que "a marca só podia ser alienada junto com o trespasse do estabelecimento empresarial"[10]. A legislação mudou isso e permite a terceirização dos meios de produção, sem contudo impedir a identificação de sua origem.

A função de garantia de qualidade é polêmica e objeto de discussões doutrinárias, uma vez que inexiste lei que obrigue o fabricante ou prestador de serviço a manter um padrão imutável e constante em seus produtos ou serviços. Mesmo assim, na prática, a marca sugestiona o cliente a determinados padrões de qualidade previamente experimentados, exercendo dessa forma sua função de garantia de qualidade:

> Diante da satisfação previamente obtida com a mercadoria, o consumidor volta a adquiri-la esperando encontrar o mesmo padrão de qualidade da vez anterior. Da mesma forma, a decepção desestimula a reiteração do consumo.[11]

Há, ainda, a função publicitária da marca. Fala-se que a marca é um vendedor silencioso, que mesmo sem destaque e em silêncio adquire uma importante função publicitária. A mera publicização de um serviço ou de um produto, identificado por uma marca, já é uma publicidade em si, ainda que desacompanhada de propagandas, slogans, cartazes etc. É sem dúvida, uma importante função das marcas:

> (...) elas [marcas] são importantes instrumentos de publicidade, uma vez que criam, na mente do consumidor, uma intrínseca relação com o produto ou serviço identificado e acabam por tornarem-se importantes catalisadores de vendas.[12]

---

[10] SCHMIDT, Lélio Denicoli. *A Distintividade das Marcas*: Secondary Meaning, Vulgarização e Teoria da Distância. São Paulo: Saraiva. 2013. p. 56.

[11] Idem, p. 60.

[12] CNI – Confederação Nacional da Indústria. Propriedade Industrial Aplicada: Reflexões para o Magistrado. Brasília: CNI, 2013. p. 70.

Juridicamente, a função de publicidade é de grande relevância, pois marcas registrandas[13] ou não registradas podem ter seus direitos assegurados, não com base na proteção legal atribuída às marcas, mas com fulcro nas regras de livre concorrência e que vedam a concorrência desleal, e, nesse sentido, a publicidade é extremamente relevante para caracterização de eventual concorrência desleal ou parasitária.

Por fim, a marca ainda possui a função social, afinal, por se tratar de uma propriedade, submete-se ao instituto jurídico da função social dela, esculpido nos artigos 5º, incisos XXIII e XXIX[14], e artigo 170, III[15], da Constituição Federal.

Resumindo, as marcas desempenham as seguintes funções:

- Identificação ou distintiva;
- Origem;
- Garantia de qualidade;
- Publicitária;
- Social.

Natureza e formas

A LPI traz em seu artigo 123 a natureza das marcas: de produto ou de serviço, de certificação e coletiva. Nesse aspecto, o texto legal é bem claro e não demanda maiores comentários:

> Art. 123. Para os efeitos desta Lei, considera-se:
> I - marca de produto ou serviço: aquela usada para distinguir produto ou serviço de outro idêntico, semelhante ou afim, de origem diversa;
> II - marca de certificação: aquela usada para atestar a conformidade de um produto ou serviço com determinadas normas ou especificações téc-

---

[13] Diz-se marcas registrandas aquelas em fase de registro ainda não deferido pelo INPI.

[14] Art. 5º Todos são iguais perante a lei, sem distinção de qualquer natureza, garantindo-se aos brasileiros e aos estrangeiros residentes no País a inviolabilidade do direito à vida, à liberdade, à igualdade, à segurança e à propriedade, nos termos seguintes: (...) XXIII – a propriedade atenderá a sua função social; (...) XXIX – a lei assegurará aos autores de inventos industriais privilégio temporário para sua utilização.

[15] Art. 170. A ordem econômica, fundada na valorização do trabalho humano e na livre iniciativa, tem por fim assegurar a todos existência digna, conforme os ditames da justiça social, observados os seguintes princípios: (...) III – função social da propriedade.

nicas, notadamente quanto à qualidade, natureza, material utilizado e metodologia empregada; e

III - marca coletiva: aquela usada para identificar produtos ou serviços provindos de membros de uma determinada entidade.

Um exemplo típico de marcas de produto são as marcas iPad e iPhone que referem-se a um tablet e um smartphone respectivamente, ao passo que podemos exemplificar uma marca de serviço com a Embratel, que presta serviços de telefonia. Importante salientar que uma mesma empresa pode possuir marcas tanto de serviço quanto de produtos, e mais de uma de cada natureza.

Exemplo prático de marcas de certificação são as marcas do Inmetro referentes ao consumo de energia elétrica de eletrodomésticos.

No tocante às marcas coletivas, podemos citar as marcas referentes as diversas cooperativas existentes no Brasil.

Em relação às marcas de produtos e serviços, a LPI ainda permite que alcunhem as características de alto renome ou notoriamente conhecidas. A primeira decorre de seu amplo reconhecimento internacional, o que independe de prova por se tratar de fato público e notório. A segunda é consequência do amplo conhecimento em seu ramo de atividade.

As marcas de alto renome gozam de proteção internacional, não precisando ser registradas no Brasil, sendo que sua proteção é elasticida para todas as classes de registro. Já as marcas notoriamente reconhecidas gozam de ampla proteção em seu ramo de atividade, ainda que não registrada. São, sem dúvida, características importantes, mas que só se adquirem com o tempo e muito suor, pois nenhuma marca nasce de alto renome ou notoriamente conhecida.

No tocante à forma de apresentação para registro junto ao INPI, as marcas podem ser nominativas, figurativas, mistas ou tridimensionais.

A marca nominativa é aquela que protege apenas e tão somente a expressão gráfica – o nome – sem se valer de uma grafia especial, de cores ou outros símbolos. A figurativa é completamente contrária, protege apenas um símbolo que não guarde qualquer elemento nominativo. A marca mista é uma junção da nominativa e da figurativa, pois protege ao mesmo tempo o nome e o símbolo, ou o nome estilizado. Por fim, trata-se de um sinal distintivo constituído pela forma plástica distintiva e necessariamente incomum do produto.

Importante salientar que a marca protegida ou sinal distintivo protegido é somente aquele depositado. Se houver mudança no logo no decorrer do tempo, por exemplo, o novo logo ou novo sinal distintivo também precisa ser registrado. Caso se passe a adotar um sinal figurativo nunca antes usado, ele precisará ser registrado.

A marca antiga continua protegida, mas, mesmo após seu registro, o seu não uso pode se tornar um dos casos de perda da marca, sua caducidade. Assim, caso a adoção da nova marca signifique o abandono da antiga, esta poderá se perder após cinco anos sem uso, e poderá ser eventualmente apropriada por um terceiro.

Resumindo: em relação à natureza, as marcas podem ser de produto ou serviço, de certificação ou coletiva. No tocante à apresentação (forma), pode ser nominativa, figurativa ou mista.

Registro

Local e órgão competente

Como já informamos, o órgão competente para efetuar os registros de marca no Brasil é o Instituto Nacional de Propriedade Industrial (INPI), com sede na cidade do Rio de Janeiro. Os depósitos de marca podem ser feitos diretamente pelo interessado, por um advogado ou por um agente de propriedade industrial habilitado. O protocolo é realizado eletronicamente ou através de petição em papel em um dos escritórios regionais do INPI espalhados pelo país.

Análise prévia

A marca é uma propriedade que se adquire com o registro e, como tal, pressupõe exclusividade de uso por seu titular, afinal de nada adiantaria ter a propriedade de uma marca e não poder impedir seu uso por terceiros.

O registro de marca fundamenta-se na proteção à livre concorrência e ao livre mercado. Qualquer uso desautorizado pode ocasionar a proibição imediata de seu uso, além de indenização por perdas e danos. A escolha de uma marca é, portanto, de suma importância.

Assim, ao lado da equipe de criação, design e comunicação, é preciso que haja alguém que verifique a possibilidade de registro da marca que se almeja adotar. É o que chamamos de análise prévia.

Nessa fase, analisa-se se a marca almejada, observa-se todos os requisitos legais para o registro, como distintividade, novidade etc. Estando todos os requisitos presentes, é possível o registro.

Para que uma marca seja registrada, ela precisa principalmente trazer em si uma carga de distintividade, ou seja, ter capacidade de distinguir o seu objeto daquele de seus concorrentes. Precisa ainda, dentro de seu ramo de atividade, ser inovadora, além de não incidir em proibições legais expressas:

> Por distintividade, deve-se entender que o sinal cumpre a sua função primária de distinguir um produto ou serviço daqueles concorrentes. Trata-se, portanto, de uma situação de fato que pode até mesmo ser alterada com o tempo.[16]

Nessa fase, portanto, é necessário verificar se a marca que se pretende adotar possui distintividade frente ao serviço ou objeto que representará, já que se pode registrar marcas que tenham ligação genérica ou necessária com o objeto. Verifica-se ainda em qual ou quais classes se pretende o registro e também se analisa a possiblidade frente aos registros já existentes nessas classes (identidade visual, identidade fonética, identidade de serviço ou produto etc.).

Especificamente no tocante à proibição de se registrar marcas com sinal de caráter genérico, necessário, comum, vulgar ou simplesmente descritivo, quando tiver relação com o produto ou serviço a distinguir, salvo quando revestidos de suficiente forma distintiva, verifica-se na ressalva da lei a implementação no Brasil da teoria do *secondary meaning*:

> *Secondary meaning* é um fenômeno que faz com que um signo comum, originalmente desprovido de distintividade, adquira pelo uso empresarial a capacidade de identificar e diferenciar um produto ou serviço do outro, tornando-se passível de proteção como marca. (...) Veja-se o que acontece, por exemplo, com o time de futebol Grêmio Foot-ball Porto Alegrense. Grêmio é uma palavra comum que significa sociedade, sendo bastante usada na composição dos nomes dos grêmios recreativos de escola de samba. Em princípio, a força distintiva deveria recair na expressão Porto Alegrense. Entretanto, o uso por mais de 100 anos da marca GRÊMIO® fez com que o time se tornasse notoriamente conhecido por essa deno-

---

[16] CNI – Confederação Nacional da Indústria. *Propriedade industrial aplicada* – reflexões para o magistrado. Brasília: CNI, 2013. p 84.

minação (registrada como marca sob o nº 007.190.034), conferindo-lhe uma distintividade que intrinsecamente ela não possuía.[17]

Imagine não tomar esse cuidado prévio e investir pesado em uma marca que não poderá ser adotada? O prejuízo financeiro, de tempo e identidade que isso gerará. Pior, imagine que essa marca já seja adotada por um concorrente direto. Ele poderá lhe acusar de desvio de clientela, concorrência parasitária ou concorrência desleal. Sem dúvida um cenário nada agradável.

É fundamental que se faça a análise prévia da marca, ainda durante o processo de sua concepção, para que não se perca valioso tempo, dinheiro e energia em uma marca natimorta. As startups são naturalmente empresas enxutas, não cabendo usar mais tempo do que o necessário para a concepção de sua marca.

Proibições

A LPI[18] traz um extenso rol de situações que impedem o registro de uma marca. Algumas são *erga omnes* e se aplicam indiscriminadamente, como a vedação do registro de expressões contrárias à moral e bons costumes. Outras situações são destinadas apenas a determinadas pessoas, como o caso da proibição de registrar designação ou sigla de entidade ou órgão público, quando não requerido o registro pela própria entidade ou órgão público.

Não caberá a este capítulo a transcrição e o comentário de cada um dos fatos que impedem o registro de marca, pois seu foco prático seria certamente desvirtuado. Dessa forma, com base na vivência prática, citarei aqueles que mais se aplicam ao universo das startups:

- Reprodução ou imitação de elemento característico ou diferenciador de título de estabelecimento ou nome de empresa de terceiros, suscetível de causar confusão ou associação com estes sinais distintivos;

- Sinal de caráter genérico, necessário, comum, vulgar ou simplesmente descritivo, quando tiver relação com o produto ou serviço a distinguir;

- Sinal ou expressão empregada apenas como meio de propaganda;

---

[17] SCHMIDT, Lélio Denicoli. *A Distintividade das Marcas*: Secondary Meaning, Vulgarização e Teoria da Distância. São Paulo: Saraiva, 2013, p. 127.

[18] A LPI em seu artigo 124 traz nada menos do que vinte e três incisos referentes a situações que não permitem o registro de uma marca.

- Reprodução ou imitação, no todo ou em parte, ainda que com acréscimo, de marca alheia registrada, para distinguir ou certificar produto ou serviço idêntico, semelhante ou afim, suscetível de causar confusão ou associação com marca alheia;

- Sinal que imite ou reproduza, no todo ou em parte, marca que o requerente evidentemente não poderia desconhecer em razão de sua atividade, cujo titular seja sediado ou domiciliado em território nacional ou em país com o qual o Brasil mantenha acordo ou que assegure reciprocidade de tratamento, se a marca se destinar a distinguir produto ou serviço idêntico, semelhante ou afim, suscetível de causar confusão ou associação com aquela marca alheia.

Depósito e prioridade

Superada a fase de análise prévia, a marca já pode ser objeto de depósito junto ao INPI para registro. É nesse momento em que o próprio titular, um advogado ou agente de propriedade industrial habilitado irá atuar, depositando eletronicamente ou em papel a marca que se pretende registrar.

A LPI é clara ao afirmar que a propriedade da marca e seu uso exclusivo só se adquirem com o registro. Não basta, portanto, o depósito, pois até seu deferimento, que leva em média três anos, só haverá uma expectativa de direito de propriedade e não uma propriedade da marca propriamente dita.

> Art. 129. A propriedade da marca adquire-se pelo registro validamente expedido, conforme as disposições desta Lei, sendo assegurado ao titular seu uso exclusivo em todo o território nacional, observado quanto às marcas coletivas e de certificação o disposto nos arts. 147 e 148.

Contudo, isso não significa dizer que até o registro a marca esteja completamente desprotegida. Como já se cogitou antes, nessa fase a marca gozará da proteção geral que reprime a concorrência desleal e parasitária.

Por fim, vale salientar que a proteção obtida com o registro retroage à data do depósito, que vale como marco oficial de proteção e arguição de prioridade em países que possuam bilateralidade com o sistema brasileiro de proteção de marca, tal qual a LPI assegura aos estrangeiros[19].

---

[19] Art. 127. Ao pedido de registro de marca depositado em país que mantenha acordo com o Brasil ou em organização internacional, que produza efeito de depósito nacional, será assegurado direito de

Oposição

O registro de marca, ainda que seja pautado por normas objetivas, é de aplicação subjetiva no mundo real. Aquilo que para alguns não representa fato impeditivo ao registro, para outro pode representar. A análise prévia não é garantia de deferimento, mas quem a faz com certeza já possui uma estratégia traçada no caso de algum problema no caminho.

Diz-se isso, pois aqueles que já possuem uma marca registrada ou que possuem uma marca em fase de obtenção de registro podem insurgir-se contra um pedido que julguem ser prejudicial ao seu. É o que chamamos de oposição, prevista expressamente na LPI:

> Art. 158. Protocolizado, o pedido será publicado para apresentação de oposição no prazo de 60 (sessenta) dias.
> § 1º O depositante será intimado da oposição, podendo se manifestar no prazo de 60 (sessenta) dias.

Nesse momento, qualquer pessoa que se sinta prejudicada poderá manifestar-se contrariamente ao pedido solicitado, trazendo todos os argumentados e provas de fato e de direito que entender necessário a justificar sua oposição. O objetivo é sempre o mesmo, ou seja, requerer ao INPI que não defira o registro objeto da oposição.

Por se tratar de princípio constitucional e direito fundamental, o contraditório obviamente é garantido. Quem fez a análise prévia provavelmente terá os argumentos prontos para sustentar seu pedido.

No caso de interposição de oposição, seu julgamento é feito em conjunto com a análise de mérito do pedido principal. Sendo julgada improcedente a oposição, defere-se o registro da marca atacada. Caso contrário, o pedido do registro de marca é automaticamente indeferido.

Deferimento e certificado de registro

Deferido o registro de marca requerido, é aberto prazo de sessenta dias para a parte requerente efetuar o recolhimento das custas do certificado de registro e do primeiro decênio de sua vigência, nos termos dos artigos 161 e 162 da LPI[20].

---

prioridade, nos prazos estabelecidos no acordo, não sendo o depósito invalidado nem prejudicado por fatos ocorridos nesses prazos.

[20] Art. 161. O certificado de registro será concedido depois de deferido o pedido e comprovado o pagamento das retribuições correspondentes.

Essa é a última fase do procedimento para registro de marca: uma vez recolhidas referidas custas é expedido o certificado de registro garantindo a propriedade da marca ao seu titular pelo prazo de dez anos, que pode ser renovado a cada decênio, sem limites, desde que a marca continue sendo utilizada e mantenha sua distintividade:

> O certificado de registro é o título oficial que comprova a concessão pelo Estado do direito de propriedade sobre a marca conferido ao seu titular.[21]

No caso de indeferimento, contudo, abre-se prazo ordinário de sessenta dias para apresentação de recurso administrativo ao INPI, que poderá reformar a decisão deferindo finalmente o registro da marca ou negar definitivamente seu registro. Nesse último, caso caberia ação judicial na esfera federal contra o INPI.

Sobre o deferimento de uma marca com restrições, contudo, entende-se como deferimento meramente parcial, cabendo recurso administrativo no tocante à parte indeferida:

> O deferimento poderá se dar com ou sem restrições. O deferimento com restrições, como, por exemplo, com alguma ressalva de uso não exclusivo de alguma expressão, é considerado pelo INPI como um indeferimento parcial do pedido de registro pleiteado. Por esse motivo, é admitida a interposição de recurso contra o deferimento com restrição (ou indeferimento parcial), dentro do prazo de 60 (sessenta) dias da data da publicação do deferimento. (...)[22]

A publicação da decisão que defere ou indefere um pedido não esgota, portanto, o procedimento junto ao INPI, cabendo ainda recurso administrativo e eventual ação judicial após seu indeferimento.

Extinção do registro

Os artigos 142 e 143 da LPI elencam os motivos ensejadores da extinção do registro de uma marca. Não se está falando de indeferimento, mas da extinção do certificado de deferimento:

> Art. 162. O pagamento das retribuições, e sua comprovação, relativas à expedição do certificado de registro e ao primeiro decênio de sua vigência, deverão ser efetuados no prazo de 60 (sessenta) dias contados do deferimento.

[21] IDS – Instituto Dannemann Siemsen de Estudos Jurídicos e Técnicos. *Comentários à lei da propriedade industrial*. 3ª edição revista e atualizada. Rio de Janeiro: Renovar, 2013. p. 378.

[22] Idem.

Art. 142. O registro da marca extingue-se:
I - pela expiração do prazo de vigência;
II - pela renúncia, que poderá ser total ou parcial em relação aos produtos ou serviços assinalados pela marca;
III - pela caducidade; ou
IV - pela inobservância do disposto no art. 217.
Art. 143 - Caducará o registro, a requerimento de qualquer pessoa com legítimo interesse se, decorridos 5 (cinco) anos da sua concessão, na data do requerimento:
I - o uso da marca não tiver sido iniciado no Brasil; ou
II - o uso da marca tiver sido interrompido por mais de 5 (cinco) anos consecutivos, ou se, no mesmo prazo, a marca tiver sido usada com modificação que implique alteração de seu caráter distintivo original, tal como constante do certificado de registro.

O certificado de propriedade possui prazo de vigência de dez anos, podendo ser renovado a cada decênio. Caso não seja solicitada sua renovação antes do término de sua vigência, ele será extinto e a marca poderá ser utilizada por um terceiro, mediante novo pedido de registro.

A qualquer momento o titular de uma marca pode renunciá-la. Nesse caso renuncia-se não apenas o registro, mas todos os direitos que dele decorrem. Trata-se de uma decisão pessoal do titular.

No tocante à extinção por caducidade, transcrevo lição de Marcelo Augusto Scudeler:

> A caducidade do registro da marca é outra modalidade de extinção e decorre da falta de uso efetivo do sinal por seu titular. Isto porque, concedida, a marca deve ser efetivamente usada, em escala comercial, pelo seu titular, posto que o titular que não a utiliza, retira dela a sua função principal, qual seja, a de identificar e diferenciar produtos, situação em que deixa de existir justificativa legal para manutenção do direito.[23]

Por fim, o artigo 217 da LPI exige que o titular da propriedade domiciliado no exterior constitua procurador devidamente qualificado e residente no país, com poderes para representá-lo administrativamente e judicialmente, inclusive para receber citações.

---

[23] SCUDELER, Marcelo Augusto. *Do Direito das Marcas e da Propriedade Industrial*. Campinas: Servanda Editora, 2013, p. 29.

Direitos do titular

Além dos direitos ordinários assegurados em razão da disciplina de combate à concorrência desleal e concorrência parasitária, o registro da marca deferida pelo INPI garante ao seu titular uma série de outros direitos, como o de propriedade da marca. Sobre a extensão do direito de propriedade, a lição de Orlando Gomes:

> Considerada na perspectiva dos poderes do titular, a propriedade é o mais amplo direito de utilização econômica das coisas, direta ou indiretamente. O proprietário tem a faculdade de servir-se da coisa, de lhe perceber os frutos e produtos, e lhe dar a destinação que lhe aprouver. Exerce poderes jurídicos tão extensos que a sua enumeração seria impossível.[24]

É necessário se lembrar, contudo, da já citada função social da propriedade, que se aplica indiscriminadamente sobre as marcas.

O registro da marca defere ao titular o direito de propriedade, podendo, pois, usar, gozar e dispor da marca, inclusive podendo renunciá-la. Ademais, com o registro nasce também o direito de usar a marca com exclusividade e, como via de consequência, impedir que terceiros desautorizados o façam. Trata-se de direito oponível *erga omnes*, conforme já reconhecido pelo Supremo Tribunal Federal:

> A marca regularmente registrada no Instituto Nacional de Propriedade Industrial, sem que contra a mesma se tenha levantado impugnações, confere ao seu titular a propriedade e uso, eis que tem validade 'erga omnes'. Assim, enquanto persistir o seu registro, tem-se como carente de ação ajuizada contra o seu legítimo detentor.[25]

Outrossim, os três incisos do artigo 130 da LPI deferem ao titular os direitos de "ceder seu registro ou pedido de registro; licenciar seu uso; zelar pela usa integridade material ou reputação".

A marca, portanto, é um patrimônio, que merece toda a atenção e investimento. No caso de uma startup, recomenda-se que o registro seja feito em nome da própria pessoa jurídica, pois, na realidade, é dela a marca de seus produtos ou serviços. Essa observação é bastante relevante nos casos de venda da empresa ou retirada de um sócio:

---

[24] GOMES, Orlando. *Direitos Reais*. 13ª edição. Rio de Janeiro: Forense, 1998. p. 98.

[25] REsp 9145, reg. 91.00055085, rel. Min. Waldemar Zveiter, 3ª turma, DJU 1/07/1991.

Por fim, quando a marca for de titularidade de uma empresa, a alienação da sociedade comercial implicará na cessão das marcas de sua titularidade para os novos sócios, salvo se existir alguma ressalva expressa no negócio jurídico. Da mesma forma, o sócio retirante da empresa, quando feito o pagamento de sua retirada, não terá mais nenhum direito sobre a marca. Tanto nessa como naquela situação, se os sócios, ou o sócio, que cederam suas cotas ou ações constituírem nova pessoa jurídica, não poderão, evidentemente, fazer uso de marca idêntica ou semelhante.[26]

Não são raros os problemas com sócios retirantes de startup, por isso proteja o patrimônio de sua empresa, inclusive o intelectual. Conforme veremos a seguir, uma das razões para o registro de software, que não é obrigatório, é a proteção da empresa e confecção de prova de titularidade do software.

Softwares

Definição

A definição de software pode ser encontrada na Lei de Software[27], que conceitua "programa de computador" logo em seu artigo 1º da seguinte maneira:

> Art. 1º Programa de computador é a expressão de um conjunto organizado de instruções em linguagem natural ou codificada, contida em suporte físico de qualquer natureza, de emprego necessário em máquinas automáticas de tratamento da informação, dispositivos, instrumentos ou equipamentos periféricos, baseados em técnica digital ou análoga, para fazê-los funcionar de modo e para fins determinados.

Apesar da definição legal parecer relativamente confusa em um primeiro momento, representa com exatidão o que se entende por software. Merece destaque seu necessário emprego em máquinas automáticas de tratamento de informações, dispositivos, instrumento ou equipamentos periféricos, de tal forma que o software necessita ser aplicado sempre sobre um *hardware*.

---

[26] SCUDELER, Marcelo Augusto. *Do Direito das Marcas e da Propriedade Industrial*. Campinas: Servanda Editora, 2013. p.97.

[27] Lei nº 9.609, de 19 de fevereiro de 1998.

Legislação aplicável: Direito de software

Por se tratar o software de um produto relativamente novo no mundo jurídico, somente recentemente houve uma definição de qual ramo do direito de propriedade intelectual ele deveria seguir, se direito autoral ou propriedade industrial. Foram nossos legisladores que acabaram por definir sua submissão ao regime de direito autoral. Ao software, portanto, aplicam-se a Lei do Software[28] e a Lei de Direito Autoral[29].

Além disso, a Constituição Federal em seu artigo 5º, inciso XXIX, protege as criações industriais, dentre as quais se inclui o software:

> Art. 5º Todos são iguais perante a lei, sem distinção de qualquer natureza, garantindo-se aos brasileiros e aos estrangeiros residentes no País a inviolabilidade do direito à vida, à liberdade, à igualdade, à segurança e à propriedade, nos termos seguintes: (...)
> XXIX - a lei assegurará aos autores de inventos industriais privilégio temporário para sua utilização, bem como proteção às criações industriais, à propriedade das marcas, aos nomes de empresas e a outros signos distintivos, tendo em vista o interesse social e o desenvolvimento tecnológico e econômico do País.

Como condicionado pelo texto constitucional, o sistema pátrio de proteção ao software encontra limitação no "interesse nacional" e no "desenvolvimento tecnológico e econômico do país". Daí a escolha do legislador pelo sistema de direito autoral e da adoção de um sistema específico para registro de software, que não a patente como corre nos Estados Unidos.

Havia a necessidade de equacionar os interesses de incentivo à pesquisa e desenvolvimento, de aumento de produtividade e eficiência, de garantir retorno financeiro aos desenvolvedores, ao mesmo tempo de promover a educação e familiarização da sociedade com a tecnologia, de garantir acesso aos

---

[28] Art. 2º O regime de proteção à propriedade intelectual de programa de computador é o conferido às obras literárias pela legislação de direitos autorais e conexos vigentes no País, observado o disposto nesta Lei.

[29] Art. 7º São obras intelectuais protegidas as criações do espírito, expressas por qualquer meio ou fixadas em qualquer suporte, tangível ou intangível, conhecido ou que se invente no futuro, tais como: (...)XII - os programas de computador.

softwares em uma economia globalizada e de incentivar o interesse social e o desenvolvimento tecnológico.

No caso brasileiro, optou-se por um sistema que se mostra tendência mundial, ou seja, facilitar o acesso aos softwares e sua incorporação na economia e na vida das pessoas, mas sem afetar de forma decisiva nossa capacidade inovadora.

Tratando sobre um dos temas afeto a esse assunto – engenharia reversa – Denis Borges Barbosa afirma que:

> Se a legislação facilita sua prática, ela tende a promover a competição imitativa e o rebaixamento de preços; se proíbe sua prática, a tendência é pela diferenciação dos produtos, pela dificuldade de compatibilização e pelo reforço do poder de mercado dos grandes produtores internacionais. No episódio atual da economia brasileira, assim, parece que a opção nacional só pode ser pela primeira alternativa.[30]

Pois bem, mas qual a diferença prática da adoção do gênero direito autoral para o registro de softwares? Basicamente a diferença refere-se ao âmbito da proteção deferida pelo registro, pois adotando o gênero direito autoral o que se protege é a origem da criação, seu programador e titular, o código fonte apenas. Nos países que adotam o registro de software com base no gênero propriedade industrial, especificamente na modalidade de patente, protege-se também a funcionalidade.

Para melhor compreensão pode-se usar como exemplo livros sobre a Revolução Francesa. Todos eles possuem a mesma temática – ou a mesma funcionalidade –, mas cada um tem um linguajar próprio, característico de cada autor, assim também o é com os softwares. É por isso que existem diversos sites com a mesma funcionalidade, mas como programações completamente diferentes.

Imagine se só existisse um software que editasse fotos ou textos, por exemplo. Com certeza para a economia nacional como um todo, essa situação não é a mais favorável, pois ainda que possa representar em um primeiro momento incentivo à pesquisa e inovação, afetará a livre concorrência e poderá representar um monopólio assegurado pelo Estado.

---

[30] Artigo "A proteção do software". Disponível em: < http://denisbarbosa.addr.com/autorais.htm>. Acesso em: 4 mai. 2014.

Desnecessidade de registro

Conforme já dito anteriormente, os registros regidos pelo direito autoral não demandam registro necessário para fazer nascer o direito de propriedade, ele decorre automaticamente da própria criação. Daí dizer-se que adota o sistema de registro declaratório.

A própria lei do software dispõe expressamente sobre seu prazo de proteção e desnecessidade de registro em seu artigo 2º e 3º:

> Art. 2º O regime de proteção à propriedade intelectual de programa de computador é o conferido às obras literárias pela legislação de direitos autorais e conexos vigentes no País, observado o disposto nesta Lei.
> § 1º (...)
> § 2º Fica assegurada a tutela dos direitos relativos a programa de computador pelo prazo de cinquenta anos, contados a partir de 1º de janeiro do ano subsequente ao da sua publicação ou, na ausência desta, da sua criação.
> § 3º A proteção aos direitos de que trata esta Lei independe de registro.
> Art. 3º Os programas de computador poderão, a critério do titular, ser registrados em órgão ou entidade a ser designado por ato do Poder Executivo, por iniciativa do Ministério responsável pela política de ciência e tecnologia.

Assim, os direitos decorrentes do desenvolvimento de um software decorrem de sua criação ou publicação, não havendo necessidade legal de seu registro junto ao INPI. Contudo, conforme veremos a seguir, a proteção é essencial para ampla proteção da startup.

Importância do registro

Vários são os benefícios decorrentes do registro do software procedido junto ao INPI. Inicialmente pode-se citar a exigência recorrente em editais públicos exigindo o registro para a contratação pelo Poder Público. Quem desenvolve um software pensando na sua utilização por entes públicos deve registrá-lo, portanto.

Outro benefício é a definição de quem são os desenvolvedores envolvidos no projeto e de quem é a titularidade do software. Ainda que a Lei de Software traga artigo sobre o assunto (transcrito abaixo), não são poucos os casos práticos de discussão entre empresa e ex-empregados, ex-sócios ou ex-prestadores de serviço quanto à titularidade do software. O registro põe uma "pá de cal" em cima dessas discussões, pois exige a indicação dos desenvolvedores e do titular.

> Art. 4º Salvo estipulação em contrário, pertencerão exclusivamente ao empregador, contratante de serviços ou órgão público, os direitos relativos ao programa de computador, desenvolvido e elaborado durante a vigência de contrato ou de vínculo estatutário, expressamente destinado à pesquisa e desenvolvimento, ou em que a atividade do empregado, contratado de serviço ou servidor seja prevista, ou ainda, que decorra da própria natureza dos encargos concernentes a esses vínculos.

Na inexistência de contratos de trabalho, contratos de prestação de serviços e acordos de cotistas ou acionistas que trate explicitamente sobre o tema, o registro necessariamente demandará uma solução sobre eventual empasse, pois tanto desenvolvedores quanto titulares assinam o pedido encaminhado ao INPI.

Além disso, no caso de qualquer demanda judicial que trate sobre desenvolvimento, data de criação, titularidade e afins, o registro serve como meio oficial de prova, ainda que outras possam ser utilizadas. Nesse caso há uma facilitação do exercício e reconhecimento de direitos judicialmente.

Outro aspecto relevante para se fazer o registro é que a certeza quanto à titularidade facilita e gera maior segurança em contratos cotidianos de cessão e licenças de software, pois a parte contratante tem maior certeza quanto à segurança daquele negócio.

Por fim, o registro de software é uma importante ferramenta para a ampla proteção da propriedade intelectual da startup, revelando profissionalismo na gestão desses ativos intangíveis, zelo e dedicação dos sócios e maior valor agregado à empresa.

O procedimento de registro é simples, devendo ser protocolado em papel a documentação formal do pedido – indicação de data de criação, desenvolvedores, titular, linguagem usada e título –, bem como kit de documentação técnica do software – código fonte ou trechos, telas, manual técnico e outros dados que se considerar suficientes para identificá-lo e caracterizar sua originalidade.

Software x patente

Rapidamente já falamos no decorrer desse assunto sobre a questão que mais atormenta e gera dúvida nos empreendedores, a possibilidade de se registrar um software como patente e assim adquirir uma proteção mais efetiva inclusive no tocante a sua funcionalidade.

Grande parte dessa tormenta decorre do sistema adotado nos Estados Unidos, que permite a patente de software e que, por muitas vezes, sobretudo nesse universo startup, direciona o pensamento dos empreendedores. Há uma natural tentativa de reproduzir por aqui o que ocorre por lá, e isso não apenas em questões de propriedade intelectual, mas em contratos, planejamento tributários e societários.

Contudo, nosso sistema jurídico é completamente diferente do deles, sem contar o *gap* econômico entre nosso país e os Estados Unidos. Algumas coisas com um pouco de esforço e muita tecnologia jurídica podem ser tropicalizadas, outras não. É o caso, por exemplo, do registro de software, que no Brasil não poderá ser registrado como patente.

Vide nesse sentido o já transcrito artigo 2º da Lei de Software. No mesmo sentido, o artigo 10 da LPI:

> Art. 10. Não se considera invenção nem modelo de utilidade: (...)
> V - programas de computador em si.

Assim, ainda que hajam opiniões em sentido contrário, o programa de computador em si não é passível de ser registrado como patente. Há um caso, contudo, em que é possível que um software faça parte de uma patente de invenção, mas como mero acessório.

Uma invenção que necessite de um software nativo para seu funcionamento pode ser registrada como patente, mas nesse caso o software é um mero acessório da invenção, não sendo ele individualmente registrado como patente.

Software x marca

Por fim, iremos analisar a necessidade ou não de registrar o título do software como marca. Em razão da Lei de Software afirmar que no pedido de registro pode-se juntar toda e qualquer documentação que sirva para identificá-lo e caracterizar sua originalidade, e tendo em vista que o título do software é de preenchimento obrigatório no registro efetuado, algumas pessoas afirmam ser desnecessário seu registro como marca, que já estaria incluso no registro ordinário.

Há aí uma nítida tensão entre direito autoral e propriedade industrial. O registro de software é meramente declaratório e desprovido de uma análise de mérito, já que o INPI não verifica eventual colidência com outros softwares registrados ou com marcas já depositadas ou deferidas.

Ademais, a proteção deferida ao software é de cinquenta anos sendo impossível sua renovação, ao passo que o registro de marca tem vigência de dez anos, podendo ser renovado ao término de cada decênio. Vê-se, pois, que são sistemas completamente diferentes.

De fato o registro de software protege seu título, mas não como marca. A proteção estará limitada às regras gerais que vedam a concorrência desleal ou a concorrência parasitária, não gozam de todos os direitos que somente o registro da marca garante.

Uma coisa é a titularidade e propriedade sobre o software em si, outra é a proteção de seu título. Pode-se gozar de proteção sobre determinado código-fonte, por exemplo, mas não pode usar a título que se almejou inicialmente pelo fato dele já ser objeto de registro de marca de terceiro.

Assim, caso o software venha a ser um produto individualizado da startup, recomenda-se seu registro não apenas como programa de computador em si, mas como marca de produto também, seja na modalidade nominativa, figurativa ou mista.

Conclusão

Como visto, a propriedade intelectual é divida em dois grandes ramos, a propriedade industrial e os direitos autorais, sendo que ambos podem constituir um ativo intangível da empresa. Exemplo disso são as marcas que constituem propriedade industrial e software que é caracterizado como direito autoral.

Relembrando que as marcas devem obrigatoriamente ser registradas junto ao INPI para que seu titular, após o registro, possa gozar de todos os direitos inerentes a essa marca. O software, por sua vez, independe de registro para que seu titular possa gozar de todos os direitos decorrentes da propriedade desse ativo.

Independentemente da obrigatoriedade do registro, contudo, recomenda-se que a startup tenha como procedimento padrão de defesa de seus ativos a efetivação de todos os registros legais possíveis, isso trará mais segurança jurídica e prevenirá possíveis discussões e prejuízos futuros.

A dica é: proteja o patrimônio intangível de sua empresa realizando os registros legais possíveis, marcas e software podem ser o ativo mais importante e valioso de sua startup, todo cuidado com ele é bem-vindo.

Guia da consulta rápida

- A propriedade intelectual é um ativo intangível de uma startup, que merece atenção e proteção.

- Propriedade intelectual é gênero da qual propriedade industrial e direito autoral são espécies, sendo que marca encontra-se protegida por propriedade industrial e software por direito autoral.

- Para se adquirir o direito de usar, gozar e dispor de uma marca com exclusividade, é obrigatório o registro junto ao INPI, por se tratar de um registro atributivo ou constitutivo.

- Em relação ao tipo as marcas podem ser: de produto ou serviço, de certificação ou coletiva. No tocante a apresentação podem ser: nominativa, figurativa ou mista.

- O registro de marca realiza-se junto ao INPI, podendo ser feito eletronicamente ou por papel, diretamente pelo interessado, por um advogado ou por um agente de propriedade intelectual habilitado.

- Não deixe de realizar a análise prévia de sua marca, verificando se ela atende a todos os requisitos de validade, ainda durante a fase de sua concepção.

- As principais proibições de registro de marcas que se fazem presente no universo startup são a tentativa de registro de marca colidente com nome empresarial ou marca de concorrente, de expressões sem distintividade e de expressões usadas como propagandas.

- Feito o depósito, abre-se prazo para apresentação de oposição, após é feita a análise de mérito pelo INPI e defere-se o registro pelo prazo de dez anos, que pode ser renovado a cada decênio caso a marca ainda esteja em uso e possua distintividade.

- No caso de indeferimento ou deferimento parcial, é possível a interposição de recurso administrativo junto ao INPI, e, caso o indeferimento ou deferimento parcial seja mantido após esse recurso, ainda é possível ingressar com ação judicial.

• Extingue-se o registro pela expiração do prazo de vigência, pela renúncia do titular, pela caducidade e pela inobservância de titular domiciliado no exterior manter procurador qualificado e domiciliado no país.

• A propriedade da marca e, consequentemente, o direito de usá-la exclusivamente adquire-se apenas com o deferimento do registro, mas o depósito lhe garante prioridade.

• O software é regido pela legislação de direito autoral, não sendo obrigatório seu registro para se ter o direito de usar, gozar e dispor dele com exclusividade.

• Apesar do registro de software não ser obrigatório, recomenda-se seu registro para fins de ampla proteção e facilitação de provas em eventuais litígios futuros. Seu registro também é feito perante o INPI, mas é meramente declaratório.

• O software em si não pode ser registrado como software.

• Caso o software venha a ser um produto individualizado da startup, recomenda-se seu registro não apenas como programa de computador em si, mas como marca de produto.

Referências bibliográficas

ABRÃO, Eliane Y. *Direitos de Autor e Direitos Conexos*. São Paulo: Migalhas, 2014.

AVANCI, Helena Braga; BARCELLOS, Milton Lucídio Leão. *Perspectivas Atuais do Direito da Propriedade Industrial* [documento eletrônico]. Porot Alegre: EDIPUCRS, 2009.

BARBOSA, Denis Borges; BARBOSA, Ana Beatriz Nunes, et al. *Da Tecnologia à Cultura*: Ensaios e Estudos de Propriedade Intelectual. Rio de Janeiro: Lumen Juris, 2011.

BARBOSA, Denis. *A Proteção do Software*. Disponível em: < http://denisbarbosa.addr.com/autorais.htm>. Acesso em: 4 mai. 2014.

BRANCO, Sérgio; BRITTO, Walter. *O que é o Creative Commons?*: Novos modelos de Direito Autoral em um Mundo mais Criativo. Rio de Janeiro: Editora FGV, 2013.

BARBOSA, Denis Borges. *Uma Introdução à Propriedade Intelectual.* Disponível em: <http://www.denisbarbosa.addr.com/arquivos/livros/umaintro2.pdf.> Acesso em: 31 mai. 2015.

BRASIL. Lei Federal nº 9.279, de 14 de maio de 1996. Regula direito e obrigações relativos à propriedade industrial.

BRASIL. Lei Federal nº 9.609, de 19 de fevereiro de 1998. Dispõe sobre a proteção da propriedade intelectual do programa de computador, sua comercialização no País, e dá outras providências.

BRASIL. Lei Federal nº 9.610, de 19 de fevereiro de 1998. Altera, atualiza e consolida a legislação sobre direitos autorais e dá outras providências.

CARNEIRO, Thiago Jabur. *Licença de Marca.* Curitiba: Juruá, 2012.

CNI – Confederação Nacional da Indústria. *Propriedade Industrial Aplicada*: Reflexões para o Magistrado. Brasília: CNI, 2013.

GOMES. Orlando. *Direitos Reais.* 13. ed. Rio de Janeiro: Forense, 1998.

IDS – Instituto Dannemann Siemsen de Estudos Jurídicos e Técnicos. *Comentários à Lei de Propriedade Industrial.* 3. ed. Rio de Janeiro: Renovar, 2013.

JABUR, Wilson Pinheiro; SANTOS, Manoel J. Pereira dos. *Propriedade Intelectual*: Contratos de Propriedade Industrial e Novas Tecnologias. São Paulo: Saraiva, 2007.

_____ *Propriedade Intelectual*: Criações Industriais, Segredos de Negócio e Concorrência Desleal. São Paulo: Saraiva, 2007.

_____ *Propriedade Intelectual*: Sinais distintivos e tutela judicial e administrativa. São Paulo: Saraiva, 2007.

LEME, Ronaldo. *Propriedade Intelectual.* Rio de Janeiro: Fundação Getúlio Vargas, Direito Rio. Disponível em: <http://academico.direito-rio.fgv.br/ccmw/images/2/25/Propriedade_Intelectual.pdf. >. Acesso em: 4 mai. 2014.

PARANAGUÁ, Pedro; BRANCO, Sérgio. *Direitos Autorais*. Rio de Janeiro: Editora FGV, 2009.

ROCHA, Fabiano de Bem da. *Capítulos de Processo Civil na Propriedade Industrial*. Rio de Janeiro: Editora Lumen Juris, 2009.

SANTOS, Pereira dos; JABUR, Wilson Pinheiro; ASCENSÃO, José de Oliveira. *Direito Autoral*. São Paulo: Saraiva, 2014..

SCUDELER, Marcelo Augusto. *Do Direito das Marcas e Propriedade Industrial*. Campinas: Servanda Editora, 2013.

SCHMIDT, Lélio Denicoli. *A Distintividade das Marcas*: Secondary Meaning, Vulgarização e Teoria da Distância. São Paulo: Saraiva, 2013.

CAPÍTULO 7
DIREITO DO MARKETING

Guilherme Alberto Almeida de Almeida

Marcelo Chilvarquer

OBJETIVO DO CAPÍTULO
O objetivo deste capítulo é apresentar, de forma acessível, quais cuidados jurídicos os empreendedores devem tomar com relação a variados aspectos das atividades de marketing, que incluem a publicidade e a promoção de produtos e serviços. Para isso, explicitamos quais os cuidados necessários antes de se iniciar uma campanha publicitária, quais os limites legais da publicidade (e quais parâmetros vem ganhando importância na autorregulamentação do setor), e abordamos particularidades relacionadas à publicidade online, à realização de atividades promocionais envolvendo concursos ou sorteios e à coleta e tratamento de dados pessoais de clientes e usuários para atividades de marketing.

Introdução

Se você chegou até este capítulo, já teve uma ideia inovadora o bastante de um produto ou serviço para ser explorada com sucesso, conseguiu juntar recursos (próprios ou de terceiros) para ultrapassar a fase de desenvolvimento, está com um *business plan* debaixo do braço e pretende começar a produzir (ou comercializar) em breve. Obviamente, um retorno comercial depende de você conseguir clientes que adquiram (ou assinem, ou usem) seu produto ou serviço.

Você já deve ter pensado nisso antes, mas agora a questão ganha mais relevância: como fazer as pessoas conhecerem seu produto? A solução passa por uma velha máxima: a propaganda é a alma do negócio.

Não são poucas as leis que se aplicam ao mercado publicitário. Com relação à parte da criação publicitária, temos regras relativas a direitos autorais[1], bem como ao direito de imagem, e também demais regras de direito civil, como aquelas referentes a contratos[2]. Existem regras específicas relacionadas à atuação profissional do publicitário, bem como à atividade de agências de publicidade[3]. Já com relação à veiculação publicitária, há uma variada regulamentação relativa à proteção e à defesa do consumidor[4].

Além disso, há ainda normas derivadas da autorregulamentação do mercado, que orientam parâmetros éticos na publicidade[5]. Existem também possíveis restrições legais ou costumeiras relativas ao uso de informações pessoais na publicidade, como no caso de marketing dirigido[6]. Por fim, há um regramento específico relacionado à realização de sorteios e concursos ou à utilização de vale-brindes para a distribuição gratuita de prêmios[7]. Todos estes temas serão abordados neste capítulo.

---

[1] Vide o Capítulo 5 deste livro, bem como a Lei de Direitos Autorais (Lei nº 9.610/98). Disponível em: <http://www.planalto.gov.br/ccivil_03/leis/l9610.htm>. Acesso em: 17 mar. 2015.

[2] O Código Civil (Lei nº 10.406/02) tem um capítulo sobre direitos de personalidade que trata dos limites relacionados ao uso de nome, imagem e voz. Também é o principal texto legal que regulamenta os contratos e as obrigações de indenizar por conta de prejuízo causado a terceiros, decorrentes de ação ou omissão voluntária, negligência ou imprudência. Disponível em: <http://www.planalto.gov.br/ccivil_03/leis/2002/L10406.htm>. Acesso em: 17 mar. 2015.

[3] Vide, a respeito, a Lei nº 4.680/65 (disponível em: <http://www.planalto.gov.br/ccivil_03/leis/L4680.htm>. Acesso em: 17 mar. 2015), que trata da regulamentação da profissão de publicitário e de agenciador de propaganda, e o Decreto nº 57.690/66 (disponível em: <http://www.planalto.gov.br/ccivil_03/decreto/D57690.htm>. Acesso em: 17 mar. 2015), que trata do regulamento para a sua execução.

[4] O Código de Proteção e Defesa do Consumidor (Lei nº 8.078/1990) é o texto normativo mais relevante a respeito. Disponível em: <http://www.planalto.gov.br/ccivil_03/leis/l8078.htm>. Acesso em: 17 mar. 2015.

[5] Destacam-se, em particular, as normas do Conselho Nacional de Autorregulamentação Publicitária, o Conar (disponível em: <http://www.conar.org.br/>. Acesso em: 17 mar. 2015).

[6] Há iniciativas de autorregulamentação, como as da Associação Brasileira de Marketing Direto (ABEMD) (disponível em: <http://www.abemd.org.br/interno/Codigo_Autorreg_DadosPessoaois.pdf>. Acesso em: 17 mar. 2015), além do debate legislativo sobre o tema.

[7] Em particular, a Lei nº 5.768/71 (disponível em: <http://www.planalto.gov.br/ccivil_03/leis/L5768.htm>. Acesso em: 17 mar. 2015) que trata da "distribuição gratuita de prêmios, mediante sorteio, vale-brinde ou concurso, a título de propaganda", bem como o Decreto nº 70.951/72 (disponível em: <http://www.planalto.gov.br/ccivil_03/decreto/Antigos/D70951.htm>. Acesso em: 17 mar. 2015) e demais normas do Ministério da Fazenda que a regulamentam.

Propaganda: Salvando a alma do negócio

A essa altura, você já deve ter escolhido um nome não só para a sua empresa, mas também para o produto ou serviço que ela comercializará. É crucial garantir os direitos de exclusividade quanto a esse nome, sobre o qual recairá uma parcela de seus investimentos. Também é importante evitar nomes que possam ser confundidos com os de empresas, produtos ou serviços já existentes, para evitar disputas administrativas ou judiciais a respeito do uso de determinadas palavras ou imagens. Estes são temas relacionados ao direito marcário, que trata das marcas registradas. Sobre o tema, recomendamos a leitura atenta do Capítulo 6 deste livro.

Com o pedido de registro de marca em tramitação, já é seguro pensar em uma estratégia de comunicação e publicidade para seu produto ou serviço. Não são poucos os cuidados jurídicos necessários quanto ao planejamento, produção e execução de uma campanha publicitária. Deixar de dar atenção a eles pode causar problemas sérios para você e para seu empreendimento.

A peça publicitária

Vamos começar pela chamada peça publicitária. Ela pode tomar a forma de um encarte em papel, de um *banner* em um *website*, de um *jingle* de rádio, de uma pequena obra audiovisual, veiculada na televisão ou pela internet, dentre inúmeras outras modalidades. Neste caso, o primeiro cuidado a se tomar diz respeito ao eventual uso de material que seja de titularidade autoral de terceiros.

Em outras palavras: você não pode simplesmente pegar uma música, imagem, texto, vídeo ou foto qualquer e utilizar como parte de seu material publicitário. Esta obra provavelmente tem um autor – que é o chamado titular originário de uma obra autoral. Assim, para usar obras de terceiros no contexto de uma publicidade, você necessariamente precisará de autorizações expressas de seus autores. O mesmo vale para os casos em que você encomende uma fotografia, vídeo ou música para a sua peça publicitária. Garantir, por meio de um contrato, que você poderá utilizar aquela criação em todos os meios e peças publicitárias que pretender é uma regra de prudência a ser tomada. Outro ponto relacionado é o que diz respeito aos direitos de imagem e voz. Estes direitos são tão importantes que estão até previstos na Constituição Federal[8].

---

[8] Está lá, no artigo 5º de nossa Constituição:
XXVIII - são assegurados, nos termos da lei:
a) a proteção às participações individuais em obras coletivas e à reprodução da imagem e voz humanas, inclusive nas atividades desportivas; (...)

Fazem parte dos chamados direitos de personalidade, e estão na esfera privada de cada pessoa. Assim, por exemplo, todo cidadão tem o direito ao seu nome, à sua imagem e à sua voz. Estes não podem ser utilizados com finalidade comercial sem a devida autorização da pessoa[9]. Geralmente, esta autorização é realizada por meio de um contrato, no qual se autoriza o uso do nome, da imagem, e/ou da voz. Mais uma vez, é importante que o contrato especifique com clareza não só o valor devido, mas também os usos que poderão ser dados ao nome, imagem ou voz, o prazo de utilização das imagens (e sons), as modalidades de veiculação, dentre outros detalhes da relação contratual.

Utilizar-se do nome, da imagem, da voz, ou da obra de alguém sem autorização pode causar vários problemas. Em primeiro lugar, a pessoa que se sentir prejudicada terá o direito de proibir a utilização e retirar de circulação o que já estiver sendo veiculado. Esta pessoa terá também direito a uma indenização, a ser definida por um juiz no âmbito de uma ação judicial. Embora não existam parâmetros legais claramente definidos para este tipo de violação, é importante saber que, na maioria das vezes, as condenações a respeito do assunto reconhecem tanto a existência de dano material (ou seja, a pessoa prejudicada deixou de receber os valores correspondentes à utilização de sua imagem ou obra, e precisa ser indenizada por isso), quanto a existência de dano moral (aquele decorrente do constrangimento, aborrecimento ou desconforto em virtude de ter a sua imagem, voz ou nome utilizados sem sua autorização).

Mais que isso: nossos tribunais superiores já consolidaram o entendimento de que, nos casos de utilização não autorizada de imagem com fins comerciais, a indenização não depende de que seja comprovado o prejuízo sofrido pela vítima[10]. E a tendência dos tribunais é a de fixar valores significativamente mais altos do que aqueles que seriam devidos no âmbito de um

---

[9] Veja, por exemplo, o que diz o Código Civil a respeito:
Art. 18. Sem autorização, não se pode usar o nome alheio em propaganda comercial.
(...)
Art. 20. Salvo se autorizadas, ou se necessárias à administração da justiça ou à manutenção da ordem pública, a divulgação de escritos, a transmissão da palavra, ou a publicação, a exposição ou a utilização da imagem de uma pessoa poderão ser proibidas, a seu requerimento e sem prejuízo da indenização que couber, se lhe atingirem a honra, a boa fama ou a respeitabilidade, ou se se destinarem a fins comerciais.

[10] Veja, a respeito, a súmula 403 do Superior Tribunal de Justiça:
Súmula 403 - Independe de prova do prejuízo a indenização pela publicação não autorizada de imagem de pessoa com fins econômicos ou comerciais. (Súmula 403, Segunda Seção, julgado em 28/10/2009, DJe 24/11/2009)

eventual contrato – não só para cobrir os danos morais da pessoa que teve sua imagem utilizada indevidamente, mas também para desestimular a prática de utilização indevida. Em resumo: seguir a lei e obter autorizações evita surpresas para ambos os lados. E é mais barato do que pagar as indenizações posteriores – sem falar nos custos da disputa judicial.

Identificação da publicidade

Para além dos cuidados com a preparação da peça publicitária, é preciso atentar também para o seu conteúdo e para os impactos jurídicos de sua veiculação. Talvez o primeiro e mais importante desses cuidados diga respeito à oferta. O simples fato de oferecer algum produto ou serviço ao mercado, em condições determinadas, obriga aquele que fez a oferta a cumpri-la. O cliente poderá, inclusive, exigir o cumprimento dela, nos termos apresentados na publicidade. Além disso, estes detalhes deverão integrar eventual contrato a ser firmado na sequência – ou serão considerados como se nele estivessem escritos. Isto é: cuidado com o que você promete! Você pode ser obrigado a cumprir!

Outro ponto importante da publicidade diz respeito à clareza das informações prestadas. Nos termos da lei, a oferta de produtos ou serviços deve ser apresentada com informações corretas, claras, precisas, ostensivas e em português. Devem ser fornecidas informações sobre as características, qualidade, quantidade, composição, preço, garantia, prazos de validade e origem dos produtos ou serviços. Em particular, os consumidores devem ser informados sobre os eventuais riscos que o produto ou serviço pode apresentar à sua saúde ou à sua segurança. Em produtos que comportem embalagens, é importante que estas informações sejam apresentadas de forma explícita. O mesmo vale para serviços prestados por meio da internet, ou ainda de programas de computador ou aplicativos: é preciso especificar estes detalhes de forma clara, no âmbito do próprio site, aplicativo ou programa por meio do qual o produto ou serviço é oferecido. Se possível, essas informações devem constar também na eventual plataforma de venda dos serviços (tais como sites de comércio eletrônico ou lojas de aplicativos), para assegurar o acesso às informações pelo consumidor.

A maior parte da legislação sobre publicidade tem por objetivo proteger o consumidor e desestimular o uso de práticas que possam ser nocivas a este, ou desleais ao mercado e à concorrência. Nesse contexto incluem-se a obrigação de que a publicidade seja claramente identificada, bem como a vedação à publicidade abusiva e enganosa.

Nos termos do Código de Proteção e Defesa do Consumidor, a publicidade deve ser veiculada de maneira que o consumidor possa fácil e imediatamente identificá-la como tal. É por esse motivo que, em jornais e revistas, as propagandas que imitam matérias jornalísticas são usualmente marcadas com os dizeres "anúncio publicitário", de forma destacada, em suas margens. O mesmo acontece com os casos de *merchandising* (também conhecido como *product placement*) em telenovelas: geralmente, os anunciantes são listados nos letreiros finais, juntamente com os créditos.

No entanto, há casos um pouco mais complexos, ainda mais com relação aos novos usos e formas de publicidade decorrentes da popularização da internet e das redes sociais. Como interpretar esta limitação, por exemplo, no contexto de publicidade viral (aquela que busca aproveitar conexões já existentes entre pessoas para divulgar sua mensagem de forma mais intensa)? Até que ponto uma campanha pode disfarçar sua natureza publicitária sem induzir os consumidores em erro? Quais os limites do *teaser* (aquela chamada publicitária que tem por objetivo atrair a atenção do público, sem necessariamente revelar, num primeiro momento, qual o produto ou serviço anunciado)? Estes temas serão discutidos no estudo de caso abaixo.

Estudo de caso

"Perdi meu amor na balada": Nokia e os limites do marketing viral

Em 2012, um vídeo postado no YouTube comoveu muitos brasileiros. Nele, um rapaz contava como conheceu o amor de sua vida em uma casa noturna – e como, por descuido, perdeu o papel em que tinha anotado seu telefone. Apresentava uma breve descrição da pessoa amada e pedia ajuda para encontrá-la. Milhares de pessoas compartilharam a mensagem, com a nobre intenção de ajudar o rapaz, que chegou a seguir algumas das pistas oferecidas, sem muito sucesso.

Algumas semanas depois, no entanto, descobriu-se que se tratava de uma propaganda de um aparelho celular. No terceiro vídeo da série, uma boa alma envia uma mensagem ao rapaz, encaminhando fotos tiradas naquela boate. A resolução fotográfica do aparelho era tão boa que fora capaz de captar, ao fundo, o número de telefone anotado num guardanapo. Com isso, o rapaz pode enfim encontrar sua pretendente – e o logotipo da marca de telefones enfim apareceu, revelando-se o caráter publicitário da narrativa inicial[11].

A campanha viral obteve parte daquilo que pretendia, ou seja, a divulgação da campanha por meios não tradicionais, aquilo que antigamente era chamado de boca a boca (e que hoje ganha a natureza de "clique a clique"). No entanto, ao fazê-lo, entrou num campo duvidoso da infração aos direitos do consumidor. Seja porque, conforme já mencionado, criou uma propaganda que dissimulava inicialmente seu intuito publicitário. Seja, por outro lado, por contar com a boa-fé dos usuários para divulgar uma propaganda sem o pleno conhecimento destes. Por estes motivos, tanto o Conselho Nacional de Autorregulamentação Publicitária (Conar) quanto o Procon – SP resolveram investigar o caso mais a fundo[12]. Não obtivemos deste uma resposta sobre o julgamento final do caso. Já o Conar decidiu pelo arquivamento da reclamação, com a seguinte decisão:[13]

> Filmes de aparência amadora foram postados em sites de rede social mostrando um jovem que afirma ter conhecido uma linda garota numa balada mas que perdeu o seu contato. Ele pede a ajuda dos internautas para localizá-la. Dias mais tarde, revela-se que tudo foi parte de uma campanha de lançamento de um telefone celular da marca Nokia. Dezenas de consumidores queixaram-se ao Conar, dizendo ter sido enganados pelo formato dos filmes, que sugere depoimento veraz.
> Em sua defesa, a Nokia esclarece que usou na campanha recurso de marketing viral. Afirma que a manifestação das pessoas está dentro do contexto do próprio meio e também do tradicional teaser, o que é aceito pelo Código. Para o anunciante, a campanha é "diferente, nova e criativa".
> Para o relator, o exame dessa representação encerra um desafio: analisar uma ação publicitária num contexto novo da comunicação, a mensagem sendo construída para o meio no qual foi veiculada, se confundindo com o próprio meio. "Num primeiro momento", escreve ele em seu voto, "a mensagem busca um engajamento voluntário de participantes das redes sociais numa história implausível de amor, que se transformou num webhit e também num infortúnio para o anunciante, já que a ação mobilizou

---

[11] Os três vídeos da campanha podem ser encontrados no YouTube. Mais sobre o caso em http://economia.estadao.com.br/blogs/radar-tecnologico/perdi-meu-amor-na-balada-e-viral-da-nokia/. Acesso em: 31 mar. 2015.

[12] Vide <http://economia.estadao.com.br/blogs/radar-tecnologico/perdi-meu-amor-na-balada-pode-render-multa-de-ate-r-65-milhoes-a-nokia/>. Acesso em: 31 mar. 2015.

[13] Representação nº 174/2012, julgada em setembro de 2012. Disponível em: <http://conar.org.br/processos/detcaso.php?id=3235>. Acesso em: 31 mar. 2015.

milhares de pessoas para ajudar o protagonista em sua jornada romântica cujo desfecho não foi nada romântico. O buzz gerado pelo viral, em vez de reforçar a lembrança positiva da marca, incorporou a ela um sentimento de frustração, de decepção. A estratégia foi um tiro no pé."

No entanto, prossegue o relator, o fato de explorar nas redes sociais o engajamento, o curtir, o interagir do consumidor num processo que, de certa forma, explora sua boa intenção e a ação de solidariedade emocional não implica necessariamente ação dolosa do anunciante. "A estrutura narrativa é precedida de dois filmes que apresentam o enredo e conduzem o consumidor a interagir com o personagem. Um terceiro filme expõe a estratégia comercial da ação. Não vejo nessa estratégia elemento que caracterize infração ao Código, já que consigo entender os dois primeiros filmes como parte de uma ação que utiliza um recurso similar ao teaser", afirma o relator.

Vivemos uma revolução tecnológica em todos os setores da sociedade e a comunicação experimenta novos paradigmas. O receptor da mensagem constrói a mensagem, participa, interage e, no fim, é parte dela. Nos novos tempos, os meios clássicos de comunicação convergem, se integram, se desintegram e se transformam. O acesso à informação é cada vez mais amplo, mais rápido e mais global. A tecnologia faz a sociedade mudar a relação que as pessoas têm com os seus iguais, com os diferentes, com o seu meio, com o consumo, com os meios de comunicação, com o acesso aos bens da civilização. Num ambiente de liberdade como a internet, o cidadão se torna mais vulnerável, ao mesmo tempo em que ganha um grande poder de intervir no seu ambiente social, cultural e econômico.

Ele propôs o arquivamento, voto aceito por unanimidade.

Isso significa que qualquer campanha viral está de acordo com a lógica do direito do consumidor? Não necessariamente. Em primeiro lugar porque, como veremos a seguir, o Código de Autorregulamentação do Conar (uma norma estabelecida pelo próprio Conselho) e o Código de Proteção e Defesa do Consumidor (que tem caráter de lei) tem papéis diferentes e complementares.

E, de certo modo, o Código de Autorregulamentação extrapola o Código de Proteção e Defesa do Consumidor, ao estabelecer que o "teaser", assim entendida a mensagem que visa a criar expectativa ou curiosidade no público, "poderá prescindir da identificação do anunciante, do produto ou do serviço". Ou seja: uma decisão que fosse baseada exclusivamente na lei poderia ter conclusão diversa. De toda forma, é bom ter ciência dos riscos potenciais envolvidos na prática antes de decidir optar por ela. Igualmente, é prudente tomar medidas cabíveis para minimizar os riscos de processos judiciais – e de indenizações correspondentes.

Publicidade abusiva e publicidade enganosa

O Código de Proteção e Defesa do Consumidor estabelece que o consumidor tem direito básico à "informação adequada e clara sobre os diferentes produtos e serviços, com especificação correta de quantidade, características, composição, qualidade, tributos incidentes e preço, bem como sobre os riscos que apresentem"[14]. O Código também coloca na categoria de direitos "a proteção contra a publicidade enganosa e abusiva, métodos comerciais coercitivos ou desleais, bem como contra práticas e cláusulas abusivas ou impostas no fornecimento de produtos e serviços"[15]. Assim, é importante que você entenda exatamente quando uma publicidade pode ser abusiva ou enganosa, para poder evitar tais práticas na divulgação de suas atividades.

Publicidade enganosa é aquela que apresenta alguma informação falsa com o objetivo de iludir o consumidor quanto a qualquer detalhe ou característica do produto[16]. Uma informação pela metade, ou mesmo a falta de uma informação essencial sobre um produto ou serviço, pode fazer com que a publicidade seja enganosa. Anúncios que afirmem que um produto é "grátis", ou "ilimitado", dentre outras expressões assemelhadas, podem ser enquadrados como enganosos caso a afirmação não corresponda exatamente ao conteúdo do contrato que é proposto ao consumidor – e caso estes detalhes ou restrições não estejam claramente expressos na publicidade.

Por sua vez, a publicidade abusiva é aquela que ofende ou desrespeita o consumidor, seus valores, ou a sociedade como um todo[17]. É abusiva a propaganda

---

[14] Lei nº 8.078/90, artigo 6º, inciso III.

[15] Lei nº 8.078/90, artigo 6º, inciso IV.

[16] Ou, segundo a linguagem do Código de Proteção e Defesa do Consumidor: "É enganosa qualquer modalidade de informação ou comunicação de caráter publicitário, inteira ou parcialmente falsa, ou, por qualquer outro modo, mesmo por omissão, capaz de induzir em erro o consumidor a respeito da natureza, características, qualidade, quantidade, propriedades, origem, preço e quaisquer outros dados sobre produtos e serviços." (Lei nº 8.078/90, artigo 37, parágrafo 1º).

[17] Segundo a linguagem do Código: "É abusiva, dentre outras a publicidade discriminatória de qualquer natureza, a que incite à violência, explore o medo ou a superstição, se aproveite da deficiência de julgamento e experiência da criança, desrespeita valores ambientais, ou que seja capaz de induzir o consumidor a se comportar de forma prejudicial ou perigosa à sua saúde ou segurança." (Lei nº 8.078/90, artigo 37, parágrafo 2º).

que se aproveita da situação de vulnerabilidade como, por exemplo, aquela que explore o medo ou a superstição, ou ainda a ingenuidade das crianças. Também é abusiva a propaganda que possa induzir o consumidor a comportar-se de forma prejudicial à sua saúde ou segurança. O Código também lista como abusivas as que tenham caráter discriminatório de qualquer natureza, ou as que desrespeitem valores ambientais. São abusivas, nestes termos, as propagandas que utilizem-se de *bullying* ou que incentivem tais práticas. Não por outro motivo, ainda nos anos 1990, uma propaganda de uma tesoura infantil que apresentava uma criança repetindo insistentemente para a câmera a frase "eu tenho, você não tem!", inferiorizando as crianças que não tivessem uma tesoura idêntica, foi retirada de veiculação[18].

Publicidade abusiva e enganosa – sanções

Pode-se ver que a linguagem do Código de Proteção e Defesa do Consumidor para definir propaganda enganosa e propaganda abusiva é bastante genérica. Esta é uma característica típica das leis, que buscam ser gerais e abstratas. Assim, cabe aos órgãos julgadores interpretar a lei no caso concreto.

Para trazer mais clareza sobre estes limites da publicidade, o próprio mercado se organizou e instituiu o já mencionado Conar, que tem por missão "impedir que a publicidade enganosa ou abusiva cause constrangimento ao consumidor ou a empresas e defender a liberdade de expressão comercial"[19]. Como iniciativa autorregulatória, o Conar recebe e julga denúncias de infrações aos princípios estabelecidos em seu Código. As sanções aplicadas pelo Conar são relativamente limitadas em comparação com outros órgãos institucionais: limitam-se a recomendar a alteração ou suspensão da veiculação de um anúncio, bem como a dar divulgação e publicidade a tal decisão. No entanto, tal Conselho tem o papel de orientar o mercado, coibir abusos e evitar a sobrecarga do Poder Judiciário por demandas relacionadas a publicidade.

Os órgãos públicos de proteção e defesa do consumidor também desempenham papel essencial no combate à publicidade abusiva e enganosa. Atividades desta natureza também podem ser punidas em âmbito administrativo, ou seja, pelos PROCONs. Mediante procedimento administrativo específico, os

---

[18] A decisão do Conar está disponível em: <http://conar.org.br/processos/detcasohistorico.php?id=135>. Acesso em: 17 mar. 2015.

[19] Vide <http://www.conar.org.br/>, aba "Sobre o Conar". Acesso em: 31 mar. 2015.

órgãos de proteção e defesa do consumidor podem aplicar variadas sanções, que podem variar de multas (que levam em consideração a gravidade da infração, a vantagem auferida e a condição econômica da empresa) até a imposição de contrapropaganda – que é a divulgação pelo responsável, às suas custas, de propaganda capaz de desfazer o malefício da publicidade enganosa ou abusiva, preferencialmente na mesma forma, frequência e dimensão da propaganda inicial. Além disso, o próprio consumidor lesado pode eventualmente pleitear, perante o judiciário, uma indenização por eventuais danos materiais ou morais sofridos. Há quem entenda, inclusive, que não só o anunciante, mas também a agência que produziu o anúncio e o veículo de comunicação que o exibe podem ser igualmente responsabilizados, em determinados casos. Todo cuidado é pouco.

A prática de propaganda abusiva ou enganosa também é considerada crime pelo Código de Proteção e Defesa do Consumidor. Assim, atividades como "fazer afirmação falsa ou enganosa, ou omitir informação relevante sobre a natureza, característica, qualidade, quantidade, segurança, desempenho, durabilidade, preço ou garantia de produtos ou serviços" ou "fazer ou promover publicidade que sabe ou deveria saber ser enganosa ou abusiva" são crimes com pena prevista de detenção de três meses a um ano e multa[20]. Já o crime de "fazer ou promover publicidade que sabe ou deveria saber ser capaz de induzir o consumidor a se comportar de forma prejudicial ou perigosa a sua saúde ou segurança", que é uma das "modalidades" de propaganda abusiva, tem pena ainda maior: detenção, de 6 meses a dois anos, e multa[21]. Tais crimes são considerados de menor potencial ofensivo, e são geralmente julgados pelos Juizados Especiais Criminais. A eles é aplicável a chamada transação penal, ou seja, a possibilidade de que, desde que preenchidos certos requisitos e por iniciativa do Ministério Público com o consentimento do acusado, a pena de detenção seja convertida em uma pena de multa ou restrição de direitos.

Concurso cultural ou promoção? Como não ter uma dor de cabeça como brinde

Como você sabe, o marketing de sua empresa é mais do que a mera publicidade que você faz para ampliar ou cativar seus clientes. Essa empreitada abrange uma gama ampla de atividades: a análise de como se comportam os

---

[20] Respectivamente, artigos 66 e 67 do Código de Proteção e Defesa do Consumidor.

[21] Artigo 68 do Código de Proteção e Defesa do Consumidor.

consumidores da sua marca, mecanismos mais eficientes de distribuição, a criação de novas formas de veicular seu nome no mercado, dentre inúmeras outras.

Para atingir esse objetivo de "fixação" da marca, há várias estratégias eficientes e inovadoras utilizadas por criativos publicitários. Entre elas, estão o que muitos empreendedores entendem por "concursos culturais". Quem nunca se deparou com frases como "a melhor frase enviada ganhará..." ou ainda "qual é a marca que leva você a Paris?".

Embora essas iniciativas possam parecer concursos culturais em uma visão publicitária, para o Direito essas peças são consideradas promoções. Mas qual a diferença para sua empresa? Toda!

Regulamentação de concursos e promoções

De acordo com a Lei nº 5.768/1971, toda atividade promocional de distribuição gratuita a título de propaganda que for feita por meio de sorteio, vale-brinde, concurso ou operação assemelhada só pode ser realizada mediante autorização do Ministério da Fazenda, que será dada após o pagamento de taxa e desde que atendidos os requisitos da regulamentação. Essa autorização pode ser dada tanto pela Caixa Econômica Federal, nos casos em que a empresa exerça atividade comercial, industrial ou de compra e venda de imóveis, ou pela Secretaria de Acompanhamento Econômico do Ministério da Fazenda, quando outras instituições financeiras estiverem envolvidas.

A exceção quanto à necessidade de autorização, por outro lado, se dá nos casos de concursos com fins exclusivamente culturais, artísticos, desportivos ou recreativos. A regulamentação dos casos de dispensa de autorização é extremamente restritiva[22]. De modo geral, quanto mais o concurso contiver elementos de caráter publicitário (e não de caráter meramente artístico, cultural, desportivo ou recreativo), mais provável que a autorização do Ministério da Fazenda seja necessária. Por exemplo, ações que exijam a compra ou utilização de serviço para concorrer à premiação, que apresentem a vinculação do nome da marca nas ações, como nas tradicionais formas "qual é a marca que te leva à cidade tal?" e, até mesmo, o preenchimento de cadastro detalhado, a resposta a pesquisas publicitárias ou a obrigatoriedade

---

[22] Vide, em particular, o Decreto nº 70.951, de 9 de agosto de 1972 e a Portaria do Ministério da Fazenda nº 422, de 18 de julho de 2013. Disponível em: < http://www.fazenda.gov.br>. Acesso em: 25 jul. 2016.

de aceitação de recebimento de material publicitário de qualquer natureza em troca de participação no concurso são exemplos de iniciativas que ultrapassam o mero caráter "recreativo" e enveredam pelo caminho da promoção publicitária – exigindo, portanto, autorização do poder público.

As punições para promoções envolvendo sorteios, concursos, vale-brindes ou similares feitos sem autorização (nos casos em que a autorização é exigida) são bastante severas, incluindo a suspensão da atividade promocional e podendo atingir até 100% do valor total dos prêmios previstos. A sanção pode incluir também a proibição da realização de novos concursos. Estas punições podem gerar um impacto negativo sobre a imagem e sobre a estratégia de marketing de sua empresa.

Entre as obrigações para a distribuição de vale-brindes, por exemplo, é necessário que o empreendedor informe a quantidade de prêmios a serem distribuídos em relação à quantidade de produtos que estão à venda. A regulamentação das promoções, por sua vez, deve ser bastante detalhada, específica e cuidadosa para não ensejar qualquer acusação de propaganda abusiva ou enganosa por parte da promotora. Uma boa parte do regulamento do concurso (prazos para retirada dos prêmios, formas de participação, etc.) decorre das exigências normativas. Outra parte do regulamento abrange aquelas atividades que você pretenderá fazer para envolver os premiados com a divulgação do resultado – e aí entram, habitualmente, autorizações de uso de voz, nome e imagem, já mencionadas acima. É recomendável que o regulamento seja publicado em local de fácil acesso ao público, como o próprio *website* da empresa, ou pontos de venda. Caso queira dar maior segurança jurídica ao regulamento, uma sugestão é registrá-lo junto a um Cartório de Registro de Títulos e Documentos (este registro tem a faculdade de preservar o documento, produzir efeitos perante terceiros, e assegurar sua publicidade).

Pode parecer um pouco exagerada a ideia de tanta burocracia para a realização de ações que, em tese, beneficiariam o usuário das marcas. A esse respeito, é necessário lembrar que estas medidas tinham o propósito de proteger a economia popular em um período em que ainda não existia o Código de Proteção e Defesa do Consumidor. Nesse sentido, a atualização da regulamentação sobre o tema vem sendo objeto de diversas dúvidas por parte de empreendedores, como no caso das iniciativas publicitárias em redes sociais.

Realização de concursos e promoções em redes sociais

Embora tenha havido algum ruído a respeito do tema, não é verdade que o governo proibiu promoções em redes sociais. A vedação existente diz respeito à realização de *concursos que independam de autorização* por meio destes instrumentos, embora a mera divulgação de concursos desta natureza em redes sociais não seja vedada. Quando realizadas em redes sociais, estas iniciativas também serão consideradas promoções, devendo seguir todos os trâmites burocráticos referentes à autorização. As hipóteses que exigem autorização prévia para a realização de concursos de natureza cultural abrangem a realização de concursos por meio de ligações telefônicas ou SMS, quando oferecidas por operadora de telefonia; e medidas destinadas exclusivamente para clientes da promotora ou de terceiros, como no caso de medidas destinadas exclusivamente a detentores de uma bandeira de cartão de crédito.

Além das regulamentações legais, nunca é demais lembrar da necessidade de respeitar as regras da rede social em que se pretende lançar uma ação. O Facebook, por exemplo, exige a isenção completa da rede social em relação à promoção da empresa e proíbe em seus termos de uso a difusão de promoções na *timeline* pessoal do usuário[23]. A título de exemplo, constam do regulamento da rede de Mark Zuckerberg restrições a comandos do tipo "compartilhe em sua linha do tempo para participar" ou "compartilhe na linha do tempo de seu amigo para obter participações adicionais". Mudando diretriz anterior de suas regras de uso, o Facebook não mais veda o uso de suas funcionalidades como "curtir" ou "compartilhar", desde que estas se deem na página própria ou em aplicativo da promotora. Obviamente, estas regras podem mudar ou evoluir com o tempo. Antes de iniciar uma campanha por lá, verifique as regras em vigor.

---

[23] Vide explicação disponível à época da redação deste capítulo em: <https://www.facebook.com/help/513248435437336?sr=1&sid=0rGmDtcIRaydsh7wn>. Acesso em: 19 mar. 2015.

> **Estudo de caso fictício: Concurso – Empreenda Cultural – Faça um conto e seja sorteado a um vale-empreenda no valor de R$ 100**
>
> **Descrição da promoção:** Quem comprar um de nossos produtos pode enviar um conto para a nossa *fanpage* no Facebook. O conto mais curtido dará direito a um vale de R$100 em qualquer uma de nossas lojas.
>
> **Descrição do problema:** A empresa Empreenda não pediu autorização de seu concurso à Caixa Econômica Federal, pois considerou que se tratava de um concurso cultural, na medida em que estaria promovendo a literatura brasileira ao requerer que seus consumidores escrevessem contos para participar.
>
> **Resolução do caso:** O Concurso "Empreenda Cultural", apesar de possivelmente promover em alguma medida a literatura brasileira, não será considerado como um concurso cultural, mas sim como uma promoção. É necessária, portanto, a autorização da Caixa Econômica Federal. Eis alguns dos motivos que fazem com que um concurso cultural precise de autorização:
>
> - A menção à empresa no nome da iniciativa;
> - Necessidade de compra de produto da empresa para participação na promoção;
> - Realização do concurso por meio de rede social;
> - Premiação que dá direito a produto da promotora.

Já no Twitter, as regras, até agora, são distintas. Esta rede social desincentiva a criação de diversas contas para a participação em promoções, inclusive reservando-se o direito de suspendê-las, tendo em vista que são fictícias e criadas por um mesmo usuário para ter mais chances de ganhar um sorteio, por exemplo. Ainda, para evitar o *flood* do aplicativo, são proibidas as mensagens repetidas, isto é, a postagem do mesmo *tweet* inúmeras vezes. Esta vedação pode ser entendida também como uma "boa prática" para atividades promocionais. A repetição contumaz de mensagens idênticas, inundando o *feed* dos usuários, pode ter o efeito de causar rejeição pois em vez de garantir notoriedade à marca, há grandes chances de que os usuários do Twitter se irritem com tal insistência.

Por fim, é fundamental apontar que este tópico não esgota o assunto, uma vez que a regulamentação é repleta de regras específicas que recomendam a busca de auxílio jurídico especializado para empreendedores que não tenham familiaridade com o mundo jurídico. Ainda, este é um terreno em que as normas podem mudar a qualquer instante, mediante mera portaria ou instrução normativa editada pelo Ministério da Fazenda – ou mediante alteração dos termos de uso de redes sociais como o Twitter e o Facebook. É preciso sempre conferir as normas – ou os termos de uso – mais recentes e em vigor antes de iniciar qualquer concurso ou promoção.

Só dados?

"Informação é poder". Esta frase, frequentemente atribuída a Francis Bacon, é extremamente verdadeira. Longe de fazer uma divagação filosófica sobre o assunto, é fato que qualquer empreendedor está sempre ávido por informações que possam lhe dar uma margem de vantagem sobre seus competidores. E, num mercado cada vez mais competitivo, informações sobre os consumidores passam a ser cada vez mais valiosas. E que tipo de informações são essas? Toda e qualquer informação: qual o nome do meu cliente? Onde ele mora? Onde ele trabalha? Onde ele gosta de ir? Quanto ele gasta por saída? O que ele busca na internet no seu tempo livre? Com que frequência vai ao cinema? Qual a sua posição política? Quais são seus hobbies? Qual é a sua religião?

Tudo, absolutamente tudo, pode ser um instrumento de diferenciação, segmentação mercadológica ou direcionamento publicitário para um empreendedor atento. Sabendo disso, o mercado de compartilhamento de dados pessoais e *targeting* atingiu dezenas de bilhões de reais nos últimos anos. Tendo esse quadro em vista, é necessário fazer uma ressalva: em tempos em que o acesso à internet vem se tornando cada vez mais universal, tanto no Brasil como fora do país, a atual tendência é a de regulamentação dessas práticas e de criação de limitações ao acesso a dados pessoais por empresas e governos. Faz sentido: ninguém gosta de ser bisbilhotado, e a transparência na relação com o público consumidor é um dos princípios do nosso Código de Proteção e Defesa do Consumidor.

Perspectiva internacional

Internacionalmente, dois paradigmas de regulamentação de dados pessoais influenciam o debate mundial: o modelo americano[24] e o modelo

---

[24] Cuja regulamentação gira prioritariamente em torno de legislações estaduais e da regulamentação do FTC (Federal Trade Commission), espécie de agência governamental que regulamenta o comércio no país.

europeu[25]. Independentemente das nuances de cada modelo, alguns grandes temas são de interesse direto para a definição de modelos de negócio, como a forma em que deve se dar o consentimento para o tratamento de dados (tácito ou expresso?); quais tipos de dados podem ou não ser tratados; quais os deveres de segurança de quem administra ou organiza bancos de dados; e quem é o titular dos dados (a empresa ou o usuário do serviço?).

A evolução dos debates internacionais levou os cidadãos a serem reconhecidos como titulares dos dados que lhes digam respeito. Tal pressuposto tem grande impacto sobre modelos de negócio, pois isso restringe o escopo do que pode ser feito com as informações pessoais coletadas. Esse empoderamento do cidadão exige que as empresas ajam com mais cuidado no tratamento dos dados, e que obedeçam a critérios e princípios específicos.

Princípios da proteção de dados pessoais

Eis alguns princípios consagrados internacionalmente com relação à utilização e ao tratamento de dados pessoais. Segui-los significa diminuir os riscos de problemas jurídicos.

O tratamento de dados pessoais deve:
- Ser realizado com finalidades legítimas, específicas, explícitas e conhecidas pelo titular;
- Ser compatível com as finalidades almejadas e com as legítimas expectativas do titular, de acordo com o contexto do tratamento;
- Limitar-se ao mínimo necessário para a realização das finalidades almejadas, abrangendo dados pertinentes, proporcionais e não excessivos.

No tratamento, devem ser adotadas medidas técnicas e administrativas:
- Atualizadas, proporcionais à natureza das informações e aptas a proteger os dados pessoais de situações acidentais ou ilícitas de acesso não autorizado, perda, alteração, comunicação ou difusão;
- Capazes de prevenir a ocorrência de danos em virtude do tratamento.

---

[25] Baseado essencialmente em Diretivas da Comissão Europeia. Essas Diretivas não são autoaplicáveis, havendo a necessidade de regulamentação nacional, o que acaba gerando certos conflitos entre as leis nacionais e as indicações da União Europeia.

> Aos usuários devem ser garantidas:
> - A consulta facilitada e gratuita sobre as modalidades de tratamento e sobre a integralidade dos seus dados pessoais;
> - A exatidão, a clareza e a atualização dos dados, de acordo com a periodicidade necessária para o cumprimento da finalidade de seu tratamento;
> - Informações claras e adequadas sobre a realização do tratamento.
> - O tratamento não pode ser realizado para fins discriminatórios.

Esses cuidados tornam-se mais importantes quando se nota que há cada vez mais informações potencialmente disponíveis. Nossos *smartphones* são verdadeiros rastreadores pessoais, coletando informações sobre onde vamos, o que fazemos e como nos portamos. Neste cenário, os limites entre o que é adequado ou não têm se tornado cada vez menos claros, gerando grande insegurança jurídica para empresas e usuários ao redor do mundo. Aos desenvolvedores de serviços e aplicativos cabe agir com o devido cuidado para que as soluções desenvolvidas obtenham o consentimento dos usuários e sejam compatíveis com os fins almejados e com as expectativas do titular, não extrapolando a confiança deste na coleta e uso de suas informações.

Outra discussão com impacto sobre modelos de negócios trata dos tipos de dados que podem ser tratados. Imaginemos que você esteja usando dados de usuários para direcionar o *marketing* da sua agência de viagens. Vamos dizer que você esteja interessado no público religioso, para vender pacotes que vão a Israel ou ao Vaticano. Ainda, imaginemos que você está lançando uma nova linha de produtos de beleza focada em mulheres negras e quisesse descobrir o endereço de mulheres que se enquadram nesse perfil. Ou digamos que você queira lançar um bar cujo público-alvo é a comunidade LGBT. Será que você pode coletar ou comprar bancos de dados com essas informações?

Se no Brasil os limites entre o que está permitido ou vedado ainda não são totalmente claros, algumas restrições têm surgido nas discussões internacionais. Informações como origem racial ou étnica, convicções religiosas, filosóficas ou morais, filiação partidária, orientação sexual, condições de saúde, dados genéticos, entre outras, vêm sendo consideradas como *dados sensíveis* por revelarem questões extremamente particulares. O tratamento ou acesso não anonimizado dessas informações tem sido vedado ou condicionado a consentimentos especiais bastante restritivos, mais difíceis de serem obtidos.

Proteção de dados pessoais no Brasil

No Brasil, apesar de ainda não existir lei específica sobre o tema[26], o empreendedor deverá ficar atento à legislação já existente quando for buscar, coletar ou compartilhar esses dados. Primeiramente, é necessário apontar que a intimidade, a vida privada, a honra e a imagem das pessoas são direitos protegidos constitucionalmente (art. 5º, X). Tais direitos, embora pareçam bastante abstratos, têm um significado bem concreto para práticas de mercado. Uma das consequências práticas é que as empresas devem ser transparentes a respeito de suas políticas de privacidade e tratamento de dados pessoais. Outra é a possibilidade de que venham a ser obrigadas a indenizar cidadãos, em caso de dano material ou moral causado pela violação à intimidade ou à vida privada.

Código de Proteção e Defesa do Consumidor e *habeas data*

O Código de Proteção e Defesa do Consumidor também tem algumas regras a respeito de bancos de dados e cadastros de consumidores. Em particular, ele determina que o consumidor deve ter acesso a todas as informações arquivadas que lhe digam respeito relativas a cadastros, fichas, registros e dados pessoais ou de consumo. O consumidor também tem o direito de saber quais as fontes de tais informações, ou seja, de onde foram coletadas e por quem foram compartilhadas.

Os bancos de dados sobre consumidores são considerados bancos de dados de caráter público. Um dos impactos disso é que ficam subordinados à regulamentação do Estado, em particular às regras do chamado *habeas data*, que é o mecanismo jurídico que os cidadãos possuem para garantir o acesso a informações sobre a sua pessoa contidos em bancos de dados governamentais ou de caráter público, para conhecimento ou retificação. O *habeas data* é regulamentado pela Lei nº 9.507/97[27], que determina que os requerimentos

---

[26] Quando da revisão final deste artigo, estava em discussão no âmbito do Poder Executivo um projeto de lei sobre proteção a dados pessoais e privacidade. A proposta foi apresentada por meio de debate público proposto pelo Ministério da Justiça. Disponível em: < http://participacao.mj.gov.br/dadospessoais/>. Acesso em: 06 abr. 2015.

[27] Disponível em: <http://www.planalto.gov.br/ccivil_03/leis/l9507.htm>. Acesso em: 20 mar. 2015.

de informação apresentados por cidadãos devem ser respondidos em até quarenta e oito horas. Na ausência de resposta, ou diante de resposta negativa, o cidadão poderá solicitar o fornecimento de tais informações, ou sua correção, por via judicial. O responsável pelo banco de dados deve, num prazo de cinco dias, comunicar as retificações a quaisquer outras pessoas com quem tenha compartilhado as informações incorretas.

É bom saber que impedir ou dificultar o acesso do consumidor a informações sobre ele contidas em cadastros, bancos de dados ou registros é crime punido com detenção de seis meses a um ano ou multa. E que deixar de corrigir informações inexatas sobre consumidores em tais cadastros, quando se tiver conhecimento de que são incorretas, também pode ensejar detenção de um a seis meses ou multa.

Ainda nos termos do Código de Proteção e Defesa do Consumidor, os cadastros e dados de consumidores precisam ser objetivos, claros, verdadeiros e em linguagem de fácil compreensão. É vedada a guarda de informações negativas sobre consumidores (como aquelas relativas a problemas com pagamento, por exemplo) por um período superior a cinco anos. Este pressuposto deriva do chamado direito ao esquecimento, que também é um princípio relevante em âmbito internacional. Por fim, o consumidor precisa ser informado de que foi aberto um cadastro, ficha ou registro de seus dados pessoais ou de consumo, quando este procedimento não tiver sido solicitado por ele.

Em resumo: se você coleta informações pessoais de seus usuários, tem a obrigação de informar claramente que está realizando tal coleta, corrigir qualquer informação quando solicitado (ou criar um mecanismo para que os próprios usuários possam fazer isso) e, se requisitado, fornecer a cada indivíduo todas as informações que lhe digam respeito.

Marco Civil da Internet e a proteção de dados pessoais

O Marco Civil da Internet (Lei nº 12.965/2014)[28] traz algumas obrigações ou cuidados extra com relação ao tratamento de informações pessoais de possíveis clientes, caso seu empreendimento envolva o desenvolvimento de atividades pela internet. Nos termos dessa Lei, um site, aplicativo ou serviço só pode compartilhar dados pessoais de um usuário seu com terceiros se tiver

---

[28] Disponível em: <http://www.planalto.gov.br/ccivil_03/_ato2011-2014/2014/lei/l12965.htm>. Acesso em: 20 mar. 2015. Veja também o capítulo 9 deste livro.

havido uma autorização livre, expressa e informada do usuário a esse respeito. Ou seja: caso o seu modelo de negócio dependa deste tipo de cruzamento de informações, você precisará não só deixar isso claro em seus termos de uso, mas também garantir que seu cliente tomou conhecimento e concordou com este fato. O consentimento para a coleta e tratamento de informações deve ser expresso e ocorrer de forma destacada das demais cláusulas contratuais. O jeito mais comum de realizar isso é por meio de um *checkbox* em separado, quando do estabelecimento da relação com um usuário, durante seu processo de cadastramento. Outra maneira prática é a informação destes termos e a obtenção deste consentimento na janela de contratação e aceitação dos termos do contrato dos aplicativos, em *appstores*. Igualmente, um *checkbox* pode ser veiculado durante as *pop-up boxes* de aceitação de licenças de software, no caso de contratos *click-through* (aqueles em que aparece o contrato e o botão "eu aceito" antes da instalação de um programa de computador).

Os usuários têm também o direito a informações claras e completas sobre o que será feito com seus dados pessoais e sobre a maneira como eles foram ou serão coletados, armazenados, tratados e protegidos. O jeito mais comum de fazer isso é por meio de uma política de privacidade, que explique como os dados serão manejados, usados e analisados, e quais as práticas previstas para tais atividades. A esse respeito, existem algumas limitações adicionais trazidas pelo Marco Civil da Internet que estão em conformidade com as melhores práticas internacionais: as informações coletadas somente poderão ser usadas para finalidades que justificaram sua coleta, que não sejam vedadas pela legislação e que estejam especificadas nos respectivos contratos ou termos de uso de serviços ou aplicativos. A Lei determina ainda que é vedado que o prestador de um determinado serviço guarde dados relativos ao acesso a serviços de terceiros, salvo mediante consentimento prévio do usuário, ou que guarde dados pessoais que sejam excessivos em relação à finalidade para o qual foi dado o consentimento.

Em outras palavras: se você pretende usar os dados pessoais de alguém como parte de seu modelo de negócio, é imprescindível especificar, no contrato a respeito, quais dados serão coletados, se dizem respeito a aplicativos de terceiros, e todas as formas em que pretende utilizar essas informações, sob pena de não poder utilizá-las mais tarde para as finalidades que não tenham sido mencionadas.

Por fim, o usuário tem também direito à exclusão definitiva dos dados pessoais que tiver fornecido a um determinado site ou aplicativo, quando resolver encerrar sua conta. Por sua vez, os provedores de aplicações (sejam eles sites, aplicativos, ou outros serviços) que coletem, armazenem, guardem ou tratem dados pessoais no território brasileiro deverão obedecer a legislação nacional, mesmo que sejam pessoas jurídicas sediadas no exterior oferecendo serviços ao público brasileiro. Tais provedores deverão ainda prestar informações que permitam que as autoridades brasileiras verifiquem o cumprimento da legislação, quando solicitados.

Conclusão

O direito de marketing está em permanente evolução. Seja porque novas decisões judiciais ou extrajudiciais moldam o que é legal ou socialmente aceitável no mercado publicitário, seja porque novas leis e regulamentos provavelmente surgirão no curto ou médio prazo, redefinindo os parâmetros do setor em busca de maior proteção para o mercado e para os consumidores. Assim, embora este capítulo tenha sido elaborado com um olho no presente e outro no futuro, abrangendo a legislação mais atual sobre o assunto e as novas tendências e perspectivas regulatórias nacionais e internacionais, as informações aqui prestadas devem ser utilizadas apenas como referência inicial para o planejamento de ações, e não como aconselhamento jurídico definitivo sobre modelos de negócio.

Nesse cenário, ganha relevo a figura do advogado especializado, capaz de entender o modelo de negócio de seu cliente, de analisá-lo em face da legislação existente, e de buscar soluções sólidas e criativas para viabilizá-lo, minimizando riscos e alertando para possíveis problemas. A capacidade de identificar possíveis problemas e "furos" no projeto apresentado pelo cliente e de elaborar estratégias para dar-lhe consistência e segurança é uma das habilidades necessárias para o bom profissional do direito do século XXI.

Guia de consulta rápida

- Antes de veicular uma peça publicitária, certifique-se de que você possui a autorização contratual de todos os envolvidos, em particular quanto à utilização de imagem, voz ou nome de terceiros, bem como de obras artísticas (fotografias, músicas, vídeos, textos etc.).

- Pelo Código de Proteção e Defesa do Consumidor, a propaganda tem que ser explícita, ou seja, não pode "fingir" não ser uma propaganda. Isso não impede totalmente a utilização de teasers, embora sugira cuidados extras.

• Tome cuidado para não apresentar informações falsas sobre detalhes ou características do produto ou serviço e de sua forma de comercialização. Essa é a definição de propaganda enganosa.

• A propaganda também não pode ofender ou desrespeitar o consumidor, seus valores, ou a sociedade como um todo. Propagandas que incitem bullying, aproveitem-se da ingenuidade de consumidores e crianças, promovam discriminação ou outros comportamentos nocivos são consideradas propagandas abusivas.

• Consultar as decisões do Conselho Nacional de Autorregulamentação Publicitária (Conar) ajuda a entender como o mercado vê os limites da publicidade e a medir possíveis riscos.

• Realizar propaganda abusiva ou enganosa deliberadamente é crime de menor potencial ofensivo. Além disso, a prática pode ser punida administrativamente com as penas previstas no Código de Proteção e Defesa do Consumidor, como multa e imposição de contrapropaganda.

• É bem possível que sua ideia de realizar um sorteio, distribuição de vale-brinde, concurso ou atividade promocional envolvendo prêmios precise obter autorização específica da Caixa Econômica Federal ou da Secretaria de Acompanhamento Econômico do Ministério da Fazenda. As exceções são os concursos de caráter exclusivamente cultural, artístico, recreativo ou desportivo, sem caráter publicitário. Na dúvida, consulte um advogado.

• Fique atento às regras das redes sociais para o lançamento de promoções, pois cada plataforma tem suas regras e o descumprimento destas pode ensejar a retirada das iniciativas do ar.

• Embora exista um potencial gigantesco na análise e tratamento de dados pessoais, essas atividades devem ser realizadas com respeito aos princípios e garantias dos cidadãos. Confira boas práticas no item "Princípio da proteção de dados pessoais".

• O Código de Proteção e Defesa do Consumidor já traz várias regras sobre cadastros de usuários. Dentre elas, a obrigação de comunicar clientes sobre a abertura de registros, a vedação à manutenção de dados negativos por tempo excessivo e o direito dos consumidores de saberem e retificarem as informações armazenadas sobre eles.

- O Marco Civil da Internet também traz regras adicionais, como a necessidade de consentimento em forma destacada para o tratamento de dados, obrigações de clareza e transparência sobre as práticas de tratamento, limitação do tratamento apenas para finalidades que justificaram a coleta, e a possibilidade de que os usuários exijam que as informações a seu respeito sejam apagadas quando do término da relação contratual, dentre outras obrigações.

Bibliografia

DIAS, Lucia Ancona Lopez de Magalhães. *Critérios para Avaliação da Ilicitude na Publicidade*. Tese de doutorado apresentada na Faculdade de Direito da USP sob a orientação do Professor Doutor Rui Geraldo Camargo Viana. São Paulo. 2010.

DONEDA, Danilo. *Da Privacidade à Proteção de Dados Pessoais*. Rio de Janeiro: Editora Renovar, 2006.

_____. *A Proteção dos Dados Pessoais Como um Direito Fundamental*. Espaço Jurídico: Journal of Law [EJJL], [S.l.], v. 12, n. 2, p. 91-108, Dez. 2011. ISSN 2179-7943. Disponível em: <http://editora.unoesc.edu.br/index.php/espacojuridico/article/view/1315/658>. Acesso em: mai. 2014.

FILHO, Olni Lemos. *A Normatização do Direito de Imagem e suas Limitações*. In: Âmbito Jurídico, Rio Grande, XVI, n. 108, jan. 2013. Disponível em: <http://www.ambito-juridico.com.br/site/?n_link=revista_artigos_leitura&artigo_id=12670>. Acesso em: mai. 2014.

NETO, Amaro Moraes e Silva. *Privacidade na Internet*. Disponível pelo link <http://pt.scribd.com/doc/4647969/privacidade-na-internet>. Acesso em: mai. 2014.

PALAZZI, Pablo A. *La Transmisión Internacional de Datos Personales y la Protección de la Privacidad:* Argentina, América latina, Estados Unidos y la Unión Europea. Buenos Aires: AdHoc Editora, 2002.

RAMOS, Ana Carenina Pamplona Pinho. *Publicidade Enganosa e Abusiva à Luz do Código de Proteção e Defesa do Consumidor*. In: Âmbito Jurídico, Rio Grande, XV, n. 98, mar 2012. Disponível em: <http://www.ambito-juridico.

com.br/site/?n_link=revista_artigos_leitura&artigo_id=11209&revista_caderno=10>. Acesso em: maio/2014.

RAMOS, Ricardo de Barros. *A Publicidade Não Identificada ou de Difícil Identificação Frente ao Código de Defesa do Consumidor*. Monografia de Conclusão de Curso de Direito. FESP Faculdades, João Pessoa, 2009. Disponível em <http://www.fespfaculdades.com.br/portal/biblioteca/documento/trabArquivo_11052010060553_RICARDO%20DE%20BARROS%20PDF.pdf>. Acesso em: abr. 2014.

VAZQUEZ. Rafael Ferraz. *A Proteção de Dados Pessoais nos Estados Unidos, União Europeia e América do Sul*: Interoperabilidade com a Proposta do Marco Normativo no Brasil. Disponível em: <http://www.publicadireito.com.br/artigos/?cod=87682805257e619d>. Acesso em: abr. 2014

VIEIRA, Tatiana Malta. *O Direito à Privacidade na Sociedade da Informação*: Efetividade desse Direito Fundamental Diante dos Avanços da Tecnologia da Informação. Porto Alegre: Sergio Antonio Fabris Editora, 2007.

Sugestão de leitura

Manual do Jovem Consumidor – Procon SP

Disponível em: <http://www.procon.sp.gov.br/pdf/Manual_Jovem_Consumidor.pdf>. Acesso em: 20 mar. 2015.

Explica em linguagem bastante simples os principais direitos dos consumidores e as obrigações das empresas.

Código Brasileiro de Autorregulamentação Publicitária e Anexos

Disponível em: <http://www.conar.org.br/>. Acesso em: 20 mar. 2015.

Traz as regras, princípios e valores morais e éticos aceitos pelo mercado para a atividade publicitária, bem como os procedimentos para o julgamento de eventuais infrações. Os anexos possuem critérios específicos para a atividade publicitária em determinados segmentos de mercado (como "educação", "bebidas alcoólicas", "turismo" e "produtos farmacêuticos", dentre outros).

Infográfico que diferencia concursos culturais, artísticos, desportivos e recreativos de outros concursos e promoções

Disponível em: <http://www.updateordie.com/2012/06/05/infografico-promocao-x-concurso-cultural-nas-redes-sociais-o-que-pode-e-nao-pode/>. Acesso em: 20 mar. 2015.

Apesar de algumas imprecisões técnico-jurídicas, o infográfico dá um panorama geral sobre a diferença entre concursos culturais, artísticos, desportivos e recreativos (denominados apenas como "concursos" no link) e outros concursos e promoções que necessitam de autorização da Caixa Econômica Federal ou da Secretaria de Acompanhamento Econômico do Ministério da Fazenda.

Capítulo 8
E-COMMERCE E SUAS IMPLICAÇÕES JURÍDICAS

Diego Nabarro

OBJETIVOS DO CAPÍTULO

O presente capítulo tem como destinatários empreendedores de tecnologia e operadores do direito com objetivo de ser uma leitura didática e informativa sobre o panorama geral do mercado de e-commerce, bem como sobre as principais regras aplicáveis ao e-commerce[1] e/ou e-business[2].

Para tanto, serão discutidos os conceitos de B2B, B2C e C2C para oferecer ao empreendedor as diferenças existentes entre estes conceitos sob o ponto de vista dos negócios e sob o ponto de vista jurídico.

Ademais, serão apresentados os principais direitos dos consumidores na relação de consumo com o objetivo de oferecer aos empreendedores uma noção um pouco mais profunda de como se preparar para cumpri-los e evitar contingências.

Introdução

O Brasil não tem uma lei específica para regular o e-commerce. O assunto há anos divide juristas entre aqueles que entendem que uma regulação específica seria necessária e, de outro lado, há aqueles que enten-

---

[1] Para os fins do capítulo, utilizar-se-á o conceito de e-commerce apresentado pela jurista Cláudia Lima Marques, a saber: "(...) comércio entre fornecedores e consumidores realizado através de contratações à distância, as quais são conduzidas por meios eletrônicos (e-mail etc.), por Internet (on-line) ou por meios de telecomunicações de massa (telemarketing, TV, TV a cabo etc.), sem a presença física simultânea dos dois contratantes no mesmo lugar (e sim à distância)." (MARQUES, Cláudia Lima. *Contratos no Código de Defesa do Consumidor*: O Novo Regime das Relações Contratuais. 4ª ed. rev., atual. e ampl., incluindo mais de 1.000 decisões jurisprudenciais. São Paulo: Editora Revista dos Tribunais, 2002.)

[2] Sobre o conceito de e-business, as palavras do jurista Manuel J. Pereira dos Santos: "A expressão "comércio eletrônico" tem sido usada tradicionalmente para designar esse novo modelo de negócios. Alguns preferem a expressão e-business justamente porque, além da atividade comercial típica, a Internet se presta ao exercício de qualquer atividade econômica." (SANTOS, Manoel J. Pereira dos. *A Responsabilidade Civil da Internet e nos demais Meios de Comunicação*.)

dem que as regras atuais, em especial o Código de Defesa do Consumidor (CDC), tem capacidade de solucionar os problemas originados das transações processadas por meio do e-commerce. Independentemente desta controvérsia, não se duvida que, ante ao conjunto de leis disponíveis, o CDC é a regra central a ser aplicada nos conflitos advindos das transações processadas por meio do e-commerce[3].

Desta forma, aqui serão analisados os casos em que o CDC é aplicável e, quando aplicável, quais as principais regras que o empreendedor precisa conhecer. Para tanto, o texto ilustrará a aplicação destas regras com casos concretos, com o objetivo de colocar a legislação em contexto e facilitar a compreensão do leitor sobre o arcabouço jurídico brasileiro.

Os dados do e-commerce Brasileiro e a relevância jurídica da sua análise

Para entendermos porque é importante refletir juridicamente sobre o e-commerce, é essencial analisar os dados deste mercado no Brasil. Embora seja relativamente claro que o e-commerce cresce ano a ano no ambiente de negócios brasileiro, qual o tamanho deste mercado? Qual a sua representatividade? Quantos brasileiros estão comprando e vendendo bens e serviços por meio da internet ou por qualquer outro meio telemático?

Os dados do gráfico abaixo elaborado pelo E-bit[4] no anuário 2014 podem nos oferecer algumas respostas sobre estas questões:

---

[3] Neste sentido, o jurista Newton de Lucca: "A questão da caracterização da relação de consumo, no âmbito da internet, põe-se exatamente da mesma forma. Aplicar-se-á total ou parcialmente o CDC às relações jurídicas, dependendo de serem ou não os sujeitos atuantes dessas relações fornecedores e consumidores. Identificados como tais, razão alguma existe para que a plena aplicação da legislação tutelar não lhes seja aplicada" (LUCCA, Newton de. *Aspectos Jurídicos da Contratação Informática e Telemática*. São Paulo: Saraiva, 2003, p.109).

[4] Relatório Webshoppers 2014, 29ª edição, elaborado pela E-bit, com o apoio da Federação do Comércio de Bens, Serviços e Turismo do Estado de São Paulo (FECOMERCIO), Associação Brasileira de Comercio Eletrônico (ABCOMM), Câmara Brasileira de Comércio Eletrônico (Camara-E.net), Buscapé Company e Bain & Company. Reprodução permitida com a devida citação da fonte nos termos da página 63 do referido relatório.
Disponível em: <http://www.ebit.com.br/webshoppers>. Acesso em: 20 mar. 2015.

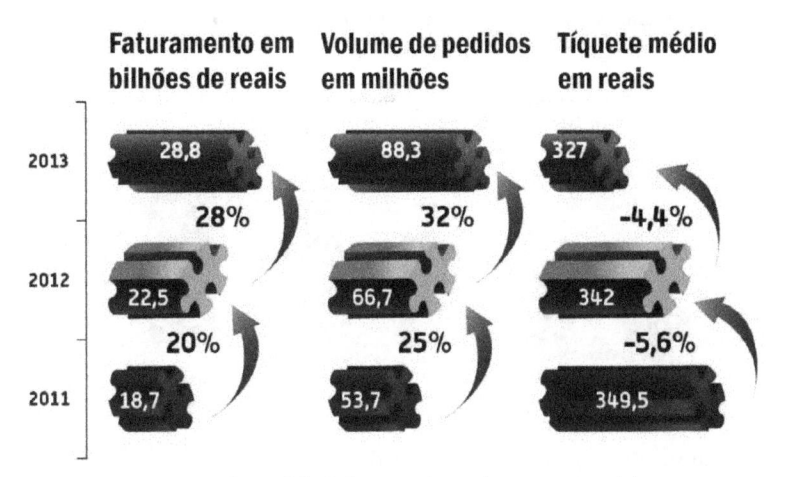

	Faturamento em bilhões de reais	Volume de pedidos em milhões	Tíquete médio em reais
2013	28,8	88,3	327
	28%	32%	-4,4%
2012	22,5	66,7	342
	20%	25%	-5,6%
2011	18,7	53,7	349,5

Fonte: E-bit Informação (www.ebitempresa.com.br)

Analisando-se os dados do gráfico acima, tem-se que o faturamento do e-commerce no Brasil no último ano foi de 28,8 bilhões de reais, 28% superior ao registrado no ano anterior. Note que o crescimento de 2011 para 2012 também foi expressivo, de 20%. Ademais, se analisarmos o crescimento médio do e-commerce de 2002 à 2014, o crescimento foi de 42,58% ao ano.

Para que se possa entender a expressividade dos números do e-commerce, é importante que comparemos o seu crescimento com o crescimento do PIB (Produto Interno Bruto) brasileiro.

Entre os anos de 2012 e 2013, o PIB brasileiro cresceu 2,3%. Entre os anos de 2011 e 2012, o crescimento foi de 1,0%. Se analisarmos o crescimento médio do PIB de 2002 para cá, temos um crescimento médio de 3,29%.

Como se pode perceber, em uma economia de crescimento modesto, o e-commerce cresce a taxas muito superiores às da economia brasileira. Diante destes dados, é mandatória a conclusão de que as pessoas vêm, gradativamente, migrando as suas compras de bens e serviços das lojas físicas para o e-commerce.

Não é só nos dados de faturamento que se baseia esta conclusão. Se analisarmos a taxa de crescimento anual dos consumidores que utilizam o e-commerce ou já o utilizaram pelo menos uma vez como meio para aquisição de bens e serviços, temos os seguintes dados, conforme o anuário 2014 elaborado pelo E-bit:

Evolução do número de e-consumidores – em milhões
(Já fizeram pelo menos uma compra online)

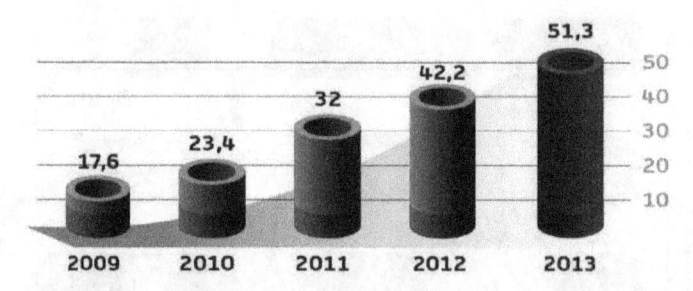

- 2009: 17,6
- 2010: 23,4
- 2011: 32
- 2012: 42,2
- 2013: 51,3

Fonte: E-bit Informação (www.ebitempresa.com.br)

Analisando-se os dados do gráfico acima, temos que o crescimento do número de consumidores que já fizeram pelo menos uma aquisição de bens e serviços por meio do e-commerce cresceu mais de 100% entre 2010 e 2013.

Outra conclusão que os dados dos gráficos anteriores oferecem é que o ticket médio das compras vem diminuindo, ao passo que o número de pedidos e o número de consumidores usando o e-commerce vem aumentando.

Estes dados nos levam a conclusão de que mais pessoas vem utilizando o e-commerce, fazendo mais pedidos e, ademais, comprando itens de menor preço. Tal conclusão é interessante na medida em que demonstra que o e-commerce brasileiro é diversificado, oferecendo soluções para diversas necessidades, preços e perfis de consumidores.

Esta afirmação pode ser corroborada pelos dados do gráfico a seguir que demonstra o que o consumidor brasileiro adquire pelo e-commerce:

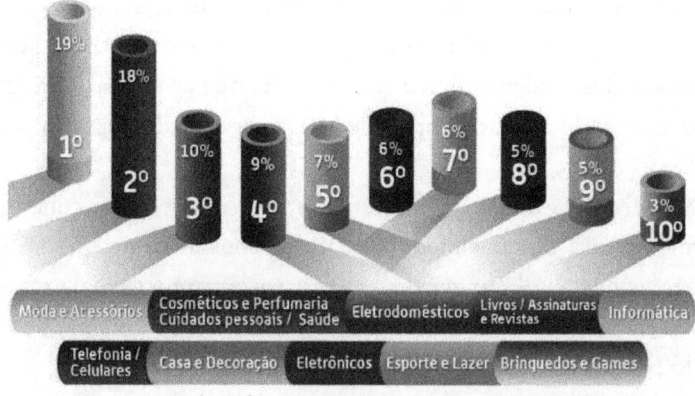

- 1º Moda e Acessórios – 19%
- 2º Cosméticos e Perfumaria / Cuidados pessoais / Saúde – 18%
- 3º Telefonia / Celulares – 10%
- 4º Casa e Decoração – 9%
- 5º Eletrônicos – 7%
- 6º Eletrodomésticos – 6%
- 7º Livros / Assinaturas e Revistas – 6%
- 8º Esporte e Lazer – 5%
- 9º Brinquedos e Games – 5%
- 10º Informática – 3%

Fonte: E-bit Informação (www.ebitempresa.com.br) - Período 2013

Como se pode depreender dos dados acima, o consumidor brasileiro vem usando o e-commerce para adquirir diversos tipos de bens e serviços, demonstrando a maturidade dos consumidores e do mercado.

Estes dados demonstram claramente que e-commerce, gradativamente, ganha cada vez mais espaço na vida dos brasileiros e o Direito, por seu turno, tem o dever de analisar estas relações com maior atenção e oferecer soluções razoáveis aos problemas que surgem.

Neste sentido é também importante que o empreendedor tenha ciência das regras aplicáveis ao e-commerce. Com isto, ele será capaz de estruturar o seu modelo de negócio de forma adequada e oferecerá ao mercado produtos e serviços melhores. Assim, o item abaixo tratará das principais regras do CDC aplicáveis ao e-commerce bem como alguns exemplos de casos em que o CDC foi aplicado para solução de problemas.

> Para mais dados de mercado sobre e-commerce acesse o relatório da E-bit disponível gratuitamente para download no site: <http://www.ebit.com.br/webshoppers>. Acesso em: 20 mar. 2015.

Princípios Básicos do Código de Defesa do Consumidor aplicáveis aos modelos de negócio do e-commerce

Definição de consumidor e fornecedor

Como se demonstrou na introdução do presente capítulo, quando falamos em Direito e e-commerce, fala-se primordialmente do CDC. Mas em quais situações o CDC é aplicável? Nas relações de consumo. Mas quem são os atores da relação de consumo? O Consumidor [5] e o Fornecedor [6].

---

[5] Nos termos do artigo 2° da Lei n° 8078/1990:
Art. 2° Consumidor é toda pessoa física ou jurídica que adquire ou utiliza produto ou serviço como destinatário final.
Parágrafo único. Equipara-se a consumidor a coletividade de pessoas, ainda que indetermináveis, que haja intervindo nas relações de consumo.

[6] Nos termos do artigo 2° da Lei n° 8078/1990:
Art. 3° Fornecedor é toda pessoa física ou jurídica, pública ou privada, nacional ou estrangeira, bem como os entes despersonalizados, que desenvolvem atividade de produção, montagem, criação, construção, transformação, importação, exportação, distribuição ou comercialização de produtos ou prestação de serviços.

> Consumidor é toda **pessoa física** ou **jurídica** que adquire ou utiliza **produto** ou **serviço** como **destinatário final**.

> Fornecedor é toda **pessoa física** ou **jurídica** que **produz, cria, importa, exporta, distribui, comercializa produto ou serviço**.

Da aplicabilidade do CDC aos diversos modelos de e-commerce

Definidos consumidor e fornecedor, cabe a análise da aplicabilidade do CDC as principais classes de modelos de negócios, a saber: B2C (*business to consumer*/empresa para consumidor), B2B (*business to business*/produtos ou serviços vendidos de empresa para empresa), e C2C (*consumer to consumer*).

A primeira questão que pode surgir para os empreendedores é: faz diferença o CDC ser ou não aplicável a determinado modelo de negócio?

A resposta para esta questão é: faz muita diferença. Isto porque o CDC parte de uma premissa de que o consumidor é vulnerável[7]. Esta consideração reverbera por todo o código e cria meios vantajosos para que o consumidor tenha seus direitos resguardados, o que, por sua vez, gera maiores custos e riscos de responsabilização judicial das startups deste mercado.

Alguns dos pontos mais relevantes do reflexo da ideia de vulnerabilidade do consumidor serão tratados a seguir, entre eles a responsabilidade objetiva do fornecedor, a nulidade das cláusulas abusivas, a impossibilidade de limitação da responsabilidade, entre outros.

Entretanto, antes de adentrarmos a fundo nas regras do CDC, analisaremos a aplicabilidade do CDC ao B2B, B2C e C2C.

Primeiramente, e para tristeza dos empreendedores, não é possível oferecer uma regra geral da aplicação das regras do CDC a cada uma destas macro modalidades do e-commerce.

---

§ 1º Produto é qualquer bem, móvel ou imóvel, material ou imaterial.

§ 2º Serviço é qualquer atividade fornecida no mercado de consumo, mediante remuneração, inclusive as de natureza bancária, financeira, de crédito e securitária, salvo as decorrentes das relações de caráter trabalhista.

[7] Art. 4º A Política Nacional das Relações de Consumo tem por objetivo o atendimento das necessidades dos consumidores, o respeito à sua dignidade, saúde e segurança, a proteção de seus interesses econômicos, a melhoria da sua qualidade de vida, bem como a transparência e harmonia das relações de consumo, atendidos os seguintes princípios: (Redação dada pela Lei nº 9.008, de 21.3.1995)
I - reconhecimento da vulnerabilidade do consumidor no mercado de consumo.

Isto porque, como não temos uma legislação específica que pacifique as situações e as hipóteses em que o CDC é aplicável, atualmente estamos submetidos à análise das decisões judiciais, do caso a caso. Com base nesta análise, o judiciário vai oferecendo critérios e referencias aos empreendedores e aos operadores do direito.

Desta forma, a aplicabilidade do Código ao e-commerce dependerá, em grande medida, da forma como o modelo de negócio está estruturado e da forma como o judiciário entenderá o funcionamento do modelo de negócio.

Em tese, seria possível afirmar com clareza que o CDC seria aplicável às operações B2C e em pouquíssimos casos do B2B.

A aplicabilidade ao B2C se dá na medida em que temos claramente configurado os dois polos da relação de consumo, o fornecedor e o consumidor. Entretanto, no que toca ao B2B e ao C2C, pairam dúvidas e é necessária a análise do caso concreto.

Em se tratando de B2B seria razoável imaginar que, na maioria dos casos, não há a figura do consumidor. Entretanto é importante se considerar que o conceito de consumidor expressamente permite que pessoa jurídica seja parte da relação de consumo.

Assim sendo, a aplicação do CDC será possível se a pessoa jurídica for considerada destinatária final de um bem ou serviço. Neste sentido, é necessário que o empreendedor do B2B fique em alerta. Há uma série de julgados que aplicam o CDC a operações que classificaríamos como B2B e que intuitivamente tendemos a exclui-las da classificação da relação de consumo.

Para elucidar este entendimento, analisemos o caso abaixo:

Neste caso, julgado pelo Tribunal de Justiça do Paraná[8], o judiciário foi um pouco mais longe, o Tribunal considerou que a pessoa jurídica era vulnerável na contratação de um software e sua implantação, usando como

---

[8] "APELAÇÃO CÍVEL. AÇÃO DE RESCISÃO CONTRATUAL C/C INDENIZAÇÃO. PRESTAÇÃO DE SERVIÇOS. LICENCIAMENTO E IMPLANTAÇÃO DE SOFTWARE. VÍCIO NA QUALIDADE DO PRODUTO. PESSOA JURÍDICA. VULNERABILIDADE TÉCNICA. ATIVIDADE CONTRATADA ALHEIA AO OBJETO SOCIAL DA PESSOA JURÍDICA. POSSIBILIDADE DE APLICAÇÃO DO CÓDIGO DE DEFESA DO CONSUMIDOR. TEORIA FINALISTA. VÍCIO DE QUALIDADE EVIDENCIADO. PRODUTO QUE NUNCA ATENDEU ÀS EXPECTATIVAS DO CONSUMIDOR. DEVOLUÇÃO DOS VALORES PAGOS. SOLIDARIEDADE DOS FORNECEDORES. MERO INADIMPLEMENTO CONTRATUAL, QUE NÃO GERA DANO MORAL INDENIZÁVEL. APELAÇÕES CÍVEIS E RECURSO ADESIVO NÃO-PROVIDOS. (TJ-PR, RELATOR: FERNANDO WOLFF BODZIAK, DATA DE JULGAMENTO: 10/12/2008, 11ª CÂMARA CÍVEL)".

base a ideia de vulnerabilidade técnica. Os magistrados entenderam que como o objeto social da empresa não era relacionado à compra e venda de software, ela era vulnerável na relação.

Situação análoga a esta pode ser encontrada nos modelos de negócio de C2C onde, em tese, não existe a figura do fornecedor. Entretanto, novamente precisaremos de uma análise do caso concreto. Isto porque, em alguns casos onde vemos um C2C, estamos diante de uma relação que o judiciário poderá considerar como relação de consumo.

Vejamos o caso abaixo, relativo a um site que teoricamente era apenas intermediário, ligando consumidores diretamente, mas que acabou sendo classificado de forma diversa no caso concreto.

> CIVIL. CONSUMIDOR. COMPRA E VENDA DE APARELHO CELULAR VIA INTERNET. NÃO ENTREGA DE MERCADORIA. DEVOLUÇÃO DAS PARCELAS PAGAS. SOLIDARIEDADE PASSIVA DO SITE QUE DISPONIBILIZA A REALIZAÇÃO DE NEGÓCIOS E RECEBE UMA COMISSÃO DO VENDEDOR/ANUNCIANTE QUANDO CONCRETIZA O NEGÓCIO. (Apelação Cível ACJ 2003.03.1.014088-5 julgado pela 2ª Turma Recursal dos Juizados Especiais Cíveis e Criminais do Tribunal de Justiça do Distrito Federal e dos Territórios).[9]

No caso em tela, os juízes entenderam que o site deveria ser enquadrado como parte na relação de consumo, nos termos do parágrafo único do artigo 7º do CDC[10]. Esta conclusão se deu na medida em que o intermediário ao (i)

---

[9] No mesmo sentido: "COMPRA E VENDA PELA INTERNET. MERCADORIA NÃO ENTREGUE. DANO MATERIAL. FRAUDE QUANTO A VENDA DO PRODUTO. ILEGITIMIDADE AFASTADA. RESPONSABILIDADE DO INTERMEDIÁRIO POR MANTER EM SITE CADASTRO DE VENDEDOR CERTIFICADO, PASSANDO A IMAGEM DE QUE GARANTIA OS NEGÓCIOS POR ESTE REALIZADO."

Embora o Mercado Livre atue como mera intermediária de negócios, possibilitando a aproximação entre compradores e vendedores que ali anunciam seus produtos, no caso concreto se verifica a culpa da intermediária por possibilitar a veiculação de selo de vendedor certificado em favor de estelionatário que, valendo-se de empresa inexistente, ali anunciava a venda de produtos. Sentença confirmada por seus próprios fundamentos. (1ª Turma Recursal dos Juizados Especiais Cíveis do Estado do Rio Grande do Sul, no Recurso Inominado nº 71000620278).

[10] Art. 7º Os direitos previstos neste código não excluem outros decorrentes de tratados ou convenções internacionais de que o Brasil seja signatário, da legislação interna ordinária, de regulamentos expedidos pelas autoridades administrativas competentes, bem como dos que derivem dos princípios gerais do direito, analogia, costumes e equidade.

Parágrafo único. Tendo mais de um autor a ofensa, todos responderão solidariamente pela reparação dos danos previstos nas normas de consumo.

apresentar um produto para diversos consumidores, (ii) intermediar a venda, e (iii) receber comissão por este serviço, seria parte na relação de consumo na condição de fornecedor, solidariamente com o "fornecedor"/vendedor. Tais atos inerentes à prestação de serviço de intermediação o tornariam solidariamente responsável pelos danos causados ao consumidor.

Como se demonstrou acima, a aplicabilidade do CDC está submetida a uma análise minuciosa do modelo de negócio e dos julgados que enfrentaram situações semelhantes. Desta forma, o empreendedor deve estar atento às mudanças de entendimento do judiciário.

Das principais regras do CDC aplicáveis ao e-commerce

Conceituados fornecedores e consumidores, bem como os principais modelos de negócio, é importante traçarmos um panorama geral com as principais regras protetivas do consumidor nos termos da legislação aplicável. Esta análise é importante para oferecer aos empreendedores um guia rápido para a consulta de suas principais obrigações.

Assim, trataremos dos seguintes princípios e regras: (i) Responsabilidade Objetiva dos Fornecedores no e-commerce; (ii) Cláusulas Excludentes da Responsabilidade dos Fornecedores; (iii) Cláusulas Abusivas, (iv) Vedação da Publicidade Enganosa e/ou Abusiva; e (v) Direito de Arrependimento.

Responsabilidade objetiva dos fornecedores no e-commerce

A responsabilidade objetiva dos fornecedores é uma regra disposta nos artigos 12[11] e 14[12] do CDC que impõe ao fornecedor a responsabilidade pelos danos causados aos consumidores independentemente de haver culpa pelo dano.

---

[11] Art. 12. O fabricante, o produtor, o construtor, nacional ou estrangeiro, e o importador respondem, independentemente da existência de culpa, pela reparação dos danos causados aos consumidores por defeitos decorrentes de projeto, fabricação, construção, montagem, fórmulas, manipulação, apresentação ou acondicionamento de seus produtos, bem como por informações insuficientes ou inadequadas sobre sua utilização e riscos.
§ 1º O produto é defeituoso quando não oferece a segurança que dele legitimamente se espera, levando-se em consideração as circunstâncias relevantes, entre as quais:
I - sua apresentação;
II - o uso e os riscos que razoavelmente dele se esperam;
III - a época em que foi colocado em circulação.
§ 2º O produto não é considerado defeituoso pelo fato de outro de melhor qualidade ter sido colocado no mercado.

[12] Art. 14. O fornecedor de serviços responde, independentemente da existência de culpa, pela reparação dos danos causados aos consumidores por defeitos relativos à prestação dos serviços, bem como

Esta responsabilidade se estende: (i) aos defeitos nos produtos/serviços, (ii) pelo fornecimento de informações insuficientes ou inadequadas sobre o produto/serviço e, (iii) sobre os riscos apresentados pelo produto ou serviço.

O modelo do CDC e a responsabilidade objetiva do fornecedor advêm do fato de que o consumidor é considerado vulnerável[13] na relação de consumo e, portanto, tem meios limitados para provar o seu direito, como se demonstrou acima.

Desta forma, para que o consumidor pleiteie o seu direito judicialmente, terá que demonstrar em uma ação judicial: (i) defeito do produto/serviço, (ii) dano experimentado, e (iii) nexo de causalidade entre defeito e dano.

Note que a grande diferença do modelo consumerista para o modelo normal de responsabilidade civil é o fato de <u>não ser necessário prova de culpa do fornecedor</u>. Assim, caberá ao fornecedor se eximir da responsabilidade. Para tanto, ele terá de provar que: (i) não colocou o produto no mercado, (ii) que o defeito no produto/serviço inexiste, ou (iii) que o defeito foi causado por culpa exclusiva do consumidor ou de terceiro.

Como se pode perceber, a exclusão do elemento culpa torna o trabalho da defesa do fornecedor muito mais complexo, diminuindo em muito as chances de sucesso.

> Dica: Vale notar que não se enquadra no conceito de produto/serviço defeituoso o fato de ter sido colocado no mercado produto de melhor qualidade. Em se tratando do mercado de tecnologia, onde a transformação é muito

---

por informações insuficientes ou inadequadas sobre sua fruição e riscos.
§ 1º O serviço é defeituoso quando não fornece a segurança que o consumidor dele pode esperar, levando-se em consideração as circunstâncias relevantes, entre as quais:
I - o modo de seu fornecimento;
II - o resultado e os riscos que razoavelmente dele se esperam;
III - a época em que foi fornecido.
§ 2º O serviço não é considerado defeituoso pela adoção de novas técnicas.
§ 3º O fornecedor de serviços só não será responsabilizado quando provar:
I - que, tendo prestado o serviço, o defeito inexiste;
II - a culpa exclusiva do consumidor ou de terceiro.
§ 4º A responsabilidade pessoal dos profissionais liberais será apurada mediante a verificação de culpa.

[13] Art. 4º A Política Nacional das Relações de Consumo tem por objetivo o atendimento das necessidades dos consumidores, o respeito à sua dignidade, saúde e segurança, a proteção de seus interesses econômicos, a melhoria da sua qualidade de vida, bem como a transparência e harmonia das relações de consumo, atendidos os seguintes princípios: (Redação dada pela Lei nº 9.008, de 21.3.1995)
I - reconhecimento da vulnerabilidade do consumidor no mercado de consumo.

rápida, é importante que o empreendedor tenha em mente esta disposição. Isto porque é razoável imaginar reclamações desarrazoadas de consumidores por conta de existir no mercado inovação que torne o seu produto obsoleto.

Cláusulas Excludentes da Responsabilidade dos Fornecedores

De acordo com o demonstrado acima, nosso sistema jurídico consumerista tem como base a presunção que o consumidor é vulnerável na relação de consumo.

Desta forma, o CDC impediu os fornecedores brasileiros de limitarem a sua responsabilidade por defeitos ou falhas nos produtos e nos serviços por meio de cláusulas que não indenizem o consumidor no limite do dano sofrido.

No nosso sistema de responsabilidade civil, a reparação se mede na extensão do dano, nos termos do artigo 927[14] do Código Civil. Assim sendo, seria difícil aceitar a limitação de responsabilidade que não cobrisse toda a extensão do dano causado ao consumidor.

Ademais, o próprio CDC foi explícito no artigo 25[15] ao vedar qualquer estipulação contratual que limite ou exonere o fornecedor a indenizar o consumidor pelos danos causados.

Importante considerar, ainda, as disposições do parágrafo 1º e 2º do artigo 25 que criam a responsabilidade solidária pela reparação de danos entre todos os elos da cadeia de fornecedores, incluindo, inclusive, o dano causado por componente incorporado no produto ou serviço.

Neste sentido, o empreendedor, ao colocar um produto no mercado que dependa de algum outro software, aplicação ou de um hardware, deve estar ciente que poderá ser chamado a participar da reparação do dano gerado por este componente, mesmo que sejam de outras empresas.

O ponto de relevo deste item foi demonstrar ao empreendedor que a nossa legislação é muito clara ao impedir que as empresas limitem a responsa-

---

[14] Art. 927. Aquele que, por ato ilícito (arts. 186 e 187), causar dano a outrem, fica obrigado a repará-lo.

[15] Art. 25. É vedada a estipulação contratual de cláusula que impossibilite, exonere ou atenue a obrigação de indenizar prevista nesta e nas seções anteriores.
§ 1º Havendo mais de um responsável pela causação do dano, todos responderão solidariamente pela reparação prevista nesta e nas seções anteriores.
§ 2º Sendo o dano causado por componente ou peça incorporada ao produto ou serviço, são responsáveis solidários seu fabricante, construtor ou importador e o que realizou a incorporação.

bilidade pelos danos causados. Assim, os empreendedores não devem contar com esta possibilidade no momento de elaboração de termos de uso, políticas de privacidade e *click-wrap agreements* (contratos de clique).

Cláusulas Abusivas

Em linha com o que foi discutido no item anterior, o CDC não se limitou em traçar uma linha para impedir somente a aplicação de cláusulas de limitação de responsabilidade, mas também criou a disciplina das cláusulas abusivas.

Nas palavras da jurista Cláudia Lima Marques, cláusulas abusivas podem ser definidas da seguinte forma:

> A abusividade de cláusula contratual é, portanto, o desequilíbrio ou descompasso de direitos e obrigações entre as partes, desequilíbrio de direitos e obrigações típicos àquele contrato específico; é a unilateralidade excessiva, é a previsão que impede a realização total do objetivo contratual, que frustra os interesses básicos das partes presentes naquele tipo de relação, é, igualmente, a autorização da atuação futura contraria a boa-fé, arbitrária ou lesionaria aos interesses do outro contratante, é a autorização de abusos no exercício da posição contratual preponderante (2005, p. 161).

Como se pode depreender da definição acima, cláusula abusiva é a cláusula unilateral ou desequilibrada em favor do fornecedor, colocando o consumidor em situação de extrema desvantagem. O CDC criou um rol exemplificativo do que se consideram cláusulas abusivas no artigo 51[16].

---

[16] Art. 51. São nulas de pleno direito, entre outras, as cláusulas contratuais relativas ao fornecimento de produtos e serviços que:

I - impossibilitem, exonerem ou atenuem a responsabilidade do fornecedor por vícios de qualquer natureza dos produtos e serviços ou impliquem renúncia ou disposição de direitos. Nas relações de consumo entre o fornecedor e o consumidor pessoa jurídica, a indenização poderá ser limitada, em situações justificáveis;

II - subtraiam ao consumidor a opção de reembolso da quantia já paga, nos casos previstos neste código;

III - transfiram responsabilidades a terceiros;

IV - estabeleçam obrigações consideradas iníquas, abusivas, que coloquem o consumidor em desvantagem exagerada, ou sejam incompatíveis com a boa-fé ou a equidade;

V - (Vetado);

VI - estabeleçam inversão do ônus da prova em prejuízo do consumidor;

VII - determinem a utilização compulsória de arbitragem;

VIII - imponham representante para concluir ou realizar outro negócio jurídico pelo consumidor;

IX - deixem ao fornecedor a opção de concluir ou não o contrato, embora obrigando o consumidor;

É imprescindível que o empreendedor leia e entenda cada uma das disposições deste artigo para captar o que é considerado abusivo e se precaver de incluir tais disposições nos seus contratos. Ademais, é importante que o empreendedor saiba que o rol do artigo 51 do CDC é exemplificativo, podendo ser completado com outras situações fáticas que se considerem abusivas.

Um exemplo prático interessante para elucidar esta questão é o caso da revisão dos termos e condições de uso do Dropbox de 2014, que trazem anuência à cláusula arbitral como necessária para a solução de disputas relacionadas ao serviço.

Caso Dropbox

Na revisão de seus termos e condições de uso, o Dropbox incluiu uma cláusula que obriga o consumidor a anuir com um juízo arbitral para a solução de controvérsias relativas ao serviço. A única exceção à aplicabilidade do juízo arbitral são os casos em que este modelo de solução de controvérsias não seja aplicável ao consumidor. Caso isto aconteça, os termos e condições de uso do Dropbox elegem o foro do Condado da Califórnia para a solução da controvérsia.

X - permitam ao fornecedor, direta ou indiretamente, variação do preço de maneira unilateral;

XI - autorizem o fornecedor a cancelar o contrato unilateralmente, sem que igual direito seja conferido ao consumidor;

XII - obriguem o consumidor a ressarcir os custos de cobrança de sua obrigação, sem que igual direito lhe seja conferido contra o fornecedor;

XIII - autorizem o fornecedor a modificar unilateralmente o conteúdo ou a qualidade do contrato, após sua celebração;

XIV - infrinjam ou possibilitem a violação de normas ambientais;

XV - estejam em desacordo com o sistema de proteção ao consumidor;

XVI - possibilitem a renúncia do direito de indenização por benfeitorias necessárias.

§ 1º Presume-se exagerada, entre outros casos, a vantagem que:

I - ofende os princípios fundamentais do sistema jurídico a que pertence;

II - restringe direitos ou obrigações fundamentais inerentes à natureza do contrato, de tal modo a ameaçar seu objeto ou equilíbrio contratual;

III - se mostra excessivamente onerosa para o consumidor, considerando-se a natureza e conteúdo do contrato, o interesse das partes e outras circunstâncias peculiares ao caso.

§ 2º A nulidade de uma cláusula contratual abusiva não invalida o contrato, exceto quando de sua ausência, apesar dos esforços de integração, decorrer ônus excessivo a qualquer das partes.

§ 3º (Vetado).

§ 4º É facultado a qualquer consumidor ou entidade que o represente requerer ao Ministério Público que ajuíze a competente ação para ser declarada a nulidade de cláusula contratual que contrarie o disposto neste código ou de qualquer forma não assegure o justo equilíbrio entre direitos e obrigações das partes.

Analisando-se esta disposição nos termos do inciso VII do artigo 51 do CDC é nula a cláusula que determine a utilização compulsória de arbitragem. Assim, devemos considerar que estamos diante de um caso de inaplicabilidade do juízo arbitral ao consumidor brasileiro.

Desta forma, como já mencionado, considerando os Termos e condições de uso do Dropbox se elegeria o foro do Condado da Califórnia para a solução da controvérsia. Entretanto, nos termos do artigo 101, inciso I[17] do CDC, o consumidor tem o direito de propor a ação judicial para a reparação de danos no seu domicílio.

Assim, embora o Dropbox tenha criado termos e condições de uso minuciosos, tenha avisado os consumidores sobre a mudança de seus termos e tenha, inclusive, traduzido o documento para o português, estas disposições seriam consideradas nulas por serem abusivas. A ação seria julgada por um juiz brasileiro, com base em leis brasileiras, contrariando a vontade do Dropbox e de suas políticas.

Vale considerar, ainda, a fragilidade do argumento de que o Dropbox não estaria submetido à legislação brasileira por não ofertar o serviço no Brasil. Este argumento não deve ser levado em consideração na medida em que o CDC é lei de ordem pública e é aplicável aos consumidores brasileiros ainda que o serviço seja prestado fora do Brasil.

Vedação da Publicidade Enganosa e/ou Abusiva

A publicidade é assunto central para os modelos de negócio on-line. Os maiores gastos e as maiores discussões dos modelos de negócio de internet estão orientados aos projetos de marketing, as métricas, as formas de aquisição de usuários, de conversão de anúncios etc.

Desta forma, é importante que consideremos os artigos 30[18] e 35[19] do CDC na medida em que são os artigos mais citados no judiciário no que toca a publicidade online.

---

[17] Art. 101. Na ação de responsabilidade civil do fornecedor de produtos e serviços, sem prejuízo do disposto nos Capítulos I e II deste título, serão observadas as seguintes normas:
I - a ação pode ser proposta no domicílio do autor.

[18] Art. 30. Toda informação ou publicidade, suficientemente precisa, veiculada por qualquer forma ou meio de comunicação com relação a produtos e serviços oferecidos ou apresentados, obriga o fornecedor que a fizer veicular ou dela se utilizar e integra o contrato que vier a ser celebrado.

[19] Art. 35. Se o fornecedor de produtos ou serviços recusar cumprimento à oferta, apresentação ou publicidade, o consumidor poderá, alternativamente e à sua livre escolha:

A compreensão da dupla dos artigos 30 e 35 é de grande importância para os empreendedores na medida em que oferecem a percepção de que a publicidade é uma oferta e que a oferta vincula o proponente ao seu cumprimento. Neste mesmo sentido, caso a startup não consiga honrar com a proposta, terá que ressarcir o consumidor que aderiu a ela.

Assim sendo, é imprescindível que o empreendedor tenha bastante cuidado, atenção e preparação para lançar uma campanha, bem como com relação a possíveis erros existentes nas peças publicitárias.

Direito de Arrependimento

O direito de arrependimento nas compras on-line é um direito do consumidor disposto no artigo 49[20] no CDC. Este artigo trata do direito do consumidor de devolver um produto adquirido em até 7 dias da data da compra ou do recebimento do produto, recebendo o dinheiro de volta corrigido.

A ideia por traz do direito de arrependimento nas contratações feitas por meios telemáticos (telefone, televisão, internet) se dá porque o consumidor não teve contato direto com o produto, bem como pode ter sido persuadido por uma publicidade considerada abusiva.

Desta forma, é muito importante que os empreendedores tenham um serviço de atendimento ao consumidor, bem como uma política de troca ou devolução para cumprir com este direito.

O Decreto nº 7.962/2013 e as obrigações específicas das empresas de comércio eletrônico

Conforme demonstrado no capítulo 3 do presente artigo, o e-commerce vem crescendo rapidamente no país e, como toda inovação com rápida penetração na sociedade, gerou problemas jurídicos relevantes.

I - exigir o cumprimento forçado da obrigação, nos termos da oferta, apresentação ou publicidade;
II - aceitar outro produto ou prestação de serviço equivalente;
III - rescindir o contrato, com direito à restituição de quantia eventualmente antecipada, monetariamente atualizada, e a perdas e danos.

[20] Art. 49. O consumidor pode desistir do contrato, no prazo de 7 dias a contar de sua assinatura ou do ato de recebimento do produto ou serviço, sempre que a contratação de fornecimento de produtos e serviços ocorrer fora do estabelecimento comercial, especialmente por telefone ou a domicílio.
Parágrafo único. Se o consumidor exercitar o direito de arrependimento previsto neste artigo, os valores eventualmente pagos, a qualquer título, durante o prazo de reflexão, serão devolvidos, de imediato, monetariamente atualizados.

A disseminação da internet como espaço de compra e venda de bens e serviços acabou criando um ambiente muito rico para os negócios, mas também para fraudes e para condutas de fornecedores não alinhadas com a boa-fé nos contratos.

Os consumidores que foram gradativamente aderindo ao e-commerce por muito tempo sofreram com problemas como: (i) a não entrega dos produtos, (ii) a compra de produtos diferentes do que imaginavam estar comprando, (iii) a participação em promoções/compras coletivas sem conhecer os exatos termos das ofertas, (iv) a cobrança de taxas adicionais não especificadas nas ofertas, entre outros.

Neste sentido, foi se sedimentando ao longo dos anos um dogma de que a segurança das compras feitas pela internet era baixa, ou seja, que o simples fato de adquirir um bem ou serviço pela internet era inseguro.

Este dogma foi caindo por terra pela própria ação dos grandes agentes deste mercado que foram, no decorrer do tempo, criando métodos e ferramentas tecnológicas para mitigar estes riscos e colocar a internet como um ambiente seguro para as relações comerciais. Neste mesmo processo, os consumidores habituais das lojas virtuais também ficaram mais experientes no que toca os contratos on-line, seus riscos e as precauções que precisavam ser tomadas nas suas compras.

Assim, estes consumidores mais experientes contribuíram com o aumento da segurança das transações na medida em que requereram padrões de segurança maiores das empresas com as quais eles se relacionavam, melhorando muito a segurança do e-commerce nos últimos anos.

Entretanto, continuaram a existir muitos problemas advindos da contratação on-line. Isto porque este mercado recebe todos os dias novos entrantes, sejam eles fornecedores ou consumidores. Assim, de um lado, o mercado ainda recebe uma enxurrada de fornecedores sem a devida capacidade/estrutura para oferecer os bens e os serviços que pretendem oferecer, bem como pessoas de fato interessadas em perpetrar fraudes. De outro, o mercado ainda recebe muitos consumidores imaturos e incapazes de perceber os riscos de fazer negócios com determinadas lojas virtuais.

Neste cenário é promulgado o Decreto nº 7.962 de 15 de março de 2013 que altera o CDC e especifica algumas obrigações para as empresas que pretendem oferecer os seus bens e serviços pela internet.

O objetivo do decreto em questão foi aumentar a segurança das relações comerciais feitas pela internet de modo a estabelecer um *standard* básico que possibilite ao consumidor ter os seus direitos resguardados.

Com este objetivo, o decreto cria regras para tratar de um tripé que se identificou como fonte de problemas nas relações comerciais pela internet, a saber: (i) informações claras a respeito do produto, do serviço e do fornecedor, (ii) atendimento facilitado ao consumidor, e (iii) o direito de arrependimento.

Tais regras visam criar um ambiente onde o consumidor, por exemplo, saiba com qual empresa está se relacionando, na medida em que terá acesso ao CNPJ e a razão social dela.

Nesta mesma linha, o decreto obriga que a empresa ofereça informações detalhadas sobre os produtos e serviços que disponibiliza no mercado e também sobre as condições específicas de determinadas ofertas. Ademais, o decreto ainda cria a obrigação de que as empresas ofereçam formas de atendimento ao cliente on-line e cumpram com o direito de arrependimento dos consumidores.

Assim sendo, o decreto pretende tornar o ambiente mais seguro e fazer com que as empresas que desejem ofertar produtos e serviços neste mercado tenham um nível mínimo de institucionalização e capacidade de cumprir com os direitos dos consumidores.

Conclusão

O presente capítulo buscou oferecer uma visão panorâmica sobre a aplicabilidade do CDC aos principais modelos de negócio do e-commerce, bem como apresentar as principais regras aplicáveis às relações de compra e venda de produtos e serviços pela internet e pelos demais meios telemáticos.

É importante que o leitor tenha em mente que os assuntos aqui discutidos não esgotam as questões jurídicas do e-commerce e devem ser entendidos apenas como uma visão inicial e uma forma dos empreendedores tomarem contato com o tema para futuro estudo e aprofundamento.

De qualquer forma, é fundamental que o empreendedor de internet leia, estude e se interesse pelas regras que são aplicáveis aos seus serviços. Esta postura proativa cria melhores produtos, serviços e contratos, na medida em que aproxima o empreendedor e o seu advogado.

Guia de consulta rápida

- A representatividade do e-commerce e/ou e-business como meio de aquisição de bens e serviços vem crescendo exponencialmente nos últimos 10 anos.

- Diante desta mudança de hábitos dos consumidores, os operadores do direito e os empreendedores devem estar preparados para lidar com os desafios que ela oferece aos modelos de negócio. Conhecer as regras aplicáveis, em especial o Código de Defesa do Consumidor (CDC), e criar procedimentos para cumpri-las é condição necessária para sobreviver e crescer nestes mercados.

- Para que o CDC seja aplicável a uma relação comercial é necessário que exista a figura do fornecedor e do consumidor. Embora esta afirmação possa levar a conclusão de que o CDC não seria aplicável a modelos de negócio B2B ou o C2C, isto não é verdade em todos os casos.

- A aplicabilidade do CDC às relações comerciais dependerá de elementos internos ao modelo de negócio em questão. Neste sentido, analisamos no capítulo alguns casos em que o CDC é aplicado a modelos de negócio B2B e C2C e investigamos os elementos do caso que levaram o judiciário a entender desta forma. Empreendedores e operadores do direito devem ficar atentos às decisões dos tribunais, pois tais dão lições valiosas sobre a melhor forma de estruturar o seu modelo de negócio!

- Adentrando às principais regras do CDC no que toca o e-commerce, devemos analisar as seguintes ideias: (i) Responsabilidade Objetiva dos Fornecedores no e-commerce; (ii) Cláusulas Excludentes da Responsabilidade dos Fornecedores; (iii) Cláusulas Abusivas; (iv) Vedação da Publicidade Enganosa e/ou Abusiva e (v) Direito de Arrependimento.

- Responsabilidade Objetiva dos Fornecedores significa que a empresa é responsável pelos danos causados ao consumidor independentemente de culpa.

- Cláusulas Excludentes da Responsabilidade dos Fornecedores são cláusulas que limitam a responsabilidade da empresa em caso de dano causado e/ou proveniente da relação de consumo. Tais cláusulas são expressamente vedadas pela legislação brasileira.

- Cláusulas Abusivas são cláusulas unilaterais, ou seja, cláusulas que geram um desequilíbrio na relação contratual. Tais cláusulas também não são permitidas e devem ser evitadas nos contratos. O artigo 51 do CDC traz um rol exemplificativo deste tipo de cláusula e pode ser um guia interessante para os empreendedores entenderem os limites estabelecidos pela legislação.

- Vedação da Publicidade Enganosa e/ou Abusiva são regras que impedem que o empreendedor faça campanhas que ludibriem o consumidor ou que o façam adquirir bens ou serviços por impulso. O conselho para os empreendedores ao fazerem propaganda é: seja claro e exaustivo nas peças publicitárias.

- Direito de Arrependimento é o direito do consumidor de devolver os produtos adquiridos em até 7 dias da data da compra ou do recebimento do produto.

- O decreto nº 7.962/2013 regulamentou o CDC no que toca aos seguintes temas: (i) informações claras a respeito do produto, do serviço e do fornecedor; (ii) atendimento facilitado ao consumidor e (iii) direito de arrependimento.

- O objetivo primordial do decreto nº 7.962/2013 foi trazer maior segurança as compras on-line através da regulamentação de direitos que já existiam no CDC, mas que não estavam devidamente especificados e claros no e-commerce.

- Neste sentido, o decreto impôs obrigações às empresas de modo a tornar o acesso à informação mais fácil e claro, bem como impôs obrigações no que toca a completude das informações. Assim sendo, as empresas tiveram e tem que se adequar a uma nova forma de disponibilização de informações sobre a própria empresa ofertante, sobre as ofertas, e também criar procedimentos para serviço de atendimento ao cliente (SAC) e para cumprir com o direito de arrependimento.

Bibliografia

BRASIL. Lei nº 8.078 de 11 de setembro de 1990. Dispõe sobre a proteção do consumidor e dá outras providências.

BRASIL. Lei nº 10.406 de 10 de janeiro de 2002. Institui o Código Civil.

LEONARDI, Marcel. Responsabilidade dos Provedores de Serviços de Internet por Seus Próprios Atos. In: SANTOS, Manoel J. Pereira dos; TAVARES DA SILVA, Regina Beatriz, *Responsabilidade Civil da Internet e nos demais Meios de Comunicação*. 2. ed. São Paulo: Saraiva, 2012. pp. 121-140.

LUCCA, Newton de; FILHO, Adalberto Simão (coord.) et al. *Direito e Internet*: Aspectos Jurídicos Relevantes, Vol.I. Bauru: Edipro, 2001. v. 1.

_____ *Aspectos Jurídicos da Contratação Informática e Telemática*. São Paulo: Saraiva, 2003, p.109.

_____ *Direito e Internet*: Aspectos Jurídicos Relevantes. São Paulo: Quartier Latin, 2008. v. 2.

MARQUES, Cláudia Lima. *Contratos no Código de Defesa do Consumidor*: O Novo Regime das Relações Contratuais. 4. ed. rev., atual. e ampl., incluindo mais de 1.000 decisões jurisprudenciais. São Paulo: Editora Revista dos Tribunais, 2002.

PECK, Patrícia. *Direito Digital*. 5. ed. São Paulo: Saraiva, 2013.

Relatório Webshoppers 2014, 29ª edição, elaborado pela E-bit. Disponível em: <http://www.ebit.com.br/webshoppers>. Acesso em: 23 mar. 2015.

SANTOS, Manoel J. Pereira dos. A Responsabilidade Civil dos Provedores de Conteúdo pelas Transações Comerciais Eletrônicas. In: SANTOS, Manoel J. Pereira dos; TAVARES DA SILVA, Regina Beatriz. *Responsabilidade Civil da Internet e nos demais Meios de Comunicação*. 2. ed. São Paulo: Saraiva, 2012. pp. 143-194.

Sugestão de leitura

Guia do Comercio Eletrônico do Procon-SP. Disponível em: <http://www.sebrae.com.br/Sebrae/Portal%20Sebrae/Anexos/acs_guia_comercio_eletronico.pdf>. Acesso em: 12 abr. 2015.

Termos e Condições de Uso do Dropbox. Disponível em: <https://www.dropbox.com/privacy#terms>. Acesso em12 abr. 2015.

CAPÍTULO 9
Direito Digital: o Marco Civil da Internet e os novos desafios da era digital

Marcelo André Bulgueroni

Objetivos do capítulo

O objetivo deste capítulo é assinalar o momento em que o Direito se torna importante para um negócio que utiliza a internet no Brasil, assim como indicar quais são as normas aplicáveis aos negócios no meio digital no Brasil, que vem aumentando de forma proeminente.

Também tem por objetivo demonstrar como o Marco Civil da internet se encaixa neste novo cenário e a sua importância para o empreendedor. Para isso, alguns casos práticos fictícios serão descritos visando um melhor entendimento da utilização do Marco Civil nos negócios digitais.

Introdução

Assim como a criação do telégrafo não criou um "Direito Telegráfico", a chegada da internet não criou, e nem deve criar, um "Direito Digital", termo esse que é utilizado apenas para uma facilidade maior de compreensão do tema tratado. Há, de fato, a ocorrência de diversos direitos, de naturezas diferentes, no ambiente digital. A internet dá espaço para a realização de relações pessoais, comerciais e técnicas. Nesse ambiente podem ser iniciados relacionamentos românticos (Direito de Família), serviços podem ser contratados (Direito Empresarial) e crimes podem ser praticados (Direito Penal), entre outros.

Para muitos dos fatos que ocorrem na internet, já há normas perfeitamente aplicáveis. Um bom exemplo é a venda de artigos de consumo por intermédio de um website – o comércio eletrônico de bens físicos opera de forma muito semelhante às vendas por telefone, e o Código do Consumidor brasileiro já dispõe com bastante eficiência sobre os desafios nesse tipo de relação.

Já um serviço que funcione na nuvem[1], entregando serviços e valores que por vezes são medidos de forma intangível[2], pode precisar de normas específicas para ter sua operação ocorrendo com segurança. Novas questões surgem para serviços desse tipo, tais como a escolha da lei aplicável às relações estabelecidas em um cenário no qual a localização de um servidor é muito pouco relevante, se dados pessoais entregues a um serviço podem ser comercializados com terceiros ou não, as formas de um indivíduo comprovar sua identidade e sua vontade na internet, entre outros.

Para que questões como essas possam ser solucionadas, a adoção de normas específicas à internet é necessária. Nesse aspecto, surge o grande desafio imposto a cada país de legislar de uma forma que regulamente comportamentos e proteja seus cidadãos na internet, mas que não interfira no funcionamento dela, que nasceu para ser uma estrutura internacional e assim deve permanecer para que tenha seu sucesso continuado.

Boas normas para a internet devem ser: (a) <u>internacionalmente adequadas</u>, respeitando a natureza transnacional da internet e entendendo que a inter-relação com outros países e povos é inevitável; (b) <u>tecnologicamente neutras</u>, não devendo se ater a sistemas e tecnologias específicas, pois estas mudam com o tempo; e (c) <u>estimuladoras da inovação</u>, mantendo a internet como um mercado aberto para novos *players* com novas invenções e modelos de utilização.

O Brasil começou a adotar normas para a internet com considerável atraso em comparação com outros países do mundo. Desde os anos 1990, por exemplo, a União Europeia conta com um substancial conjunto de normas para a internet, disciplinando desde as assinaturas eletrônicas ao comércio eletrônico, passando pela privacidade de dados e interoperabilidade de sistemas

---

[1] Serviços na nuvem são aqueles em que os dados e informações não são armazenados localmente no computador do usuário, mas em séries de servidores do prestador de serviços. Por medida de segurança, este nunca mantém os dados em apenas um servidor, tendo múltiplas cópias e espalhando esses dados por vezes ao redor do mundo, em um sistema de redundância de grandes dimensões. Assim, usa-se o conceito "nuvem" para definir esse estado de dispersão dos dados, sem uma localização geográfica e informática definida. Exemplos desse tipo de serviço é o e-mail, em que as mensagens ficam armazenadas na internet e acessíveis de qualquer lugar, ou serviços mais modernos como o Dropbox, que armazena quaisquer tipos de arquivos na nuvem.

[2] Por exemplo, é difícil determinar qual o valor das fotos publicadas no Instagram, assim como determinar se o verdadeiro valor do serviço prestado pelo Dropbox é a sincronização de arquivos, sua armazenagem na nuvem ou ainda sua habilidade de se conectar a outros serviços.

eletrônicos entre países da União Europeia e estrangeiros[3]. Por sua vez, o Brasil até o início de 2014 contou com apenas um punhado de decretos e normas específicas até a vinda do Marco Civil da Internet, primeira base realmente sólida para a regulamentação de práticas na internet no âmbito do direito brasileiro, devendo ter a atenção de todos aqueles que se utilizam da internet, na qualidade de usuários ou empreendedores.

Normas para a internet no Brasil

Há diversas normas que, de uma forma ou outra, tocam em sistemas informáticos e internet no Brasil[4], mas três merecem destaque (além do Marco Civil da Internet, que será discutido em detalhe em item posterior):

Medida Provisória 2.200-2, de 24 de agosto de 2001 – Certificação Digital

A MP 2200-2[5] tem como principal missão criar o sistema de assinaturas eletrônicas no sistema jurídico brasileiro. Ao criar a Infraestrutura de Chaves Públicas Brasileira (ICP-Brasil), essa Medida Provisória permitiu que toda a estrutura baseada em certificados digitais, como a utilização de e-CNPJ, e-CPF e similares, bem como o processo judicial eletrônico, fossem postos em prática.

Com a utilização da certificação digital conforme os termos da MP 2200-2, documentos e assinaturas eletrônicas são equiparados aos seus similares físicos, algo denominado "equivalência funcional", muito importante para operações jurídicas e comerciais na internet.

Além de determinar como devem funcionar os certificados digitais, a MP 2200-2 abre um espaço importante para quem realiza comércio eletrônico, ao permitir que a equivalência funcional entre documentos eletrônicos e físicos seja feita por intermédio de sistemas privados de autenticação independentes

---

[3] É sugerida a leitura da Diretiva da União Europeia 2000/31/CE, um texto sobre serviços da Sociedade da Informação que muito tem em comum com os objetivos do Marco Civil da Internet Brasileiro – vale reparar que essa Diretiva é do ano 2000. Disponível em: <http://eur-lex.europa.eu/legal-content/PT/TXT/PDF/?uri=CELEX:32000L0031&from=en>. Acesso em: 23 mar. 2015.

[4] Uma boa compilação de todas essas normas pode ser encontrada no website Internet Legal, no link a seguir: <http://www.internetlegal.com.br/biblioteca/legislacao/>. Acesso em: 23 mar. 2015.

[5] Texto integral disponível em: <http://www.planalto.gov.br/ccivil_03/mpv/Antigas_2001/2200-2.htm>. Acesso em: 23 mar. 2015.

da ICP-Brasil. A estrutura desta já é utilizada para que processos judiciais sejam desenvolvidos integralmente de forma eletrônica, tornando o processo muito mais rápido e eficiente.

Lei de Crimes Informáticos ("Lei Carolina Dieckmann") nº 12.737/2012

Originária de um conjunto de projetos de lei muito mais abrangente, que permitiria prever diversos novos tipos de crimes quando cometidos por intermédio da internet ou com a utilização de sistemas eletrônicos, essa lei acabou sendo publicada em uma versão muito mais curta do que o originalmente previsto, tendo sido sua aprovação acelerada pelo evento de divulgação não autorizada de fotos íntimas da atriz brasileira Carolina Dieckmann[6], que acabou apelidando a Lei[7].

A Lei trata essencialmente de três crimes, que são introduzidos no Código Penal Brasileiro junto a outros já existentes: (a) invasão de dispositivos informáticos; (b) interrupção de serviços de informação e (c) falsificação de cartões eletromagnéticos ou com chip para identificação do portador.

O número restrito de crimes "digitais" adicionados por essa Lei não deve fazer com que seja desconsiderada a quantidade de crimes já existentes no Código Penal, que podem ser aplicados diretamente à internet, sem a necessidade de novas Leis, como é o caso, por exemplo, da calúnia e difamação. Assim, não é porque um fato ocorreu utilizando a internet que é preciso uma nova lei para dizer que ele é crime. Por exemplo, alguém que publica um fato falso e desonroso sobre um artista no jornal impresso comete o mesmo crime de quem o faz pela internet: o de difamação.

Decreto sobre Comércio Eletrônico nº 7.962, de 2013

Também de redação simples e concisa, o Decreto sobre Comércio Eletrônico[8] traz algumas importantes previsões para quem quer oferecer serviços ou

---

[6] Vide: <http://tecnologia.uol.com.br/noticias/redacao/2013/04/02/lei-carolina-dieckmann-sobre-crimes-na-internet-entra-em-vigor.htm>. Acesso em: 22 mar. 2015.

[7] Disponível em: <http://www.planalto.gov.br/CCIVIL_03/_Ato2011-2014/2012/Lei/L12737.htm>. Acesso em: 23 mar. 2015.

[8] Disponível em: <http://www.planalto.gov.br/ccivil_03/_Ato2011-2014/2013/Decreto/D7962.htm>. Acesso em: 23 mar. 2015.

bens via internet: pede a apropriada identificação do vendedor ou prestador de serviços (incluindo seu endereço físico e CNPJ e/ou CPF), a exposição clara do que é oferecido no website, assim como exige o respeito ao Código do Consumidor e ao direito de arrependimento daquele que compra por intermédio de um website de Comércio Eletrônico.

O mesmo decreto traz, ainda, a obrigação de determinados cuidados especiais quando se conclui um contrato via comércio eletrônico, devendo ser apresentado, por exemplo, um resumo das condições contratuais para o usuário antes da conclusão da compra ou contratação do serviço.

O Marco Civil da Internet

Breve histórico do Marco Civil da Internet

O Marco Civil da Internet, originado no Projeto de Lei nº 2.126/2011, apensado ao Projeto de Lei nº 5.403/2001, teve um processo de elaboração autenticamente colaborativo. Com uma redação inicial proposta pelo Ministério da Justiça Brasileiro, foi alvo de diversos debates com a Sociedade Civil organizados pelo Governo Federal. O processo de debates e consultas trouxe mudanças ao seu texto final, que foi apresentado ao Congresso Nacional.

A partir da sua discussão no Congresso Nacional, o Marco Civil começou a evoluir lentamente, pela complexidade técnica envolvida, e também por afetar diversos setores de interesses antagônicos da sociedade, em temas como a neutralidade de rede e a guarda de registros de acesso.

O processo voltaria a ser acelerado, entretanto, quando Edward Snowden revelou em 2013 a existência de um gigantesco processo de monitoramento de dados do governo dos Estados Unidos da América, denominado PRISM[9], que interceptou dados privados de milhões de indivíduos, independentemente de sua relevância para a segurança nacional dos EUA ou de qualquer autorização por outros países. O tamanho desse programa e os riscos envolvidos fizeram com que a Presidência da República solicitasse especial atenção com a regulamentação da internet no Brasil, trazendo assim o Marco Civil para um papel protagonista na agenda legislativa nacional em 2013 e

---

[9] Mais sobre a descoberta do PRISM pode ser encontrado em: < http://www.washingtonpost.com/investigations/us-intelligence-mining-data-from-nine-us-internet-companies-in-broad-secret-program/2013/06/06/3a0c0da8-cebf-11e2-8845-d970ccb04497_story.html> e < http://www.theguardian.com/world/2013/jun/06/us-tech-giants-nsa-data >. Acesso em: 23 mar. 2015.

2014, culminando em sua sanção pela Presidência da República e tornando-se a Lei nº 12.965, de 23 de abril de 2014[10].

Aspectos protegidos pelo Marco Civil da Internet

Em vez de abordar do Marco Civil artigo por artigo, será feita uma análise dos aspectos mais importantes da sua redação para aqueles que pretendem empreender e inovar na internet. Dessa forma, a presente análise não será de forma alguma exaustiva, servindo mais como um levantamento de seus principais pontos e impactos econômicos, tecnológicos e sociais.

Princípios do Marco Civil da Internet

Parte bastante ignorada nas primeiras análises do Marco Civil da Internet, os artigos 2º a 4º do Marco Civil da Internet são de extrema importância para o direcionamento da governança da internet brasileira, pois estabelecem conceitos e princípios básicos sobre a internet e sua utilização. Esses conceitos e princípios, enquanto permanecerem como parte do Marco Civil da Internet, deverão ser parte integrante de qualquer nova lei ou regulamento feito sobre a internet no Brasil. Deverão também ser considerados por juízes, árbitros e todos aqueles que decidam alguma discussão judicial ou extrajudicial tendo por tema algo ocorrido na internet. Se o princípio não basta sozinho para ser uma norma, ele é suficiente para indicar como determinada situação deve ser interpretada. E o que esses artigos protegem não é pouco.

Priorizando a *liberdade de expressão*[11], o art. 2º estabelece os fundamentos do Marco Civil, ou seja, aquilo em que se baseará todo o restante de suas normas, incluindo ao lado da liberdade de expressão: (i) o respeito à escala mundial da rede; (ii) os direitos humanos, desenvolvimento da personalidade e exercício de cidadania por meios digitais; (iii) pluralidade e diversidade; (iv) a abertura e a colaboração; (v) a livre iniciativa, a livre concorrência e a defesa do consumidor e (vi) a finalidade social da rede.

---

[10] Íntegra disponível em: < http://www.planalto.gov.br/CCIVIL_03/_Ato2011-2014/2014/Lei/L12965.htm>. Acesso em: 23 mar. 2015.

[11] Ao falar de liberdade de expressão no Brasil, é sempre importante lembrar que a Constituição Federal Brasileira é bastante específica ao assegurar a liberdade de expressão, mas *vedando o anonimato*. Isso está no art. 5º, IV, e segue valendo para a internet. O que o Marco Civil pretende é garantir que essa liberdade de expressão possa ser exercida sempre na internet, mas dentro das regras que a Constituição Federal estabelece.

O art. 3º traz princípios para a aplicação dos fundamentos previstos no art. 2º: (i) garantia da liberdade de expressão; (ii) proteção da privacidade; (iii) proteção de dados pessoais; (iv) preservação e garantia da neutralidade da rede; (v) preservação da estabilidade, funcionalidade e segurança da rede; (vi) responsabilização dos agentes de rede de acordo com suas atividades; (vii) preservação da natureza participativa da rede e (viii) liberdade dos modelos de negócios promovidos na internet.

Finalmente, o art. 4º traz o que o Marco Civil da Internet pretende *promover* com suas normas, sinteticamente, a saber: (i) acesso amplo à internet; (ii) acesso à informação e participação na vida cultural e condução de assuntos públicos; (iii) inovação e fomento à ampla difusão de novas tecnologias e modelos de uso e acesso e (iv) adesão a padrões tecnológicos abertos, focados em comunicação, acessibilidade e interoperabilidade.

Uma rápida leitura dos três artigos acima citados permite verificar sua importância para o empreendedorismo de inovação nacional: no art. 2º é muito importante ver confirmada a proteção explícita da livre iniciativa e da livre concorrência. No art. 3º, a proteção da neutralidade da rede – que será abordada em detalhe a seguir – e a preservação da liberdade de modelos de negócios promovidos na internet. No art. 4º, a garantia de acesso à internet, de inovação e fomento a novas tecnologias e modelos de uso e acesso, assim como a adoção de tecnologias que sempre sejam abertas e interoperáveis, garantindo assim que setores da internet não sejam "fechados" pelo uso de determinadas tecnologias proprietárias[12].

Em conjunto, esses fundamentos, princípios e objetivos têm um poder muito importante, que é o de promover uma internet livre, segura, e aberta a todos aqueles que tenham boas ideias para sua exploração, seja com finalidade de lucro ou não. Fosse o Marco Civil da Internet apenas composto por essa parte inicial, já poderia ser considerado uma grande conquista para todos aqueles que veem a internet como uma fonte constante de inovação e crescimento.

---

[12] Por exemplo, um grupo de provedores de conexão à internet poderia estabelecer um novo padrão de conexão entre computadores diferente do TCP/IP, criando uma rede privatizada que poderia dificultar ou mesmo recusar o acesso à rede aberta quando desejasse. A exigência de padrões abertos e interoperáveis assegura que não ocorra esse tipo de abuso por qualquer parte.

Direitos e garantias dos usuários

Antes de haver negócios comerciais na internet, existia apenas um grupo de usuários que se comunicavam entre si, por motivos primariamente sociais ou científicos. Foi exatamente a quantidade de usuários e a possibilidade de chegar a um público internacional e socialmente ativo que iniciou o comércio eletrônico. Com a disseminação e crescimento da internet, a expansão do comércio de bens – e, mais importante, de dados – por intermédio dela, novos desafios surgiram para a compreensão de até que extensão os usuários teriam direitos mínimos a serem preservados frente aos interesses comerciais, na maioria das vezes legítimos, mas que por vezes poderiam ser abusados.

O capítulo II do Marco Civil da Internet dedica-se inteiramente ao cuidado com os usuários, estabelecendo normas para trazer garantias efetivas a esses usuários. A sua compreensão é muito importante para qualquer indivíduo interessado em realizar atividades comerciais por intermédio da internet. Se por um lado essa regulamentação sobre os direitos do usuário pode ser percebida inicialmente como uma limitação para o empreendedor, por outro há um aspecto bastante positivo: agora há como saber o que se pode fazer ou não, e de uma forma segura.

Em linhas gerais, o capítulo II busca proteger a confidencialidade dos dados pessoais do usuário, assim como dos que este envia pela internet. Assegura também alguns princípios comerciais, como a garantia de que o usuário deve receber a velocidade contratada dos prestadores de serviços de conexão à internet e de que os contratos de prestação de serviços via internet devem detalhar de forma muito clara como os dados do usuário serão utilizados.

Com o forte foco desse capítulo em dados pessoais e sua proteção, é importante ressaltar que o Marco Civil da Internet *não* proíbe a coleta de dados pessoais, sua utilização para fins comerciais, e mesmo o compartilhamento desses dados com terceiros. Entretanto, para que quaisquer utilizações como essa possam ocorrer, o usuário deve ter total conhecimento dessa possibilidade e autorizar previamente (essa autorização terá que ser destacada dos termos e condições gerais do serviço). Se não proíbe algumas práticas, o Marco Civil da Internet exige extrema transparência dos empreendedores de internet quanto à forma com que lidam com os dados de seus usuários, dando-lhes a escolha de aceitar essa forma de utilização ou não.

Neutralidade de rede

A internet é composta por vias de informação que enviam pacotes de dados por uma conexão de rede aberta, baseada no protocolo TCP/IP. Em uma rede neutra, as conexões de internet devem se comportar como se comparativamente fossem autoestradas de grande porte por intermédio das quais podem trafegar veículos de todos os tipos, motores e origens, sendo autorizado a todos atingir a velocidade máxima da via. Comparando cada pacote de dados a um veículo, pode-se entender que uma via neutra permite que esse pacote trafegue sempre na velocidade máxima disponível, independente se dentro desse pacote haja dados de vídeo, de texto, criptografados ou não, originando de determinado local da internet ou não.

Uma conexão de internet não neutra opera de forma diferente: analisa esses pacotes de dados e estabelece que devem ficar fixos em determinada via, muitas vezes com velocidade muito menor do que a via poderia proporcionar. Pode, ainda, *bloquear* totalmente o tráfego de alguns pacotes específicos, efetivamente quebrando a conexão de um serviço específico. É como se carros de um determinado fabricante fossem forçados a transitar pelas autoestradas a apenas 20 km/h, ou se carros procedentes exclusivamente de um determinado país sofressem essa limitação.

Assim, uma rede neutra não faz distinção de pacotes de dados, enquanto uma não neutra avalia esses pacotes e os bloqueia ou limita conforme seus interesses, de infraestrutura ou de finalidade comercial.

A internet foi idealizada em seu princípio para ser neutra, tanto nas tecnologias utilizadas como na forma com que seus dados são tratados. Esse é um trunfo que garante que boas ideias poderão ser exploradas, tanto por grandes corporações detentoras dos meios de comunicações como por indivíduos inspirados em criar serviços e sistemas que podem beneficiar a toda uma comunidade de usuários[13]. Entretanto, a utilização de serviços revolucionários da internet necessita sempre da infraestrutura de telecomunicações. Quando determinados serviços passaram a exigir bastante dessa infraestrutura, como o *streaming* de vídeos em alta definição, prestadores de serviços de conexão à internet viram isso como um problema e uma oportunidade: problema, porque

---

[13] Para citar apenas alguns exemplos de inovação liderada por simples indivíduos: o YouTube, que revolucionou o conceito de vídeo on-line; o Ebay, modificador radical do comércio eletrônico; o Instagram no compartilhamento pessoal de fotos e o Facebook para o estabelecimento de redes sociais com relevância pessoal e comercial.

sobrecarregam suas estruturas de transmissão de dados, demandando o investimento em conexões de maior banda e disponibilidade; e por outro lado, uma oportunidade de cobrar mais, tanto do usuário quanto do serviço em questão, para que esses dados de alta performance possam ser transmitidos, financiando os novos investimentos de infraestrutura e permitindo a obtenção de maiores lucros no negócio de conexão à internet[14].

Deixar de exigir a neutralidade de rede criaria um cenário altamente perigoso para o cenário da inovação na internet: enquanto portais estabelecidos como Netflix, Facebook, Amazon e similares já detêm caixa e influência suficientes para arcar com esses investimentos necessários, aqueles novos empreendedores com ideias para serviços melhores e mais modernos teriam muita dificuldade de se promover, pois para seu serviço não ser percebido como ruim e ineficiente pelos usuários já deveriam começar seu negócio com um custo milionário – o custo de fazer com que os usuários consigam acessar seus serviços sem atrasos ou perdas.

Assim, fica claro porque a discussão da neutralidade de rede foi uma das mais polêmicas na análise do projeto do Marco Civil da Internet no Congresso Nacional brasileiro – entre argumentos sobre custo de infraestrutura e de benefícios ao consumidor, esteve em jogo algo muito maior: a escolha entre manter uma rede favorável e aberta à inovação, ou uma rede que criaria severos obstáculos a toda e qualquer inovação na internet no curto prazo.

Felizmente, o desfecho foi bastante positivo: a neutralidade de rede permanece mantida como um princípio no art. 3º, e é detalhada no art. 9º do Marco Civil da Internet, que prevê como única hipótese de quebra de neutralidade a degradação de dados quando estritamente necessário para a prestação adequada de serviços e aplicações, ou priorização de serviços de emergência. Mesmo essas exceções deverão ser regulamentadas por decreto da Presidência da República.

Adicionalmente, provedores de acesso à internet que degradem a qualidade de rede para determinados serviços (quando autorizados legalmente)

---

[14] Como um bom exemplo, provedores de acesso à internet poderiam cobrar da empresa Netflix para que seus dados fossem entregues em velocidade normal (algo fundamental para que os vídeos que disponibiliza possam ser vistos em alta definição) – o não pagamento dessa taxa faria com que seus serviços se tornassem altamente ineficientes quando acessados por intermédio desse provedor, acarretando perdas à Netflix. Alternativamente, ou pior, adicionalmente, o provedor de acesso poderia cobrar a mais do usuário que desejasse assistir a esses vídeos – haveria pacotes de acesso à internet *sem* ou *com* acesso à Netflix para os interessados.

deverão deixar claro em contrato com os usuários como e quando isso é feito, para dar-lhes a opção de concordar – ou não – com as práticas adotadas por esse provedor, diferentemente do cenário vigente no Brasil até antes do Marco Civil da Internet, em que provedores propositadamente degradavam conexões de internet quando serviços de alto consumo de dados eram utilizados – como serviços de vídeo – sem qualquer transparência para com seus consumidores.

Proteção e Guarda de Registros

A Seção II do Capítulo III do Marco Civil da Internet trata da proteção de um dos bens mais relevantes da internet: registros. Esses registros podem ser dados pessoais, bancos de dados de prestadores de serviços on-line, relatórios de conexão à internet ou a aplicativos oferecidos por intermédio da internet. Mais importante ainda, além da proteção é tratada a obrigatoriedade de provedores de acesso à internet e de provedores de aplicações de internet[15] de manterem registros de acesso e utilização por prazos mínimos.

O cuidado com os dados pessoais e comunicações privadas, tratado nos artigos 10 a 12, estabelece como sigilosas todas as informações dos usuários confiadas aos prestadores de serviços na internet, assim como as comunicações feitas por esses usuários são consideradas privadas. Seu conteúdo só pode ser acessado por autoridades mediante ordem judicial, ou seja, deve passar pela avaliação de um juiz antes de se quebrar o sigilo de comunicação e dados de um usuário (exceto para a obtenção de dados cadastrais básicos, como nome, endereço e filiação, que uma autoridade administrativa – exemplo: polícia – poderá solicitar sem ordem judicial). Um ponto importante dessa obrigação é que ela se estende também a estrangeiros que, mesmo não tendo filial ativa no Brasil, ofereçam seus serviços a brasileiros. Havendo um terminal[16] utilizando esses serviços no país, ou tendo o prestador alguma empresa coligada nessa jurisdição, ele está sujeito à norma, previsão bastante importante para garantir

---

[15] O Marco Civil da Internet define aplicações de internet como "o conjunto de funcionalidades que podem ser acessadas por meio de um terminal conectado à internet" – ou seja, quase todos os serviços utilizados via internet nos dias de hoje são, de fato, provedores de aplicações de internet. Websites de redes sociais, fotografia, e-mail, compras, educação, entre outros, são serviços que proporcionam funcionalidades suficientes para serem considerados aplicações de internet pelo Marco Civil da Internet naturalmente isso se estende para aplicativos destinados a celular que usem a internet como base para a sua prestação de serviços.

[16] Seja esse terminal um computador, um *tablet*, um celular ou qualquer outro dispositivo que acesse a internet, já inventado ou não.

a competitividade dos negócios criados no Brasil e que poderão concorrer de igual para igual com prestadores de serviços estrangeiros que queiram operar no espaço nacional.

A guarda de registros de conexão é o tema seguinte. Nos artigos 13 a 16, o Marco Civil da Internet torna obrigatória a guarda dos registros de conexão[17], tanto para provedores de acesso à internet, pelo prazo de um ano, como para os que oferecem aplicações de internet, pelo período de seis meses[18]. Autoridades policiais ou o Ministério Público podem pedir que esse prazo de guarda seja estendido para prazos maiores em alguns casos, de forma a permitir que investigações em andamento contem com todos os dados necessários no futuro.

A obrigatoriedade da guarda de registros de conexão e acesso a aplicativos pode parecer à primeira vista um custo adicional desnecessário ao empreendedor que inicia seu projeto na internet. Entretanto, é importante lembrar que, se por um lado ele acrescenta ao empreendedor a obrigação de manter registros de conexão, por outro indica que todos os setores da internet brasileira passarão a, com seus registros, identificar melhor quaisquer pessoas que atuem contra as regras de direito no país. E isso inclui regras que protegem a livre concorrência, a inovação e a confidencialidade de dados. Com os registros devidamente guardados, crimes na internet são desencorajados, pois os criminosos passam a ter receio de serem identificados e, consequentemente, condenados pelo que fazem. O suposto "anonimato" da internet acaba e, junto com ele, acabam também muitos dos crimes que ocorrem alimentados por essa relativa percepção de impunidade.

Logo, o empresário que pretende se utilizar da internet como meio principal ou acessório de seu negócio deve se preparar para ter um bom sistema de registro de acessos, assim como estar pronto para cooperar com autoridades policiais, sabendo identificar um pedido judicial e dispor das tecnolo-

---

[17] Conforme o texto do Marco Civil da Internet, registros de conexão são "o conjunto de informações referentes à data e hora de início e término de uma conexão à internet, sua duração e o endereço IP utilizado pelo terminal para o envio e recebimento de pacotes de dados".

[18] Interessante notar que o Marco Civil da Internet proíbe que os provedores de acesso à internet mantenham registros de quais aplicações de internet foram acessadas por seus usuários (art. 14) – dessa forma, fica o provedor de acesso restrito a registrar quem se conecta, quando, e com que IP, à internet apenas. Se acessou esta ou aquela aplicação de internet, isso cabe ao prestador de serviços de aplicações de internet ter o registro de tanto. Assim, o Marco Civil da Internet evita uma excessiva concentração de poder – e de obrigações também – nos provedores de internet.

gias necessárias para atender esse pedido[19]. Se por um lado há a expectativa de aumento de custos do investimento inicial e sua manutenção, por outro há a segurança de que o empreendedor e seus investidores iniciam seu projeto em um cenário muito mais previsível e seguro graças às regras do Marco Civil da Internet, que se aplicam tanto para si quanto para seus concorrentes, nacionais ou estrangeiros.

Retirada de conteúdo e responsabilidade por conteúdo de terceiros

Os artigos 18 a 21 do Marco Civil da Internet tratam de tema recorrente na internet mundialmente: quem pode solicitar a retirada de um conteúdo publicado na internet sem autorização dos proprietários ou detentores de direitos sobre esse conteúdo? Esse procedimento, denominado em inglês *takedown*, é fundamentalmente polêmico. É necessário proteger os proprietários de um conteúdo, ou mesmo a sua intimidade, de uma publicação por terceiros não autorizados. A internet oferece diversos serviços em que fotos, ideias, textos e outras formas de expressão podem ser publicados, para ganho de renome ou mesmo de recursos financeiros. Assim, é natural que alguns busquem publicar conteúdos que não são de sua propriedade, ou pior, constituem parte da vida privada de outros indivíduos, sem qualquer autorização prévia para sua publicação.

Logo, o Marco Civil da Internet determina que a retirada de conteúdos publicados na internet deve ocorrer por ordem judicial, confiando que quando determinado usuário verificar que há uma publicação que lhe atinja pessoalmente em uma rede social, por exemplo, este recorrerá ao Poder Judiciário para que por sua vez um Juiz de Direito obrigue o prestador de serviços na internet a retirar o conteúdo do ar. Apenas se não cumprir com a ordem judicial no prazo apresentado o prestador de serviços da internet será considerado responsável também pelo conteúdo divulgado indevidamente.

É feita uma clara e explícita exceção à retirada de conteúdos que infrinjam direitos autorais, pois esses têm uma legislação específica para sua proteção, e não caberia ao Marco Civil da Internet concorrer com essa legislação. A internet é um terreno em que ocorrem diversas violações de direitos auto-

---

[19] Vale lembrar a importância de se planejar para todos esses eventos quando da montagem de um sistema que funcionará via internet – tem que ser incluído desde o projeto inicial a guarda de registros, de forma a não trazer custos adicionais para o empreendedor quando, com toda uma plataforma on-line pronta, verifica que não conseguiu adotar um sistema que mantenha os registros de forma adequada.

rais. A atual legislação de direitos autorais no Brasil já é bastante moderna, e com as normas trazidas pelo Marco Civil da Internet complementando-a, o combate às infrações de direito autoral no meio digital deve se tornar ainda mais eficiente.

Outra exceção, muito importante para todos aqueles que pretendam desenvolver negócios na internet, é para os casos em que imagens de nudez ou de natureza sexual sejam divulgadas sem autorização dos participantes nessas cenas. Caso o prestador de serviços de internet seja notificado pela parte interessada ou seus representantes legais, ele <u>deve</u> retirar o conteúdo do ar, <u>independentemente de ordem judicial</u>, sob o risco de ser considerado responsável subsidiário no processo de indenização da pessoa que teve suas imagens divulgadas indevidamente.

Assim, todo empreendimento que conte com a participação de usuários na criação e compartilhamento de conteúdos deve estar preparado para rapidamente apagar ou suspender determinadas publicações, seja por ordem judicial ou por notificação recebida. A política sugerida é de cumprir as ordens judiciais e analisar com a devida cautela notificações extrajudiciais recebidas, sempre consultando um advogado que possa avaliar os riscos frente ao Marco Civil da Internet e outras normas aplicáveis ao caso em si.

Aplicação prática do Marco Civil da Internet

A seguir serão analisados alguns casos práticos em que o Marco Civil da Internet exerce influência direta:

Netflix

A empresa sediada nos Estados Unidos da América (EUA) Netflix[20] tem uma história interessante para o meio da internet, como excelente exemplo de transição eficiente de um sistema de serviços off-line para on-line. O sistema da Netflix, antes de investir na distribuição de vídeos via internet, consistia em uma rede, acessível por um *website*, na qual usuários podiam selecionar seus filmes preferidos para assistir por ordem de preferência, recebendo do sistema algumas recomendações de filmes segundo o seu histórico de filmes alugados. Esses usuários recebiam DVDs com os filmes escolhidos (com um

---

[20] Mais informações sobre a história da Netflix podem ser encontradas em <http://www.inc.com/ilan-mochari/netflix-history.html> e <http://money.cnn.com/2009/01/27/news/newsmakers/hastings_netflix.fortune/>. Acesso em: 24 mar. 2015.

limite de um a três por vez) em suas casas, pelo correio, sem prazo para devolução. Assistidos os filmes, o usuário enviava, também pelo correio, os DVDs de volta à Netflix, e recebia pouco tempo depois os restantes da sua lista. Sem prazos para assistir ou para devolver e sem multas. Com esse sistema inovador, a Netflix conseguiu tirar de seu trono a empresa concorrente Blockbuster, até então a maior locadora de filmes da época.

Talvez pela própria experiência em ter trazido um novo negócio, a empresa Netflix sabia que não poderia repousar em seu sucesso por tempo indefinido – deveria se preparar para a próxima forma de entrega de conteúdo, a internet. Com a gradual expansão das formas de conexão à internet, e o aumento da capacidade de entrega de dados com o surgimento da internet a cabo e ADSL, ao lado de experiências on-line como o YouTube[21], os responsáveis pela Netflix viram então uma possibilidade considerada improvável e inviável por muitos: migrar seu sistema de envio de DVDs por correio para um sistema de entrega de vídeos on-line. Comprou servidores, preparou sua estrutura, e seguiu um processo extremamente detalhado de licenciamento de conteúdo. Em pouco tempo, permitia a usuários de banda larga nos EUA assistir vídeos em alta definição por intermédio da internet.

Provedores de acesso à internet nos EUA, muitas vezes também prestadores de serviços de televisão, viram-se ameaçados pela concorrência do serviço que eles mesmos viabilizavam por intermédio da conexão à internet que providenciavam a seus usuários: pela internet, usuários acessavam conteúdo equivalente ou superior ao que as empresas de telecomunicações oferecem a seus clientes em seus setores de TV[22].

---

[21] Projeto completamente independente que permitia a publicação de curtos vídeos na internet na época. Esses vídeos tinham baixa resolução e curta duração, mas formaram uma comunidade tão engajada de usuários que o Google, que então já era uma grande corporação, viria a comprar o YouTube por um bilhão e meio de dólares em 2006 (vide <http://venturebeat.com/2006/10/09/they-did-it-youtube-gets-bought-by-gooogle-for-165b-in-less-than-two-years/>. Acesso em: 24 mar. 2015).

[22] Isso deu início a uma longa batalha nos EUA pela neutralidade de rede, que culminou em 2014 por uma grave derrota da neutralidade – uma decisão da justiça federal dos EUA abriu a possibilidade jurídica de se desconsiderar exigências para a neutralidade de rede da autoridade de telecomunicações dos EUA (FCC) – vide <http://www.wired.com/2014/01/court-kills-net-neutrality/>. Acesso em: 24 mar. 2015. Netflix foi uma das primeiras vítimas diretas, tendo que pagar um "resgate" à operadora Comcast para que seu conteúdo fosse entregue sem restrições aos seus assinantes (disponível em: <http://www.washingtonpost.com/blogs/the-switch/wp/2014/03/20/netflix-well-pay-comcasts-ransom-but-we-shouldnt-have-to/>. Acesso em: 24 mar. 2015). Naturalmente, isso aumentou os custos de operação da Netflix, forçando o anúncio em 2014 de que assinaturas viriam a ter seu valor aumentado.

Paralelamente a isso, a Netflix passou a disponibilizar seus serviços no Brasil. Ajudando usuários a analisar seu próprio gosto cinematográfico e recomendando títulos de interesse, o serviço Netflix rapidamente conquistou uma vasta base de usuários brasileiros, ainda que inicialmente com um catálogo de filmes e séries deficiente e antiquado. Com esse avanço, diversos provedores de acesso à internet propositalmente passaram a degradar o conteúdo vindo da Netflix, seja porque representavam carga excessiva em seus servidores de comunicação, seja porque representavam concorrência consistente a seus modelos de entrega de conteúdo televisivo.

Com o Marco Civil da Internet, o serviço Netflix é um dos empreendimentos que mais se beneficia para entregar seus vídeos sem restrições a seus usuários – provedores de acesso, independentemente de serem também provedores de TV por assinatura, devem dar à Netflix o mesmo tratamento que qualquer informação na rede. E isso vale tanto para a Netflix quanto para qualquer concorrente futuro que se apresente a ela – talvez um BRFlix, que possa "adivinhar" o que um usuário quer assistir em determinada hora do dia?

Assim, a Netflix, uma companhia sediada nos EUA, encontra no Brasil um terreno normativo mais amigável que nos próprios EUA atualmente, em que a neutralidade não é protegida. Deve, entretanto, observar as normas que detalham como os dados pessoais são geridos. Saber os gostos cinematográficos de seus usuários permite à Netflix indicar filmes adequados para cada público, mas também permitiria que a companhia vendesse a informação desses gostos a fabricantes de produtos diversos, como brinquedos, móveis e a prestadores de serviços, como agências de viagens. Saber do que alguém gosta é meio caminho para realizar uma venda com sucesso de um produto. Mas graças ao Marco Civil da Internet, a Netflix precisa agora pedir permissão especial a seus usuários para compartilhar esses dados de preferências. Deve ser destacado, explicitamente nos termos e condições de uso, e o usuário tem que concordar especificamente com isso. Ou seja, quem concorda com essas regras de compartilhamento de dados sabe que sua privacidade será eventualmente aberta. E esse conhecimento deveria ter um preço, que possivelmente poderia ser acertado com um bom desconto na assinatura do serviço ou qualquer outro benefício, pois o usuário que contrata o serviço para ver filmes também acaba por oferecer uma valiosa contrapartida: a informação de seus gostos pessoais[23].

---

[23] A informação sobre usuários tem um valor estratégico e financeiro tão elevado que faz com que duas das grandes corporações de internet atuais, Google e Facebook, tenham construído seu modelo de negócio sobre a utilização do conhecimento dos hábitos e gostos de seus usuários como fonte de remuneração, por

O Facebook e o Marco Civil da Internet

Documentada até por filme cinematográfico, a rede social Facebook, com sua relevância popular e os recursos financeiros que movimenta, encontra também novos desafios perante o Marco Civil da Internet.

Uma rede que permite a publicação autônoma de diversos conteúdos, sejam eles vídeo, texto ou fotos, gera uma grande preocupação com relação aos usuários que abusam desse sistema: ex-namorados que publicam fotos de ex-namoradas em momentos íntimos, grupos de ódio ou preconceito racial, agendamento de eventos de violência por intermédio da rede social.

Com o Marco Civil da Internet vigente e prestando serviços no território brasileiro, o Facebook deverá ter registros de todos os acessos feitos por seus usuários por um prazo de, no mínimo, seis meses. Cumprindo essa regra, poderá auxiliar as autoridades brasileiras a identificar perfis instigadores de crimes e práticas de ódio e discriminação, mesmo que iniciadas por perfis falsos. A informação de IP e hora de acesso estará disponível em relatórios, facilitando a investigação. Mesmo que o Facebook opte por não ter uma filial constituída no Brasil, deverá seguir cumprindo as regras impostas pelo Marco Civil da Internet enquanto quiser prestar serviços ao público brasileiro.

O investimento: "Privy, a rede social privada"

Neste caso hipotético, deve ser avaliado o cenário corrente em que a divulgação de fatos corriqueiros da vida passou a ser não apenas fato integrante da vida social, mas uma necessidade para muitos usuários. Imagina-se um empreendedor que opta por criar uma nova rede social, que funcione apenas por intermédio de telefones celulares com conexão à internet (*smartphones*) direcionada apenas ao compartilhamento de informações com seus contatos próximos, batizando essa nova rede social de Privy. Para esse novo empreendimento, o Marco Civil da Internet trará os seguintes desafios:

Integridade, Acessibilidade e Propriedade de código: o empreendedor deverá ter um software desenvolvido que leve em conta, desde o início, as normas para internet brasileiras. Deverá ter programado uma forma de acesso aos registros de conexão citados, e deverá estar preparado para o crescimento da sua base de usuários. Adicionalmente, deverá ter realizado contratos efi-

---

intermédio da disponibilização de publicidade direcionada a esses usuários. Em troca por essas valiosas informações, Google e Facebook seguem oferecendo serviços gratuitos a seus usuários.

cientes para garantir sua propriedade sobre o código de programação que foi desenvolvido, assim como proteger a marca do aplicativo que criou, por meio de depósito de marca junto ao INPI[24].

Informação sobre a empresa por trás do aplicativo: seguindo o Decreto de comércio eletrônico que foi analisado anteriormente, deverá ter em algum local do aplicativo as informações da sua empresa de uma forma clara, do país em que se encontra, entre outros.

Termos e condições de uso e política de privacidade: focos do Marco Civil da Internet, esses textos não podem seguir um padrão geral encontrado pela internet – devem ser totalmente adaptados ao negócio em si, considerando exceções e adequações. A partir da promulgação do Marco Civil da Internet, não há mais justificativas para não deixar claro como o serviço é prestado e o que é feito com os dados coletados de cada usuário.

Preparo para o atendimento de demandas judiciais: qualquer novo negócio, especialmente um voltado às relações sociais privadas, deve estar preparado para atender a requisições da justiça local por informações, já garantidas pelo Marco Civil da Internet. É também muito importante monitorar o sucesso desse serviço em outros países, com o devido acompanhamento de advogados e prestadores de serviço que permitam monitorar e atender solicitações das autoridades locais.

Seguindo esses princípios, o empreendedor estará preparado para um bom começo da sua nova rede social.

Conclusão

No desenvolvimento do texto, demonstrou-se que o Brasil, ainda que tardiamente, avançou muito na regulamentação da internet com a promulgação do Marco Civil da Internet. Este consegue preencher todos os requisitos para uma boa norma sobre internet, conforme já mencionado: é internacionalmente adaptável, tecnologicamente neutro e estimula, sem dúvida, a inovação.

Tendo consagrado princípios muito importantes, como a livre concorrência na internet e a neutralidade da rede, o Marco Civil da Internet atua como guardião dos interesses dos novos empresários, que ainda que vejam diante de si novas exigências para o funcionamento de negócios na internet,

---

[24] Instituto Nacional da Propriedade Intelectual. Disponível em: <http://www.inpi.gov.br/portal/>. Acesso em: 24 mar. 2015.

contam agora com proteções antes inexistentes no sistema jurídico brasileiro, e mais importante: contam com previsibilidade e igualdade de condições com relação a concorrentes estrangeiros (em verdade, em algumas situações o empreendedor que optar por iniciar seu negócio digital no Brasil terá um regime mais favorável que nos EUA).

Há, entretanto, muito o que se fazer ainda no cenário da internet no país. O Marco Civil da Internet é um bom início, e demandará uma adaptação por parte dos *players* atuais no mercado de prestação de serviços e provimento de conexão à internet, adaptação essa que só ocorrerá com uma eficiente fiscalização pelo Poder Público dos alvos dessa Lei.

Deve, contudo, ser celebrado desde já a chegada do Brasil à vanguarda da governança da internet, com um Marco regulatório democrático, isento e de potencial enorme para que multipliquem-se inovações neste país. No que depender de normas, o futuro é extremamente promissor.

Guia de consulta rápida

- A internet, ao contrário do que possa parecer, tem diversas leis existentes e aplicáveis a ela, e que influenciam diretamente qualquer atividade do empreendedor nesse meio.

- O Brasil avançou muito recentemente no estabelecimento de leis para a internet.

- Todo empreendedor deve observar as normas: (i) do Decreto sobre Comércio Eletrônico nº 7.962, de 2013; (ii) da Medida Provisória 2.200-2, de 24 de agosto de 2001 – Certificação Digital; (iii) da Lei de Crimes Informáticos ("Lei Carolina Dieckmann") nº 12.737/2012; e principalmente (iv) Lei nº 12.965, de 23 de abril de 2014, o Marco Civil da Internet.

- O Marco Civil da Internet garante diversos direitos para usuários e empreendedores da área digital, devendo ser observadas suas disposições.

- O Marco Civil estabelece uma rígida proteção de dados pessoais, portanto políticas de privacidade de certos empreendimentos terão que ser adaptadas, especialmente se preverem o compartilhamento de informações pessoais com parceiros estratégicos.

- A Neutralidade de Rede é consagrada pelo Marco Civil, garantindo aos empreendedores que usem a internet com uma segurança importante: seu negócio terá o mesmo tratamento pelos provedores de acesso que outros já gigantes e estabelecidos.

- O Marco Civil exige, ainda, que sejam mantidos registros de conexões de usuários aos serviços na internet, o que é algo que todo aquele que quer desenvolver um serviço na internet tem que ter em mente: deverá ser capaz de providenciar esses registros mediante uma ordem judicial.

- A retirada de conteúdos de websites ocorre apenas por ordem judicial, exceto se envolver nudez não autorizada, no que uma notificação simples basta para obrigar o dono do serviço a retirar o conteúdo.

- É recomendável contar com consultoria jurídica especializada desde o início do planejamento de um empreendimento que envolva internet: dessa forma, a arquitetura de usabilidade e do próprio tratamento de dados já nasce pronta para lidar com as exigências do Direito Brasileiro e Internacional.

Bibliografia

BULGUERONI, M. *O Contrato Internacional Eletrônico*. 2006. Dissertação de Mestrado – Faculdade de Direito da Universidade de São Paulo, São Paulo.

BULGUERONI, M. *Regulamentação Internacional do Ciberespaço* – Unilateralismo, Multilateralismo, e efetividade. 2013. Tese de Doutorado – Faculdade de Direito da Universidade de São Paulo, São Paulo.

GOLDSMITH, J.; WU, T. *Who controls the internet?*: Illusions of a borderless world. Edição Kindle. Oxford University Press, USA, 2006. 240 ISBN 0195152662. Disponível em: <http://www.amazon.com/Who-Controls-Internet-Borderless-ebook/dp/B004S0D2NU/ref=sr_1_1?s=digital-text&ie=UTF8&qid=13646 57421&sr=1- 1&keywords=who+controls+the+internet%3F >. Acesso em: 20 mar. 2015.

KAMINSKI, Omar. *Internet Legal:* O Direito na Tecnologia da Informação. Curitiba: Juruá Editora, 2003.

KUROSE, J. F.; ROSS, K. W. *Redes de Computadores e a Internet*: Uma Abordagem Top-down. São Paulo: Addison Wesley, 2010.

Leonardi, Marcel. *Responsabilidade Civil dos Provedores de Internet*. São Paulo, 2005. Disponível em: < http://leonardi.adv.br/wp-content/uploads/2011/04/mlrcpsi.pdf>. Acesso em 20 mar. 2015.

Leonardi, Marcel. *Tutela e Privacidade na Internet*. São Paulo: Saraiva, 2012.

Lessig, L. *Code and Other Laws of Cyberspace*. New York: Basic Books, 1999.

_____. Code version 2.0. Edição Kindle. 2011. 440 Disponível em: < http://www.amazon.com/gp/product/B004NNVWEI/ref=kinw_myk_ro_title >. Acesso em 20 mar. 2015.

Lucca, Newton de (Org.). *Direito & Internet*: Aspectos Jurídicos Relevantes. São Paulo: Edipro, 2000.

Mayer, Franz C. *Europe and the Internet*: The Old World and the New Medium. The European Journal of International Law Vol. 11 n.1, 2000. Disponível em: < http://www.ejil.org/pdfs/11/1/509.pdf>. Acesso em: 20 jul 2011.

Menke, Fabiano. *Assinatura Eletrônica no Direito Brasileiro*. São Paulo: Revista dos Tribunais, 2005.

Morozov, Evgeny. *The Net Delusion*: The Dark Side of Internet Freedom. EUA: PublicAffairs, 2011. p. 432.

Mueller, M. L. *Ruling the Root*: Internet Governance and the Taming of Cyberspace. Edição Kindle. The MIT Press, 2002. 333. Disponível em: < http://www.amazon.com/gp/product/B002QUYZEO/ref=kinw_myk_ro_title >. Acesso em 20 mar.2015.

Perrit Jr., Henry H. *The Internet is Changing the Public International Legal System*. Disponível em: <http://kentlaw.edu/cyberlaw/perrittnetchg.html>. Acesso em: 24 set. 2002.

Rocha Filho, Valdir de Oliveira (coord.). *O Direito e a Internet*. Rio de Janeiro: Forense Universitária, 2002.

Ryan, Michael G. *Offers Users Can't Refuse*: Shrink-wrap License Agreements as Enforceable Adhesion Contracts. In: Cardozo Law Review, vol. 10, p. 2.105 – 2.135, out. 1999.

Sugestão de leitura

(a) O livro *Code and Other Laws of Cyberspace*, mencionado na bibliografia, é uma leitura interessante para entender como a regulamentação da internet não depende apenas de normas jurídicas, mas também de softwares bem programados.

(b) Os dois livros de Marcel Leonardi sobre responsabilidade Civil de Provedores de Internet e sobre privacidade na internet, também indicados na bibliografia, são excelentes bases para o aprofundamento nos temas analisados.

(c) Finalmente, o livro *Who Controls the Internet?*: Illusions of a Borderless World vem recomendado pela sua abordagem da história da internet, da sua infraestrutura e de formas de regulação desta, às vezes por atitudes políticas em vez de normas jurídicas.

APÊNDICE
Estatuto Nacional da Microempresa e Empresa de Pequeno Porte (Lei Geral)
O QUE O EMPREENDEDOR PRECISA SABER

Reinaldo Adachi

Objetivo do capítulo
O presente capítulo visa apresentar ao leitor alguns dos principais elementos que embasam a Lei Geral, com o objetivo de fornecer ao empreendedor os instrumentos necessários à compreensão da referida Lei, servindo, assim, de base inicial de consulta, a partir da qual poderá o empresário progredir e avançar em suas pesquisas, sempre em busca da solução mais adequada ao caso concreto e ao desenvolvimento de seu empreendimento.

Introdução

O empreendedor que hoje inicia suas atividades sabe que precisará de uma ideia absolutamente inovadora e lucrativa. Ao mesmo tempo, na grande maioria dos casos, sabe que não poderá dispor de grande aporte financeiro para o desenvolvimento dessa ideia e, consequentemente, de seu negócio.

Não havendo dinheiro ilimitado, surge, então, o primeiro grande problema do empreendedor brasileiro: a burocracia. Isso porque burocracia significa custo, e custo é o que o empreendedor já tem de sobra, principalmente quando se dispõe a materializar seu projeto por meio do empreendimento. Dessa forma, a burocracia, e o aumento de custo dela decorrente, representa, quase sempre, a completa inviabilização do início do empreendimento.

Além do prejuízo em relação ao desenvolvimento econômico, essa situação faz surgir um outro tipo de prejuízo, de cunho arrecadatório, visto que, se as exigências legais exigidas para um grande empreendimento forem as mesmas daquelas exigidas para um pequeno empreendimento, este não terá, na prática, nenhuma chance de se estabelecer. Isso leva a uma situação que ocorria com frequência no passado, como explica o professor Rubens

Requião, "ou a microempresa, então, sonegava sistematicamente os impostos federais, estaduais e municipais e mecanismos administrativos, mantendo-se na ilegalidade, ou não tinha condições de sobreviver"[1].

Diante desse problemático contexto para o empreendedor de pequeno porte que desejava iniciar sua atividade, e também para o Governo, que deixava de arrecadar quantia significativa dessas empresas, é que se inicia, em 1979, um processo de desburocratização e sistematização conduzido pelo Ministério da Desburocratização, que tinha em seu comando o ex-ministro Hélio Beltrão. A sistematização de normas relativas à pequena empresa, e sua consequente uniformização, acabou representando muito mais do que uma organização legislativa. A pequena empresa passou a ganhar lugar de destaque na ordem econômica, e um merecido lugar de destaque, ressalte-se, visto que, como observa o professor Amador Paes de Almeida:

> Ao contrário do que possa parecer, não são as grandes empresas as que, entre nós, mantém maior contingente de empregados. Ao revés, são as microempresas e empresas de pequeno porte as responsáveis pela contratação de número expressivo de obreiros, merecendo, por isso mesmo, especial atenção do Estado. (...)[2]

Esse novo cenário foi absorvido pela Constituição Federal de 1988, que incluiu o "tratamento favorecido às empresas de pequeno porte" dentre os "princípios gerais da atividade econômica" (Art. 170, inciso IX) e emanou comando no sentido de que:

> A União, os Estados, o Distrito Federal e os Municípios dispensarão às microempresas e às empresas de pequeno porte, assim definidas em lei, tratamento jurídico diferenciado, visando a incentivá-las pela simplificação de suas obrigações administrativas, tributárias, previdenciárias e creditícias, ou pela eliminação ou redução destas por meio de lei.(Art. 179)

Esse comando é hoje obedecido por meio da Lei Complementar nº 123/2006, mais conhecida como Lei Geral das Micro e Pequenas Empresas ou Estatuto Nacional da Microempresa e Empresa de Pequeno Porte.

---

[1] REQUIÃO, Rubens. *Curso de Direito Comercial*. 1º vol., 31ª edição, São Paulo: Saraiva, 2012, p. 89.

[2] ALMEIIDA, Amador Paes de. *Comentários ao Estatuto da Microempresa e da Empresa de Pequeno Porte*. São Paulo: Saraiva, 2009, p. 14.

Dito isto, e observado esse contexto de desburocratização, simplificação das obrigações e facilitação do desenvolvimento das empresas de menor porte, é que serão analisados os aspectos mais importantes da Lei que dá título a este apêndice, com foco, principalmente, nas peculiaridades e singularidades do empreendedor que funda sua startup, a qual, geralmente, inicia-se, juridicamente, sob a forma de uma microempresa ou empresa de pequeno porte.

Definição de microempresa e empresa de pequeno porte

Em primeiro lugar, se vamos falar do Estatuto Nacional da Microempresa e da Empresa de Pequeno Porte, precisamos saber exatamente o que significa ser uma microempresa ou uma empresa de pequeno porte.

Aliás, antes de adentrarmos à questão, recomenda-se a leitura prévia do Capítulo 1 deste Livro: *"Direito Societário – Formas Societárias e suas Características: A importância do Planejamento para as Startups"*, visto que será essencial para a compreensão de termos de Direito Societário utilizados pelo Estatuto.

Pois bem, a própria Lei Geral (Lei Complementar nº 123/2006) trouxe, expressamente, a definição, em seu art. 3º:

> Art. 3º. Para os efeitos desta Lei Complementar, consideram-se microempresas ou empresas de pequeno porte, a sociedade empresária, a sociedade simples, a empresa individual de responsabilidade limitada e o empresário a que se refere o art. 966 da Lei n. 10.406, de 10 de janeiro de 2002 (Código Civil), devidamente registrados no Registro de Empresas Mercantis ou no Registro Civil de Pessoas Jurídicas, conforme o caso, desde que:
> I - no caso da microempresa, aufira, em cada ano-calendário, receita bruta igual ou inferior a R$ 360.000,00 (trezentos e sessenta mil reais); e
> II - no caso da empresa de pequeno porte, aufira, em cada ano-calendário, receita bruta superior a R$ 360.000,00 (trezentos e sessenta mil reais) e igual ou inferior a R$ 3.600.000,00 (três milhões e seiscentos mil reais)".

Esses valores não são inalteráveis, porque podem ser revistos pelo *"Comitê Gestor"* (Art. 1º, § 1º, da Lei Geral[3]).

---

[3] § 1º Cabe ao Comitê Gestor do Simples Nacional (CGSN) apreciar a necessidade de revisão, a partir de 1º de janeiro de 2015, dos valores expressos em moeda nesta Lei Complementar.

O cálculo da receita bruta

A dúvida que pode surgir, é em relação ao cálculo da receita bruta. O que significa exatamente a expressão "receita bruta"?

Para se calcular a receita bruta, é preciso se obter o "produto da venda de bens e serviços nas operações de conta própria, o preço dos serviços prestados e o resultado nas operações em conta alheia, não incluídas as vendas canceladas e os descontos incondicionais concedidos". Essa definição é trazida pelo art. 3º, § 1º, da Lei Geral.

Características que impedem a configuração da microempresa ou da empresa de pequeno porte

Além de a empresa ter de se enquadrar nos mencionados requisitos, ela não poderá ter algumas características. Por exemplo, se do capital de minha empresa participa outra empresa, não poderei enquadrá-la como microempresa ou empresa de pequeno porte. Ou seja, se a empresa tiver qualquer uma das características a seguir, não será considerada microempresa ou empresa de pequeno porte (Art. 3º, § 4º):

> Não poderá se beneficiar do tratamento jurídico diferenciado previsto nesta Lei Complementar, incluído o regime de que trata o art. 12 desta Lei Complementar, para nenhum efeito legal, a pessoa jurídica:
> I - de cujo capital participe outra pessoa jurídica;
> II - que seja filial, sucursal, agência ou representação, no País, de pessoa jurídica com sede no exterior;
> III - de cujo capital participe pessoa física que seja inscrita como empresário ou seja sócia de outra empresa que receba tratamento jurídico diferenciado nos termos desta Lei Complementar, desde que a receita bruta global ultrapasse o limite de que trata o inciso II do caput deste artigo;
> IV - cujo titular ou sócio participe com mais de 10% (dez por cento) do capital de outra empresa não beneficiada por esta Lei Complementar, desde que a receita bruta global ultrapasse o limite de que trata o inciso II do caput deste artigo;
> V - cujo sócio ou titular seja administrador ou equiparado de outra pessoa jurídica com fins lucrativos, desde que a receita bruta global ultrapasse o limite de que trata o inciso II do caput deste artigo;
> VI - constituída sob a forma de cooperativas, salvo as de consumo;
> VII - que participe do capital de outra pessoa jurídica;

VIII - que exerça atividade de banco comercial, de investimentos e de desenvolvimento, de caixa econômica, de sociedade de crédito, financiamento e investimento ou de crédito imobiliário, de corretora ou de distribuidora de títulos, valores mobiliários e câmbio, de empresa de arrendamento mercantil, de seguros privados e de capitalização ou de previdência complementar;
IX - resultante ou remanescente de cisão ou qualquer outra forma de desmembramento de pessoa jurídica que tenha ocorrido em um dos 5 (cinco) anos-calendário anteriores;
X - constituída sob a forma de sociedade por ações.

Deve ser observada, contudo, a ressalva do § 5º desse mesmo artigo 3º:

O disposto nos incisos IV e VII do § 4o deste artigo não se aplica à participação no capital de cooperativas de crédito, bem como em centrais de compras, bolsas de subcontratação, no consórcio referido no art. 50 desta Lei Complementar e na sociedade de propósito específico prevista no art. 56 desta Lei Complementar, e em associações assemelhadas, sociedades de interesse econômico, sociedades de garantia solidária e outros tipos de sociedade, que tenham como objetivo social a defesa exclusiva dos interesses econômicos das microempresas e empresas de pequeno porte.

Veja a tabela na página seguinte.

Tipos de sociedade	Registrada	Que não tenha as seguintes características	Enquadramento
Sociedade empresária Sociedade simples Empresa individual de responsabilidade limitada Empresário a que se refere o art. 966 da Lei nº 10.406, de 10 de janeiro de 2002 (Código Civil)	No Registro de empresas mercantis ou No Registro Civil de Pessoas Jurídicas	– de cujo capital participe outra pessoa jurídica	I - no caso da microempresa, aufira, em cada ano-calendário, receita bruta igual ou inferior a R$ 360.000,00 (trezentos e sessenta mil reais); e II - no caso da empresa de pequeno porte, aufira, em cada ano-calendário, receita bruta superior a R$ 360.000,00 (trezentos e sessenta mil reais) e igual ou inferior a R$ 3.600.000,00 (três milhões e seiscentos mil reais).
		– que seja filial, sucursal, agência ou representação, no País, de pessoa jurídica com sede no exterior	
		– de cujo capital participe pessoa física que seja inscrita como empresário ou seja sócia de outra empresa que receba tratamento jurídico diferenciado nos termos desta Lei Complementar, desde que a receita bruta global ultrapasse o limite de que trata o inciso II do caput do art. 3º da Lei Geral.	
		– cujo titular ou sócio participe com mais de 10% (dez por cento) do capital de outra empresa não beneficiada por esta Lei Complementar, desde que a receita bruta global ultrapasse o limite de que trata o inciso II do caput do art. 3º da Lei Geral.	
		– cujo sócio ou titular seja administrador ou equiparado de outra pessoa jurídica com fins lucrativos, desde que a receita bruta global ultrapasse o limite de que trata o inciso II do caput do art. 3º da Lei Geral.	
		– constituída sob a forma de cooperativas, salvo as de consumo.	
		– que participe do capital de outra pessoa jurídica.	
		– que exerça atividade de banco comercial, de investimentos e de desenvolvimento, de caixa econômica, de sociedade de crédito, financiamento e investimento ou de crédito imobiliário, de corretora ou de distribuidora de títulos, valores mobiliários e câmbio, de empresa de arrendamento mercantil, de seguros privados e de capitalização ou de previdência complementar	

Tipos de sociedade	Registrada	Que não tenha as seguintes características	Enquadramento
Sociedade empresária

Sociedade simples

Empresa individual de responsabilidade limitada

Empresário a que se refere o art. 966 da Lei nº 10.406, de 10 de janeiro de 2002 (Código Civil) | No Registro de empresas mercantis

ou

No Registro Civil de Pessoas Jurídicas | – resultante ou remanescente de cisão ou qualquer outra forma de desmembramento de pessoa jurídica que tenha ocorrido em um dos 5 (cinco) anos-calendário anteriores.
– constituída sob a forma de sociedade por ações.
* Observada, contudo, a ressalva do § 5º desse mesmo artigo: "O disposto nos incisos IV e VII do § 4º deste artigo não se aplica à participação no capital de cooperativas de crédito, bem como em centrais de compras, bolsas de subcontratação, no consórcio referido no art. 50 desta Lei Complementar e na sociedade de propósito específico prevista no art. 56 desta Lei Complementar, e em associações assemelhadas, sociedades de interesse econômico, sociedades de garantia solidária e outros tipos de sociedade, que tenham como objetivo social a defesa exclusiva dos interesses econômicos das microempresas e empresas de pequeno porte". | I - no caso da microempresa, aufira, em cada ano-calendário, receita bruta igual ou inferior a R$ 360.000,00 (trezentos e sessenta mil reais); e

II - no caso da empresa de pequeno porte, aufira, em cada ano-calendário, receita bruta superior a R$ 360.000,00 (trezentos e sessenta mil reais) e igual ou inferior a R$ 3.600.000,00 (três milhões e seiscentos mil reais). |

Outra figura prevista na Lei Geral e que deve ser conhecida: O pequeno empresário

A Lei Geral também prevê a figura do pequeno empresário:

> Art. 68. Considera-se pequeno empresário, para efeito de aplicação do disposto nos arts. 970 e 1.179 da Lei n. 10.406, de 10 de janeiro de 2002 (Código Civil), o empresário individual caracterizado como microempresa na forma desta Lei Complementar que aufira receita bruta anual até o limite previsto no § 1º do art. 18-A.

O § 1º do art. 18-A, por sua vez, prevê que:

> Para os efeitos desta Lei Complementar, considera-se MEI o empresário individual a que se refere o art. 966 da Lei n. 10.406, de 10 de janeiro de 2002 (Código Civil), que tenha auferido receita bruta, no ano-calendário anterior, de até R$ 60.000,00 (sessenta mil reais), optante pelo Simples Nacional, e que não esteja impedido de optar pela sistemática prevista neste artigo.

E qual a relevância de ser configurado como pequeno empresário? Além dos benefícios da Lei Geral, o pequeno empresário ainda dispõe de regime especial no tocante às obrigações escriturais, como preceitua, por exemplo, o art. 1.179, § 2º do Código Civil:

> O empresário e a sociedade empresária são obrigados a seguir um sistema de contabilidade, mecanizado ou não, com base na escrituração uniforme de seus livros, em correspondência com a documentação respectiva, e a levantar anualmente o balanço patrimonial e o de resultado econômico.
> (...)
> § 2º É dispensado das exigências deste artigo o pequeno empresário a que se refere o art. 970.

Empresário individual + caracterizado como microempresa + aufira receita bruta anual de até R$ 60.000,00 = pequeno empresário
---

Pequeno empresário = mais benefícios, além daquelas previstos na Lei Geral
---

Parâmetros de receita: empresa que inicia atividade no meio do ano-calendário

Em relação aos valores da receita bruta, pode surgir uma dúvida: como fica o cálculo desses valores se a empresa iniciar a atividade no meio do ano-calendário?

A resposta se encontra no art. 3º, § 2º, da Lei Geral:

> No caso de início de atividade no próprio ano-calendário, o limite a que se refere o caput deste artigo será proporcional ao número de meses em que a microempresa ou a empresa de pequeno porte houver exercido atividade, inclusive as frações de meses.

Enquadramento ou desenquadramento: efeitos sobre os contratos já firmados

Observa-se que, no caso de a empresa já estar em funcionamento e sua receita sofrer significativa alteração, haverá o enquadramento ou o desenquadramento da condição de microempresa ou empresa de pequeno porte, mas isso não implicará "alteração, denúncia ou qualquer restrição em relação a contratos por elas anteriormente firmados" (art. 3º, § 3º, da Lei Geral).

Aquisição de uma das qualidades que impedem a configuração em microempresa ou empresa de pequeno porte

É também interessante destacar o que acontece quando a empresa, já qualificada como microempresa ou empresa de pequeno porte, adquire uma das características do parágrafo 4º, do art. 3º, da Lei Geral, ou seja, adquire alguma daquelas características visualizadas no item "Características que impedem a configuração da microempresa ou da empresa de pequeno porte".

A resposta está no art. 3º, § 6º, da Lei Geral:

> Na hipótese de a microempresa ou empresa de pequeno porte incorrer em alguma das situações previstas nos incisos do § 4º, será excluída do tratamento jurídico diferenciado previsto nesta Lei Complementar, bem como do regime de que trata o art. 12, com efeitos a partir do mês seguinte ao que incorrida a situação impeditiva.

Constituindo a microempresa ou a empresa de pequeno porte

Agora o empreendedor já sabe se sua empresa se enquadra no conceito de microempresa ou empresa de pequeno porte, e também já possui uma breve noção dos benefícios (redução da burocracia) que este enquadramento lhe trará. É preciso, portanto, saber como declarar, efetivamente, a referida condição.

A Instrução Normativa nº 103/2007, do Departamento Nacional de Registro do Comércio (DNRC), é que traz o procedimento pretendido:

INSTRUÇÃO NORMATIVA Nº 103, 30 DE ABRIL DE 2007.

Dispõe sobre o enquadramento, reenquadramento e desenquadramento de microempresa e empresa de pequeno porte, constantes da Lei Complementar nº 123, de 14 de dezembro de 2006, nas Juntas Comerciais.

O DIRETOR DO DEPARTAMENTO NACIONAL DE REGISTRO DO COMÉRCIO-DNRC, no uso das atribuições que lhe confere o artigo 4º da Lei no 8.934, de 18 de novembro de 1994, e CONSIDERANDO as simplificações e a desburocratização introduzidas pela Lei Complementar nº 123, de 14 de dezembro de 2006, especificamente em relação ao que dispõem os artigos 3º e seus parágrafos, 70 e seus parágrafos, 71, 72 e 73, inciso IV, resolve:

Art. 1º O enquadramento, reenquadramento e desenquadramento de microempresa e empresa de pequeno porte pelas Juntas Comerciais será efetuado, conforme o caso, mediante arquivamento de declaração procedida pelo empresário ou sociedade em instrumento específico para essa finalidade.

Parágrafo único. A declaração a que se refere este artigo conterá, obrigatoriamente:

I – Título da Declaração, conforme o caso:

a) DECLARAÇÃO DE ENQUADRAMENTO DE ME ou EPP;

b) DECLARAÇÃO DE REENQUADRAMENTO DE ME PARA EPP ou DE EPP PARA ME;

c) DECLARAÇÃO DE DESENQUADRAMENTO DE ME ou EPP;

II – Requerimento do empresário ou da sociedade, dirigido ao Presidente da Junta Comercial da Unidade da Federação a que se destina, requerendo o arquivamento da declaração, da qual constarão os dados e o teor da declaração em conformidade com as situações a seguir:

a) enquadramento:

1. nome empresarial, endereço, Número de Identificação do Registro de Empresas – NIRE, data de registro do ato constitutivo e número de inscrição no Cadastro Nacional da Pessoa Jurídica – CNPJ, quando enquadrada após a sua constituição;

2. declaração, sob as penas da lei, do empresário ou de todos os sócios de que o empresário ou a sociedade se enquadra na situação de microempresa ou empresa de pequeno porte, nos termos da Lei Complementar nº 123, de 2006;

b) reenquadramento:

1. nome empresarial, endereço, Número de Identificação do Registro de Empresas – NIRE, data de registro do ato constitutivo e número de inscrição no Cadastro Nacional da Pessoa Jurídica – CNPJ;

2. a declaração, sob as penas da lei, do empresário ou de todos os sócios de que o empresário ou a sociedade se reenquadra na condição de mi-

croempresa ou empresa de pequeno porte, nos termos da Lei Complementar nº 123, de 2006;

c) desenquadramento

1. nome empresarial, endereço, Número de Identificação do Registro de Empresas – NIRE, data de registro do ato constitutivo e número de inscrição no Cadastro Nacional da Pessoa Jurídica – CNPJ;

2. a declaração, sob as penas da lei, do empresário ou de todos os sócios de que o empresário ou a sociedade se desenquadra da condição de microempresa ou empresa de pequeno porte, nos termos da Lei Complementar nº 123, de 2006.

Art. 2º Serão consideradas enquadradas na condição de microempresa ou empresa de pequeno porte nos termos da Lei Complementar nº 123, de 2006, o empresário e a sociedade empresária regularmente enquadrados no regime jurídico anterior, salvo as que estiverem incursas em alguma das situações impeditivas para enquadramento previstas nos incisos do § 4º do art. 3º da mencionada Lei Complementar, que deverão promover o seu desenquadramento.

Parágrafo único. As sociedades anônimas e cooperativas, salvo as de consumo, enquadradas como microempresa ou empresa de pequeno porte no regime jurídico anterior, terão o seu desenquadramento promovido pela Junta Comercial nos termos do art. 5º desta Instrução Normativa.

Art. 3º As microempresas e empresas de pequeno porte, nos termos da legislação civil, acrescentarão à sua firma ou denominação as expressões "Microempresa" ou Empresa de Pequeno Porte", ou suas respectivas abreviações "ME" ou "EPP", conforme o caso, sendo–lhes facultativa a inclusão do objeto da sociedade na denominação social.

§ 1º A adição ao nome empresarial das expressões "Microempresa" ou "Empresa de Pequeno Porte", ou suas respectivas abreviações "ME" ou "EPP" não poderá ser efetuada no ato de inscrição do empresário e no contrato social.

§ 2º Somente depois de procedido o arquivamento do ato de inscrição do empresário ou do contrato social e efetuado o enquadramento do empresário ou sociedade na condição de microempresa ou empresa de pequeno porte pela Junta Comercial, mediante arquivamento da declaração de que trata o inciso I do art. 1º desta Instrução é que, nos atos posteriores, deverá ser efetuada a adição dos termos mencionados no caput.

§ 3º Arquivada a declaração, mencionada no parágrafo anterior, na Junta Comercial e independentemente de alteração do ato constitutivo, a microempresa adotará, em seguida ao seu nome, a expressão "microempresa" ou, abreviadamente, "ME" e a empresa de pequeno porte, a expressão "empresa de pequeno porte" ou "EPP".

§ 4º Ocorrendo o desenquadramento da sociedade da condição de microempresa ou empresa de pequeno porte, é obrigatória a inclusão do objeto da sociedade empresária no nome empresarial, mediante arquivamento da correspondente alteração contratual.

Art. 4º Após o enquadramento como microempresa ou empresa de pequeno porte, ocorrendo uma das situações impeditivas para enquadramento previstas nos incisos do § 4º do art. 3º da Lei Complementar nº 123, de 2006, a sociedade empresária e o empresário deverão arquivar declaração de desenquadramento na Junta Comercial.

Art. 5º A Junta Comercial, verificando que a sociedade empresária ou o empresário enquadrado na condição de microempresa ou empresa de pequeno porte incorreu em alguma das situações impeditivas para enquadramento previstas nos incisos do § 4º do art. 3º da Lei Complementar nº 123, de 2006, promoverá o seu desenquadramento.

Art. 6º Quando a sociedade empresária ou o empresário não tiver interesse em continuar enquadrado na condição de microempresa ou empresa de pequeno porte, promoverá o arquivamento, pela Junta Comercial, de declaração de desenquadramento.

Art. 7º Mediante denúncia de órgãos ou entidades de fiscalização tributária a que se refere o art. 33 da Lei Complementar nº 123, de 2006, de que a sociedade empresária ou o empresário incorreu em alguma das situações impeditivas para enquadramento como microempresa ou empresa de pequeno porte, estabelecidas nos incisos do § 4º do art. 3º da referida Lei Complementar, a Junta Comercial promoverá o arquivamento da correspondente comunicação e cadastrará o teor da denúncia no Cadastro Estadual de Empresas Mercantis – CEE.

Art. 8º A comprovação da condição de microempresa ou empresa de pequeno porte pelo empresário ou sociedade será efetuada mediante certidão expedida pela Junta Comercial.

Art. 9º As microempresas e empresas de pequeno porte estão desobrigadas da realização de reuniões e assembleias em qualquer das situações previstas na legislação civil, as quais serão substituídas por deliberação representativa do primeiro número inteiro superior à metade do capital social, salvo:

I - disposição contratual em contrário;
II - exclusão de sócio (mantida a regra do Código Civil).

Art. 10. Os empresários e as sociedades enquadrados na condição de microempresa ou empresa de pequeno porte ficam dispensados da publicação de qualquer ato societário.

Art. 11. Esta Instrução entra em vigor na data de sua publicação.

LUIZ FERNANDO ANTONIO

Publicada no D.O.U de 22/5/2007"

Após esse procedimento, "as microempresas e as empresas de pequeno porte, nos termos da legislação civil, acrescentarão à sua firma ou denominação as expressões 'Microempresa' ou 'Empresa de Pequeno Porte', ou suas respectivas abreviações, 'ME' ou 'EPP', conforme o caso, sendo facultativa a inclusão do objeto da sociedade" (art. 72, da Lei Geral).

Reenquadramento e desenquadramento: hipóteses

Observe-se que essa Instrução Normativa também prevê procedimentos de reenquadramento e desenquadramento. Pois bem, pensemos em algumas hipóteses:

a) A empresa é enquadrada, inicialmente, como microempresa, mas atinge a receita bruta prevista para a empresa de pequeno porte. Deverá ser, portanto, reenquadrada. Nesse caso, prevê o art. 3º, § 7º, da Lei Geral que, "no caso de início de atividades, a microempresa que, no ano-calendário, exceder o limite de receita bruta anual previsto no inciso I do **caput** deste artigo passa, no ano-calendário seguinte, à condição de empresa de pequeno porte".

b) A empresa é enquadrada, inicialmente, como empresa de pequeno porte, mas não ultrapassa o limite previsto para a microempresa. Também deverá ocorrer o reenquadramento, na hipótese. Nesse caso, prevê o art. 3º, § 8 º, que "no caso de início de atividades, a empresa de pequeno porte que, no ano-calendário, não ultrapassar o limite de receita bruta anual previsto no inciso i do **caput** deste artigo passa, no ano-calendário seguinte, à condição de microempresa".

c) A empresa é enquadrada, inicialmente, como empresa de pequeno porte, mas ultrapassa os limites previstos para ela, ou seja, ultrapassa o limite de receita bruta da empresa de pequeno porte. Deverá ser, portanto, desenquadrada do Regime da Lei Geral. Nesse caso, há duas possibilidades:

    a. Se o excesso verificado, em relação à receita bruta, for inferior a 20% do limite previsto para a empresa de pequeno porte. Nesse caso, os efeitos da exclusão do regime da Lei Geral dar-se-ão no ano-calendário subsequente.

b. Se o excesso verificado, em relação à receita bruta, for superior a 20% do limite previsto para a empresa de pequeno porte. Nesse caso, os efeitos da exclusão ocorrerão no mês subsequente ao excesso.

Enquadramento inicial	Receita verificada no decorrer do ano	O que acontece?
Microempresa	Receita bruta prevista para a empresa de pequeno porte	Passa, no ano-calendário seguinte, à condição de empresa de pequeno porte
Empresa de pequeno porte	Receita bruta não ultrapassa aquela prevista para a microempresa	Passa, no ano-calendário seguinte, à condição de microempresa
Empresa de pequeno porte	Receita bruta ultrapassa os limites da empresa de pequeno porte	Se o excesso verificado, em relação à receita bruta, for inferior a 20% do limite previsto para a empresa de pequeno porte: exclusão do regime especial da Lei Geral no ano-calendário subsequente
Empresa de pequeno porte	Receita bruta ultrapassa os limites da empresa de pequeno porte	Se o excesso verificado, em relação à receita bruta, for superior a 20% do limite previsto para a empresa de pequeno porte: exclusão do regime especial da Lei Geral ocorrerá no mês subsequente ao excesso

Comprovação da regularidade de obrigações: tratamento especial

O empreendedor que inicia uma atividade de pequeno porte, muitas vezes, tem dificuldades oriundas de empreendimentos passados, como, por exemplo, pendências obrigacionais (dívidas). Atento a essa realidade, especialmente à dificuldade de se obter sucesso com um pequeno empreendimento no Brasil, amenizou, o legislador, as exigências para os registros das empresas enquadradas nas hipóteses da Lei Geral, dispensando-as de alguns requisitos exigidos das demais empresas. Os arts. 9 a 11 da Lei Geral, preveem que:

> Art. 9º O registro dos atos constitutivos, de suas alterações e extinções (baixas), referentes a empresários e pessoas jurídicas em qualquer órgão envolvido no registro empresarial e na abertura da empresa, dos 3 (três) âmbitos de governo, ocorrerá independentemente da regularidade de obrigações tributárias, previdenciárias ou trabalhistas, principais ou acessórias, do empresário, da sociedade, dos sócios, dos administradores ou de empresas de que participem, sem prejuízo das responsabilidades do empresário, dos sócios ou dos administradores por tais obrigações, apuradas antes ou após o ato de extinção.
> § 1º O arquivamento, nos órgãos de registro, dos atos constitutivos de empresários, de sociedades empresárias e de demais equiparados que se enquadrarem como microempresa ou empresa de pequeno porte bem como o arquivamento de suas alterações são dispensados das seguintes exigências:
> I - certidão de inexistência de condenação criminal, que será substituída por declaração do titular ou administrador, firmada sob as penas da lei, de não estar impedido de exercer atividade mercantil ou a administração de sociedade, em virtude de condenação criminal;
> II - prova de quitação, regularidade ou inexistência de débito referente a tributo ou contribuição de qualquer natureza.
> § 2º Não se aplica às microempresas e às empresas de pequeno porte o disposto no § 2º do art. 1º da Lei nº 8.906, de 4 de julho de 1994.
> § 3º No caso de existência de obrigações tributárias, previdenciárias ou trabalhistas referidas no caput, o titular, o sócio ou o administrador da microempresa e da empresa de pequeno porte que se encontre sem movimento há mais de 12 (doze) meses poderá solicitar a baixa nos registros dos órgãos públicos federais, estaduais e municipais independentemente do pagamento de débitos tributários, taxas ou multas devidas pelo atraso na entrega das respectivas declarações nesses períodos, observado o disposto nos §§ 4º e 5º.

§ 4º A baixa referida no § 3º não impede que, posteriormente, sejam lançados ou cobrados impostos, contribuições e respectivas penalidades, decorrentes da simples falta de recolhimento ou da prática comprovada e apurada em processo administrativo ou judicial de outras irregularidades praticadas pelos empresários, pelas microempresas, pelas empresas de pequeno porte ou por seus titulares, sócios ou administradores.

§ 5º A solicitação de baixa na hipótese prevista no § 3º deste artigo importa responsabilidade solidária dos titulares, dos sócios e dos administradores do período de ocorrência dos respectivos fatos geradores.

§ 6º Os órgãos referidos no caput deste artigo terão o prazo de 60 (sessenta) dias para efetivar a baixa nos respectivos cadastros.

§ 7º Ultrapassado o prazo previsto no § 6º deste artigo sem manifestação do órgão competente, presumir-se-á a baixa dos registros das microempresas e a das empresas de pequeno porte.

§ 8º Excetuado o disposto nos §§ 3º a 5º deste artigo, na baixa de microempresa ou de empresa de pequeno porte aplicar-se-ão as regras de responsabilidade previstas para as demais pessoas jurídicas.

§ 9º Para os efeitos do § 3º deste artigo, considera-se sem movimento a microempresa ou a empresa de pequeno porte que não apresente mutação patrimonial e atividade operacional durante todo o ano-calendário.

§ 10. No caso de existência de obrigações tributárias, previdenciárias ou trabalhistas, principais ou acessórias, o MEI poderá, a qualquer momento, solicitar a baixa nos registros independentemente do pagamento de débitos tributários, taxas ou multas devidas pelo atraso na entrega das respectivas declarações nesses períodos, observado o disposto nos §§ 1º e 2º.

§ 11. A baixa referida no § 10 não impede que, posteriormente, sejam lançados ou cobrados do titular impostos, contribuições e respectivas penalidades, decorrentes da simples falta de recolhimento ou da prática comprovada e apurada em processo administrativo ou judicial de outras irregularidades praticadas pela empresa ou por seu titular.

§ 12. A solicitação de baixa na hipótese prevista no § 10 importa assunção pelo titular das obrigações ali descritas.

Art. 10. Não poderão ser exigidos pelos órgãos e entidades envolvidos na abertura e fechamento de empresas, dos 3 (três) âmbitos de governo:

I - excetuados os casos de autorização prévia, quaisquer documentos adicionais aos requeridos pelos órgãos executores do Registro Público de Empresas Mercantis e Atividades Afins e do Registro Civil de Pessoas Jurídicas;

II - documento de propriedade ou contrato de locação do imóvel onde será instalada a sede, filial ou outro estabelecimento, salvo para comprovação do endereço indicado;

III - comprovação de regularidade de prepostos dos empresários ou pessoas jurídicas com seus órgãos de classe, sob qualquer forma, como requisito para deferimento de ato de inscrição, alteração ou baixa de empresa, bem como para autenticação de instrumento de escrituração.
Art. 11. Fica vedada a instituição de qualquer tipo de exigência de natureza documental ou formal, restritiva ou condicionante, pelos órgãos envolvidos na abertura e fechamento de empresas, dos 3 (três) âmbitos de governo, que exceda o estrito limite dos requisitos pertinentes à essência do ato de registro, alteração ou baixa da empresa.

A questão dos atos e contratos constitutivos visados por advogados

O § 2º, do art. 9º, acima (item 3.2.), dispensa a microempresa e a empresa de pequeno porte da exigência prevista na Lei nº 8.906/94, art. 1º, § 2º: "Os atos e contratos constitutivos de pessoas jurídicas, sob pena de nulidade, só podem ser admitidos a registro, nos órgãos competentes, quando visados por advogados". Em resumo, não há necessidade dos atos e contratos constitutivos das microempresas e empresas de pequeno porte estarem visados por advogados, ou seja, conterem o visto de um advogado em suas folhas.

Questões atinentes ao dia a dia do empreendimento

Outro ponto importante trazido pela Lei Geral, diz respeito à possibilidade de funcionamento do negócio por meio de alvará provisório. Com isso, torna-se viável o início da operação do empreendimento logo após o registro. Observada, principalmente, a peculiar situação dos empreendimentos de startups, têm-se por plenamente adequada a aplicação do art. 7º e de seu parágrafo único (mais especificamente do seu inciso II), ambos da Lei Geral, a esta espécie empresarial:

Art. 7º Exceto nos casos em que o grau de risco da atividade seja considerado alto, os Municípios emitirão Alvará de Funcionamento Provisório, que permitirá o início de operação do estabelecimento imediatamente após o ato de registro.
Parágrafo único. Nos casos referidos no **caput** deste artigo, poderá o Município conceder Alvará de Funcionamento Provisório para o microempreendedor individual, para microempresas e para empresas de pequeno porte:

I - instaladas em áreas desprovidas de regulação fundiária legal ou com regulamentação precária; ou
II - em residência do microempreendedor individual ou do titular ou sócio da microempresa ou empresa de pequeno porte, na hipótese em que a atividade não gere grande circulação de pessoas.

Matéria trabalhista: Tratamento especial

Outro ponto importante trazido pela Lei Geral, e que o empreendedor que constituirá uma startup deve saber, é o tratamento de parte da matéria trabalhista. A Lei Geral, em seu artigo 51, dispensa as microempresas e empresas de pequeno porte:

I - da afixação de Quadro de Trabalho em suas dependências;
II - da anotação das férias dos empregados nos respectivos livros ou fichas de registro;
III - de empregar e matricular seus aprendizes nos cursos dos Serviços Nacionais de Aprendizagem;
IV - da posse do livro intitulado "Inspeção do Trabalho"; e
V - de comunicar ao Ministério do Trabalho e Emprego a concessão de férias coletivas.

Por outro lado, o legislador enfatizou no art. 52 da Lei Geral quais as exigências que devem ser cumpridas, inclusive pela Microempresa e pela Empresa de Pequeno Porte. Essas devem ser rigorosamente observadas pelo empreendedor. São elas:

I - anotações na Carteira de Trabalho e Previdência Social - CTPS;
II - arquivamento dos documentos comprobatórios de cumprimento das obrigações trabalhistas e previdenciárias, enquanto não prescreverem essas obrigações;
III - apresentação da Guia de Recolhimento do Fundo de Garantia do Tempo de Serviço e Informações à Previdência Social – GFIP;
IV - apresentação das Relações Anuais de Empregados e da Relação Anual de Informações Sociais – RAIS e do Cadastro Geral de Empregados e Desempregados – CAGED.

Audiências trabalhistas: Comparecimento

Outro diferencial da Lei Geral diz respeito às audiências trabalhistas. Como as microempresas e empresas de pequeno porte muitas vezes dependem da presença do próprio proprietário para seu funcionamento, não dispondo de vasto número de funcionários, a Lei Geral, em seu art. 54, permitiu ao empregador "fazer-se substituir ou representar perante a Justiça do Trabalho por terceiros que conheçam dos fatos, ainda que não possuam vínculo trabalhista ou societário". É dizer, o "dono do negócio", ou seja, você, o empreendedor, não precisa comparecer à audiência trabalhista pessoalmente porque pode enviar terceiro, bastando que este conheça dos fatos, ainda que não tenha vínculo trabalhista ou societário.

Fiscalização das empresas

A fiscalização das empresas enquadradas na Lei Geral também é diferenciada, uma vez que observam o "critério de dupla visita" para lavratura de autos de infração, salvo quando for constatada infração por falta de registro de empregado ou anotação da Carteira de Trabalho e Previdência Social – CTPS, ou ainda, na ocorrência de reincidência, fraude, resistência ou embaraço à fiscalização" (art. 55, 1º, da Lei Geral).

A dificuldade com as inúmeras regras de natureza administrativa, e a escassez de recursos para lidar com elas, fez com que a política fiscalizatória das microempresas e empresas de pequeno porte fosse conduzida de forma especial. O intuito é orientar o empreendedor e, apenas em caso de reincidência, autuá-lo. É esse o conceito de "critério de dupla visita", ou seja, na primeira visita, constada a irregularidade, orienta-se o empreendedor. Apenas na segunda visita é que se autua o empreendedor, se mantida, claro, a irregularidade, mesmo após a orientação. Ressalte-se, contudo, que este critério especial não se aplica em caso de constatação de infração por falta de registro do empregado ou anotação da Carteira de Trabalho e Previdência Social – CTPS ou, ainda, na ocorrência de reincidência, fraude, resistência ou embaraço à fiscalização e nem ao processo administrativo fiscal relativo a tributos, nos termos do art. 55, §§ 1º e 4º, da Lei Geral.

Reuniões e assembleias

O art. 70, da Lei Geral, desobriga as microempresas e empresas de pequeno porte da "realização de reuniões e assembleias em qualquer das situações previstas na legislação civil, as quais serão substituídas por deliberação representativa do primeiro número inteiro superior à metade do capital social".

Reuniões e assembleias destinam-se a deliberações, decisões dos sócios, em conjunto, no tocante ao dia a dia e ao futuro da empresa. Suas constituições são formalidades impostas pela legislação a grande parte das empresas e demandam organização, tempo e, consequentemente, custo. O legislador retirou essa obrigação dos empreendimentos de pequeno porte, o que se mostra bastante razoável e em consonância com o espírito norteador da Lei Geral. É necessário atentar, contudo, que em algumas hipóteses, será necessária a realização dessas assembleias ou reuniões de acordo com a legislação civil. Estas hipóteses estão previstas no art. 70, § 1º, da Lei Geral, ou seja, "caso haja disposição contratual em contrário, caso ocorra hipótese de justa causa que enseje a exclusão de sócio ou caso um ou mais sócios ponham em risco a continuidade da empresa em virtude de atos de inegável gravidade".

Lembrando também que "os empresários e as sociedades de que trata esta Lei Complementar (Lei Geral), nos termos da legislação civil, ficam dispensados da publicação de qualquer ato societário" (art. 71, da Lei Geral).

O protesto de títulos

No caso de ter um título protestado (por exemplo, o empreendedor emite uma nota promissória, mas não consegue o dinheiro para pagá-la na data estabelecida, e o portador da nota promissória a "protesta" com vistas a iniciar sua cobrança), também há tratamento diferenciado e mais benéfico para a microempresa ou empresa de pequeno porte, como prevê o art. 73 da Lei Geral:

> Art. 73. O protesto de título, quando o devedor for microempresário ou empresa de pequeno porte, é sujeito às seguintes condições:
> I - sobre os emolumentos do tabelião não incidirão quaisquer acréscimos a título de taxas, custas e contribuições para o Estado ou Distrito Federal, carteira de previdência, fundo de custeio de atos gratuitos, fundos especiais do Tribunal de Justiça, bem como de associação de classe, criados ou que venham a ser criados sob qualquer título ou denominação, ressalvada a cobrança do devedor das despesas de correio, condução e publicação de edital para realização da intimação;
> II - para o pagamento do título em cartório, não poderá ser exigido cheque de emissão de estabelecimento bancário, mas, feito o pagamento por meio de cheque, de emissão de estabelecimento bancário ou não, a quitação dada pelo tabelionato de protesto será condicionada à efetiva liquidação do cheque;
> III - o cancelamento do registro de protesto, fundado no pagamento do título, será feito independentemente de declaração de anuência do credor, salvo no caso de impossibilidade de apresentação do original protestado;

IV - para os fins do disposto no **caput** e nos incisos I, II e III do **caput** deste artigo, o devedor deverá provar sua qualidade de microempresa ou de empresa de pequeno porte perante o tabelionato de protestos de títulos, mediante documento expedido pela Junta Comercial ou pelo Registro Civil das Pessoas Jurídicas, conforme o caso;

V - quando o pagamento do título ocorrer com cheque sem a devida provisão de fundos, serão automaticamente suspensos pelos cartórios de protesto, pelo prazo de 1 (um) ano, todos os benefícios previstos para o devedor neste artigo, independentemente da lavratura e registro do respectivo protesto.

Juizados especiais

Há pouco foi comentado o tratamento diferenciado que a Lei Geral proporcionava em audiências trabalhistas (item "Audiências trabalhistas: comparecimento"). Esse tratamento diferenciado também ocorre nos Juizados Especiais. A vantagem dos Juizados Especiais é que seus processos demandam menos formalidades e, com isso, obtém solução mais rápida do que em um processo comum. Para o empreendedor, o Juizado Especial significa um meio mais rápido de solucionar conflitos judiciais, o que se traduz em economia de tempo e dinheiro. É preciso dizer que, para demandar no Juizado Especial, ou seja, para se ingressar com uma ação, para se ajuizar uma ação, é necessário se enquadrar numa das seguintes hipóteses do art. 8º, § 1º, da Lei nº 9.099/95:

> § 1º Somente serão admitidas a propor ação perante o Juizado Especial:
> I - as pessoas físicas capazes, excluídos os cessionários de direito de pessoas jurídicas;
> II - as microempresas, assim definidas pela Lei nº 9.841, de 5 de outubro de 1999; (Incluído pela Lei nº 12.126, de 2009)
> III - as pessoas jurídicas qualificadas como Organização da Sociedade Civil de Interesse Público, nos termos da Lei nº 9.790, de 23 de março de 1999; (Incluído pela Lei nº 12.126, de 2009)
> IV - as sociedades de crédito ao microempreendedor, nos termos do art. 1º da Lei nº 10.194, de 14 de fevereiro de 2001. (Incluído pela Lei nº 12.126, de 2009).

Significa dizer que o empresário individual, pessoa física, tem seu acesso garantido ao Juizado Especial, sem necessidade de comprovação da condição de microempresa ou empresa de pequeno porte. Já as microempresas e empresas de pequeno porte, pessoas jurídicas, são admitidas como proponentes de ação perante o Juizado Especial, por expressa disposição legal do inciso II, do artigo acima, e do art. 74 da Lei Geral:

> Aplica-se às microempresas e às empresas de pequeno porte de que trata esta Lei Complementar o disposto no § 1º do art. 8º da Lei no 9.099, de 26 de setembro de 1995, e no inciso I do **caput** do art. 6º da Lei nº 10.259, de 12 de julho de 2001, as quais, assim como as pessoas físicas capazes, passam a ser admitidas como proponentes de ação perante o Juizado Especial, excluídos os cessionários de direito de pessoas jurídicas.

Regime tributário

A Lei Geral também prevê um regime tributário especial, denominado "Regime Especial Unificado de Arrecadação de Tributos e Contribuições devidos pelas Microempresas e Empresas de Pequeno Porte – Simples Nacional", e que é previsto nos artigos 12 a 41 da referida Lei. O Simples Nacional constitui-se, basicamente, por um recolhimento mensal, em documento único, de uma série de impostos e contribuições. Com isso, facilita-se sobremaneira a administração do negócio pelo empreendedor de pequeno porte, que precisaria investir significativa quantia de dinheiro para organizar a complexa parte tributária de seu empreendimento. Para maior aprofundamento, remetemos o leitor ao capítulo 3 da obra: "Planejamento Tributário para Startups no Brasil".

Recuperação judicial

Por fim, por motivos já exaustivamente expostos, têm-se que os empreendimentos de pequeno porte estão mais suscetíveis a eventuais crises e a consequentes "quebras". Atento a isso, o legislador dedicou atenção especial à recuperação judicial dessa espécie de empreendimento, nos artigos 70 a 72, da Lei nº 11.101/05, a qual "regula a recuperação judicial, a extrajudicial e a falência do empresário e da sociedade empresária".

Conclusão

A partir de agora, o empreendedor, ou o futuro empreendedor, já tem condições de identificar se sua empresa se enquadra no conceito de microempresa ou empresa de pequeno porte. Já sabe como se faz para constituir, enquadrar, reenquadrar e desenquadrar tais empresas, e também tem ciência dos benefícios que este enquadramento lhe traz. Além disso, passou a conhecer os aspectos mais importantes da Lei Geral para seu empreendimento, e também outras legislações que regem pontos importantes da matéria.

Com isso, o empreendedor passa a reconhecer facilmente a base legislativa que rege seu empreendimento, e pode se desenvolver com muito mais segurança e consciência, o que trará a redução da demanda judiciária que envolve as microempresas e empresas de pequeno porte e, simultaneamente, o melhor desenvolvimento desse importante nicho da atividade empresarial.

A Lei Geral trouxe inúmeros mecanismos de incentivo às microempresas e às empresas de pequeno porte. Novas medidas ainda serão necessárias, mas uma coisa é certa: o fomento da atividade empreendedora no Brasil parte, necessariamente, da reflexão sobre os alicerces já estabelecidos pela Lei Geral.

Guia de consulta rápida

- A evolução das ideias de desburocratização, simplificação das obrigações e facilitação do desenvolvimento das empresas de menor porte no Brasil resultaram na previsão constitucional de "tratamento favorecido às empresas de pequeno porte" dentre os "princípios gerais da atividade econômica" (Art. 170, inciso IX). Essa previsão, hoje, é materializada por meio da Lei Complementar nº 123/2006, mais conhecida como "Lei Geral das Micro e Pequenas Empresas" ou "Estatuto Nacional da Microempresa e Empresa de Pequeno Porte".

- Recomenda-se a leitura do Capítulo 1 deste livro: "Direito Societário – Formas Societárias e suas Características: A importância do Planejamento para as Startups". São considerados "microempresas ou empresas de pequeno porte, a sociedade empresária, a sociedade simples, a empresa individual de responsabilidade limitada e o empresário a que se refere o art. 966 da Lei nº 10.406, de 10 de janeiro de 2002 (Código Civil), devidamente registrados no Registro de Empresas Mercantis ou no Registro Civil de Pessoas Jurídicas, conforme o caso, desde que: I - no caso da microempresa, aufira, em cada ano-calendário, receita bruta igual ou inferior a R$ 360.000,00 (trezentos e sessenta mil reais) e II - no caso da empresa de pequeno porte, aufira, em cada ano-calendário, receita bruta superior a R$ 360.000,00 (trezentos e sessenta mil reais) e igual ou inferior a R$ 3.600.000,00 (três milhões e seiscentos mil reais)" (art. 3º da Lei Geral).

- A receita bruta é obtida pelo "produto da venda de bens e serviços nas operações de conta própria, o preço dos serviços prestados e o resultado nas operações em conta alheia, não incluídas as vendas canceladas e os descontos incondicionais concedidos" (art. 3º, § 1º, da Lei Geral).

- O Art. 3º, § 4º, da Lei Geral traz características que, se presentes na empresa, a impedem de se configurar como microempresa ou empresa de pequeno porte.

- Pequeno empresário é o empresário individual caracterizado como microempresa na forma da Lei Geral, que aufira receita bruta no ano-calendário anterior, de até R$ 60.000,00 (sessenta mil reais).

- O limite da receita bruta, nesse caso, "será proporcional ao número de meses em que a microempresa ou a empresa de pequeno porte houver exercido atividade, inclusive as frações de meses" (art. 3º, § 2º, da Lei Geral).

- O enquadramento ou desenquadramento não implicará "alteração, denúncia ou qualquer restrição em relação a contratos por elas anteriormente firmados" (art. 3º, § 3º, da Lei Geral).

- A empresa "será excluída do tratamento jurídico diferenciado previsto nesta Lei Complementar, bem como do regime de que trata o art. 12, com efeitos a partir do mês seguinte ao que incorrida a situação impeditiva" (art. 3º, § 6º, da Lei Geral).

• A Instrução Normativa nº 103/2007, do Departamento Nacional de Registro do Comércio (DNRC) prevê o procedimento burocrático de constituição.

- O legislador amenizou as exigências para os registros das empresas enquadradas nas hipóteses da Lei Geral, dispensando-as de alguns requisitos exigidos das demais empresas (arts. 9 a 11 da Lei Geral).

- Não há necessidade dos atos e contratos constitutivos das microempresas e empresas de pequeno porte estarem visados por advogados, ou seja, conterem o visto de um advogado em suas folhas.

- É possível o funcionamento do negócio por meio de alvará provisório. Com isso, torna-se viável o início da operação do empreendimento logo após o registro (art. 7º e parágrafo único da Lei Geral).

- A Lei Geral dispensa o empreendedor de alguns deveres trabalhistas (art. 51 da Lei Geral). Contudo, enfatiza como essenciais outros deveres (art. 52 da Lei Geral).

- O empreendedor não precisa comparecer à audiência trabalhista pessoalmente, porque pode enviar terceiro, bastando que este conheça dos fatos, ainda que não tenha vínculo trabalhista ou societário com a empresa.

- A fiscalização funciona da seguinte forma: constatada alguma irregularidade na primeira visita, o fiscal orienta o empreendedor. Apenas na segunda visita é que se autua o empreendedor, se mantida, claro, a irregularidade, mesmo após a orientação.

- O legislador retirou essa obrigação dos empreendimentos de pequeno porte, o que se mostra bastante razoável e em consonância com o espírito norteador da Lei Geral.

- Há tratamento diferenciado e mais benéfico para o microempresário ou empresa de pequeno porte, como prevê o art. 73 da Lei Geral.

- O empresário individual, pessoa física, tem seu acesso garantido ao Juizado Especial, sem necessidade de comprovação da condição de microempresa ou empresa de pequeno porte. Já as microempresas e empresas de pequeno porte, pessoas jurídicas, são admitidas como proponentes de ação perante o Juizado Especial, por expressa disposição legal do inciso II, do artigo art. 8º, § 1º, da Lei nº 9.099/95, e do art. 74 da Lei Geral.

- Há regime tributário especial, denominado "Regime Especial Unificado de Arrecadação de Tributos e Contribuições devidos pelas Microempresas e Empresas de Pequeno Porte – Simples Nacional", e que é previsto nos artigos 12 a 41 da Lei Geral. Recomenda-se também a leitura do capítulo 3 da obra: "Planejamento Tributário para Startups no Brasil".

- A recuperação judicial tem atenção especial nesse tipo de empreendimento, nos artigos 70 a 72, da Lei nº 11.101/05, a qual "regula a recuperação judicial, a extrajudicial e a falência do empresário e da sociedade empresária".

- O empreendedor agora passa a identificar facilmente a base legislativa que rege seu empreendimento, e pode se desenvolver com muito mais segurança e consciência, o que trará a redução da demanda judiciária que envolve as microempresas e empresas de pequeno porte e, simultaneamente, o melhor desenvolvimento desse importante nicho da atividade empresarial.

Bibliografia

COELHO, Fabio Ulhoa, *Manual de Direito Comercial:* Direito de Empresa. 23. ed. São Paulo: Saraiva, 2011.

MARTINS, Fran. *Curso de Direito Comercial.* 37. ed. São Paulo: Editora Forense, 2014.

PAES DE ALMEIDA, Amador (coord.). RIBEIRO DOS SANTOS, Cairon; CHAVES CORTEZ, Julpiano; CAMPOS SILVA, Germano. *Comentários ao Estatuto da Microempresa e da Empresa de Pequeno Porte.* São Paulo: Saraiva, 2009.

REQUIÃO, Rubens. *Curso de Direito Comercial.* 31. ed. São Paulo: Saraiva, 2012.

Sugestão de leitura

O livro *Curso de Direito Comercial*, do professor Rubens Requião, mencionado na bibliografia acima, é fundamental para aqueles que pretendem se aprofundar no tema. Além de estar atualizado com a atual base legislativa que rege a matéria, também traz conceitos fundamentais para sua melhor compreensão, sem falar no apurado estudo histórico do assunto.

Já o livro *Comentários ao Estatuto da Microempresa e da Empresa de Pequeno Porte* é uma obra coordenada pelo professor Amador Paes de Almeida, e que tem como característica um maior aprofundamento em temas bastante específicos – como, por exemplo, o regime tributário –, mas sem deixar de lado a objetividade e a facilidade de leitura desejadas pelo empreendedor.

Conclusão

Luiza Rezende
(organizadora)

Caro leitor,

Finalizamos aqui nossa trajetória na presente obra. Espero que a leitura tenha sido proveitosa e que lhe traga bons frutos. Gostaria de encerrar com um breve comentário sobre a relação entre empreendedores e profissionais do mundo jurídico, que acredito poder ser bastante benéfica para os envolvidos.

As startups, assim como as micro, pequenas e médias empresas, por estarem ligadas ao contexto empresarial e ao movimento constante do mercado, podem parecer distantes do mundo jurídico, muitas vezes lembrado pela densidade da legislação, conteúdo e terminologias próprios e procedimentos específicos. Essa é apenas uma primeira impressão, errônea, que não leva em conta uma visão mais aprofundada e de longo prazo.

O apoio jurídico, como vimos ao longo dos textos desta obra, é imprescindível durante toda a vida da empresa, tornando-a capacitada a alcançar o sucesso de forma mais segura e duradoura. O advogado é a pessoa que poderá analisar de forma técnica e aprofundada as diversas situações do dia a dia que geram dúvidas jurídicas ao empreendedor e, em seguida, é quem verificará a necessidade de elaboração de documentos, realização de medidas preventivas, dará as orientações devidas etc.

Os empreendedores, ao terem um contato mais próximo com os temas jurídicos que fazem parte de seu cotidiano, certamente se sentirão mais confortáveis ao conversar com seu advogado de confiança sobre os possíveis caminhos a seguir em cada uma das situações que enfrentarem, entendendo que os procedimentos e orientações jurídicos servem para dar estrutura, segurança e ajudar a empresa a seguir seu caminho da melhor forma possível.

Os advogados, ao terem contato com o universo das startups e visualizarem como o direito pode ser aplicado na prática nesse contexto, também terão mais ferramentas para lidar com os desafios que muitas das novas empresas enfrentam hoje em dia.

A aproximação entre profissionais do direito e empreendedores deve ser um processo contínuo e natural, que certamente trará benefícios para todas as partes envolvidas.

Para finalizar, é sempre importante relembrar que a presente obra tem cunho informativo e não substitui a consulta a um advogado.

Contato com os autores:
lrezende@editoraevora.com.br

Este livro foi impresso
pela gráfica Intergraf
em papel Offset 70 g.